Une faillite française

Jo Johnson
Martine Orange

Une faillite française

Albin Michel

La traduction, pour la partie anglaise du texte,
a été assurée par Martine Segal.

© Editions Albin Michel, S.A., 2003
22, rue Huyghens, 75014 Paris
www.albin-michel.fr
ISBN 2-226-13708-4

INTRODUCTION

Les premières perquisitions commencèrent quelques jours avant Noël. Le 12 décembre 2002, une quinzaine d'officiers de la brigade financière arrivèrent au petit matin au siège de Vivendi Universal à Paris pour saisir documents, courriers et disques durs des ordinateurs. D'autres perquisitionnaient au même moment les domiciles de Jean-Marie Messier à Paris, dans son appartement avec vue sur le parc Monceau, et à Rambouillet dans sa maison de campagne. Dans les heures et les jours qui suivirent, les investigations de la brigade financière continuèrent aux sièges de Cegetel et Canal+, les deux plus importantes filiales du groupe, mais aussi au domicile d'Éric Licoys, l'ancien directeur général, de Guillaume Hannezo, l'ex-directeur financier, et de Pierre Lescure, l'ancien P-DG de Canal+. Même Marc Viénot, ex-président de la Société générale, connut l'affront de ces visites matinales de la justice. Tous ceux qui ont été mêlés de près à l'effondrement aussi soudain qu'inattendu de la firme s'attendent à être sollicités pour avancer leurs témoignages et leurs preuves.

Le monde des affaires français aurait sans doute volontiers fait l'économie de scènes lui évoquant trop les mauvais souvenirs du Crédit lyonnais ou d'Elf. Mais la crise de confiance qui secoue le capitalisme américain depuis la découverte des scandales Enron, Worldcom ou Tyco ne peut s'endiguer aussi facilement. Elle a traversé l'Atlantique. Vivendi Universal se voulait mondial, sa ruine l'est aussi. Dans tous les pays, des actionnaires ont entamé des poursuites pour récupérer les milliards perdus. Aux États-Unis, une enquête a été ouverte par le département de la justice, une autre par la SEC (Securities Exchange Commission), l'autorité boursière américaine, et pas moins de seize *class actions*[1] ont été engagées par des petits porteurs. Pièce par pièce, les juges de part et d'autre de l'Atlantique essaient de reconstituer l'étonnant destin du deuxième groupe mondial de médias et de communication.

En six mois, un empire est tombé. Car, au sommet de sa gloire, Vivendi Universal fut bien un empire. Il avait tout, du cinéma, de la télévision, de la musique, des jeux, de l'édition, des télécommunications, des sociétés internet, des services de distribution d'eau et de propreté, des trains et des bus, et même des équipes de football, un palais à Venise et des champs d'orangers en Chine. Pour construire ce monde de 54 milliards d'euros de chiffre d'affaires, les marchés, les investisseurs, les propriétaires, les actionnaires n'ont rien refusé à Jean-Marie Messier. Il a obtenu certains des plus grands groupes des secteurs qu'il convoitait : la Générale des eaux, numéro un mondial de l'eau, un État dans l'État en France ; Seagram, le deuxième groupe d'alcools dans le monde ; Universal

---

1. Actions en justice de petits actionnaires, fréquentes aux États-Unis, où la législation autorise les plaintes collectives.

Studios, un des trois grands noms d'Hollywood ; Universal Music, le numéro un mondial de la musique avec ses labels de renom (Polygram, Verve, Deutsche Grammophon, Decca, MCA) ; Canal+, le premier groupe de télévision payante en Europe ; Havas, le premier éditeur de langue française. Il a pu dépenser plus de 130 milliards d'euros pour dessiner son groupe tel qu'il le voulait, tel qu'il le rêvait. Il aurait acheté le monde s'il avait pu.

Pendant sept ans, Jean-Marie Messier a joué les maîtres de l'univers. Il a goûté plus que tout autre les jeux de l'argent, du pouvoir et des médias. Sa scène était mondiale. Il a parlé, séduit, manœuvré, manipulé, menacé. Il a expliqué sa vision de l'avenir, de la mondialisation, des marchés, de la révolution internet, et de Vivendi Universal, censé être à la croisée de tous ces chemins. Pas un jour sans une déclaration, sans un bruit. Tous ses proches, administrateurs comme collaborateurs, ont été comme hypnotisés par son verbe, la démesure de ses ambitions et de ses projets. Il a imposé son rythme à ses concurrents. Même ses pairs n'ont pu éviter la comparaison tant il savait captiver les marchés et les médias. Pendant sept ans, tous, nous nous sommes trouvés, bon gré mal gré, emportés dans son tourbillon.

Mais l'empire Messier était de sable. Voulu par lui, construit par lui, détruit par lui. Vivendi Universal ne survivra pas à son créateur. Le démantèlement a commencé. Que restera-t-il de ce qui devait être un géant de la communication ? Il en est de Vivendi Universal comme de la chute de tous les empires. On se demande par la suite comment de tels ensembles si puissants, si imposants ont pu s'effondrer. On avance des raisons sans être sûr que ce soient les bonnes.

Longtemps après, de nombreuses zones d'ombre demeurent. Certaines pourraient ne s'éclairer qu'à la lumière de la justice. Quelques pistes, cependant, sont déjà dessinées.

Vivendi Universal, c'est d'abord l'histoire d'une époque. Celle où les marchés ont rêvé d'une croissance infinie, d'une révolution technologique sans limites et d'une mondialisation heureuse. Celle où l'argent coule à flots, où la valeur des biens a disparu, où les méga-fusions et les stock-options primèrent sur le reste. L'aventure s'est achevée par l'explosion d'une bulle spéculative sans précédent et d'une crise de confiance majeure dans le capitalisme. « Nous ne sommes pas Enron », n'a cessé de plaider l'ancien P-DG de Vivendi Universal. Le groupe de médias ne ressemble sans doute pas au courtier d'énergie texan, à l'origine de l'ébranlement du système. Il n'a pas pratiqué, semble-t-il, ses méthodes de gestion, ses engagements hors-bilan et ses fraudes caractérisées. Mais, comme lui, il a eu cette volonté de plaire à tout prix au marché, de spéculer sur ses propres actions, de biaiser avec la réalité, pour raconter chaque jour un conte nouveau. Comme lui, cela a mal fini, illustrant la faillite d'un système à la française.

C'est aussi l'histoire d'un homme. D'un premier de la classe qui veut se transformer en aventurier, d'un banquier maladivement amoureux des deals qui se prend pour un entrepreneur. Médiatique, séducteur, bonimenteur parfois, Jean-Marie Messier aura tenu tous les discours selon ses interlocuteurs, aura eu des vérités définitives valables l'espace d'un instant, saisissant, cependant, par intuition, l'humeur du moment, les modes et les crispations d'une France dans ce monde moderne. Allant jusqu'à se poser comme le

10

défenseur d'une exception culturelle, prêt à rivaliser avec les États-Unis, sur son propre terrain : Hollywood. Cela nourrit des rêves de grandeur. Épris de sa propre image, il en a oublié la vie, se livrant à une fuite en avant mégalomane, s'enfermant dans son monde, masquant ses relations avec la banque d'affaires Lazard, avant de succomber finalement à ses propres démons.

L'empire Messier, c'est enfin l'histoire d'un milieu. Avant de se présenter comme le plus « non-Français des Français » à la presse américaine, Jean-Marie Messier Moi-Même Maître du Monde (J6M) a été l'emblème que l'élite française a voulu se donner pour signifier sa transformation. Issu des meilleures écoles de la République, il a été le modèle le plus abouti de cette haute administration qui a gouverné la France pendant cinquante ans. Mais il en a été aussi le dernier représentant, incarnant le passage d'une économie administrée à une économie de marché, l'arrivée de ces quadras qui n'ont pas peur des marchés et de l'international. Subjugué, le monde des affaires a regardé, approuvé, soutenu ce jeune dirigeant qui semblait tout comprendre et tout réussir dans ce nouvel environnement, qui leur promettait que tout changeait pour que rien ne change. Précurseur, Messier l'a été jusqu'au bout. Pour la première fois en France, un patron de grand groupe a été démis, publiquement et sans ménagement, de ses fonctions. Tombé sous l'assaut d'une contre-révolution, accuse-t-il. La suite de l'évolution du capitalisme en France n'est pas écrite. En dépit de ce qui paraît être le retour des papys, la restauration des mœurs anciennes annoncée par J2M, cependant, n'est ni assurée ni complète. Et on ne reverra sans doute pas de sitôt le parachutage d'un jeune dirigeant, sans expérience autre que ministérielle, à la tête d'un groupe de 400 000 personnes, sous le prétexte qu'il sortit à vingt-quatre ans dans les premiers de sa promotion.

Cette folle histoire, Jean-Marie Messier n'a pas voulu nous rencontrer pour nous la raconter. « La réponse est clairement non », a-t-il répondu à une demande d'entretien que nous lui avions envoyée par courrier électronique. Fanatique de médias, « n'ayant jamais pu voir un journaliste sans lui donner un entretien », selon le mot de son concurrent Rupert Murdoch, l'ancien P-DG s'est toujours refusé, en revanche, à parler avec les quelques auteurs qui ont écrit sur lui et sur son groupe. L'histoire, c'est lui qui l'écrit ou la réécrit. Il ne supporte pas qu'il puisse y avoir des voix divergentes ou simplement autres. Il entend tout contrôler, tout maîtriser.

Dans notre cas, le contentieux est plus lourd. Nous sommes les deux journalistes nommément cités et accusés dans son livre, *Mon vrai journal*[1]. « Jo Johnson, du *Financial Times*, dont les questions étaient plus conformes à un torchon de tabloïd qu'à un journal économique. » Quel était le crime ? D'avoir demandé des détails sur la rénovation de son duplex de 17,5 millions de dollars sur Park Avenue, à New York, le coût des travaux ayant dépassé de plus de un million de dollars l'enveloppe de 1,7 million de dollars qui lui avait été accordée. *Le Monde*, lui, est accusé de mener une campagne sans limites contre lui pour s'être vu refuser d'acheter *L'Express*. « Nous en som-

---

1. Jean-Marie Messier avec Yves Messarovitch, *Mon vrai journal*, Balland, 2002.

mes à quatre ans. *Le Monde,* chacun a pu le constater, la journaliste Martine Orange en tête, mène un combat "anti-Messier". Peu importent les approximations, les méthodes, la recherche de "taupes" au sein de Vivendi. Seule la fin compte. » Pour avoir osé publier en mai 2002 que Vivendi Universal connaissait de très graves problèmes de trésorerie et avait frôlé la cessation de paiement fin 2001, l'ancien P-DG avait même intenté un procès en diffamation contre le journal en demandant un million d'euros de dommages et intérêts. Ses successeurs ont arrêté l'action en justice. La suite a prouvé que les informations étaient vraies.

En dépit du refus de Jean-Marie Messier, ce livre reprend des informations qui viennent de lui et de multiples témoignages d'acteurs plus ou moins proches de Vivendi Universal qui ont vécu toute la transformation du groupe ou seulement un épisode. Nous en avons rencontré certains, il y a parfois très longtemps, dès sa nomination à la Générale des eaux. Y compris lui-même. Quelques-uns sont même décédés depuis. Nous remercions tous ceux qui ont accepté à un moment ou à un autre de nous parler. Ce récit à cent voix de l'histoire d'un empire, cette longue enquête sur une faillite française – pas celle de Vivendi Universal, mais celle d'un système – n'est sans doute pas l'épopée que Jean-Marie Messier aurait aimé entendre. Il tente seulement de s'approcher au plus près des faits tels qu'ils sont advenus.

CHAPITRE PREMIER

Derniers jours

Même dans leurs scénarios les plus noirs, les dirigeants de Vivendi Universal n'auraient pas imaginé une semblable journée. Tout au long de ce lundi 24 juin 2002, ils ont assisté, impuissants, à la débâcle boursière du groupe : moins 23,3 % pendant la séance. Le titre est tombé à 17 euros, en dessous de son niveau de 1994, date de l'arrivée du jeune patron dans l'empire. Une atmosphère de panique flottait sur les marchés autour du numéro deux mondial de la communication et des médias. L'action semblait brûler les doigts. Tout le monde était vendeur. La folie des chiffres s'inscrivant seconde après seconde sur les écrans d'ordinateurs ne permettait de se faire aucune illusion : le marché demandait le renvoi de Jean-Marie Messier.

Dans son bureau, le président ne décolère pas. Éric Licoys, son plus proche collaborateur depuis son passage à la banque Lazard, le rejoint. Les deux hommes sont d'accord. Si la sanction du marché a été si lourde, la faute en incombe au directeur financier. Son dernier montage, mal présenté, sur Vivendi Environnement a été fatal : il a alimenté les craintes déjà trop nombreuses sur la mauvaise santé du groupe.

15

Quand Guillaume Hannezo les retrouve, les deux dirigeants lui adressent les pires reproches. Ils l'accusent
de ne plus savoir expliquer la stratégie du groupe aux
marchés, d'avoir perdu tout crédit auprès des investisseurs, de ne plus tenir le contrôle des finances depuis
son installation à New York. Le financier accuse le
coup, amer. Depuis trois mois, il est constamment sur
la brèche. Face à une direction générale absente, il
essaie de tenir la maison, négocie les crédits au jour
le jour, tente de rattraper les erreurs, multiplie les
mises en garde. « J'ai l'impression déplaisante d'être
dans une voiture dont le conducteur accélère à chaque virage et d'être assis à la place du mort. (...) Tout
ce que je demande est que tout cela ne se termine pas
dans la honte », a-t-il écrit par courrier électronique à
Messier le 13 décembre 2001. Il est revenu plusieurs
fois à la charge, comme dans ce courrier du 4 mars
2002 : « Nos jobs, notre réputation est en cause. (...)
Le problème, ce n'est pas nos métiers, c'est nous, plus
exactement toi. Le problème que nous devons résoudre, c'est ta crédibilité que tu es en train de perdre. »
J2M, comme il se fait appeler depuis le temps de l'inspection des Finances, n'a pas apprécié.

En dépit de ses déclarations publiques d'amitié,
Messier n'aime pas tellement son directeur financier.
Il lui préfère Agnès Touraine, la directrice de Vivendi
Universal Publishing, la branche édition du groupe,
ou Philippe Germond, directeur de Cegetel, l'activité
de télécommunications, toujours d'accord, moins
intellectuels, plus charmeurs. Hannezo, lui, est trop
brillant. En plus, il est populaire auprès du personnel.
Dans le groupe, tous s'amusent du côté « professeur
Nimbus » de ce directeur financier sillonnant les couloirs un pan de chemise en dehors du pantalon, le

cigare à la bouche du petit matin jusqu'au soir. Ce dirigeant un peu lunaire est le seul qui aime faire rire, a toujours un mot d'attention pour les salariés. Depuis le début de la tourmente, il est aussi le seul à donner le sentiment d'être conscient du danger et d'essayer de tenir la barre.

Alors que Messier était fermement opposé, en début d'année, au départ d'Hannezo, comme certains banquiers le lui avaient conseillé, il aimerait maintenant le voir quitter le groupe très vite. Cela permettrait de donner un signal au marché, de retrouver la confiance. Tout est encore rattrapable, il en est sûr.

Le choc de cette journée infernale n'est pas dissipé que Bernard Arnault annonce, le mardi 25 juin 2002, par voie de presse, sa démission du conseil d'administration de Vivendi Universal. Poussé par son bras droit, Pierre Godé, et de nombreux conseillers juridiques qui redoutent de voir la responsabilité et la fortune du patron de LVMH mises en jeu dans cette affaire, celui-ci s'est finalement décidé à lâcher celui qui fut un ami de longue date. En apprenant ce « coup de poignard », Messier explose. Alors que pendant huit ans ils se sont donné des coups de main réciproques et systématiques en affaires, voilà qu'il l'abandonne au pire moment. « Pourquoi avoir accepté d'être renouvelé deux mois avant ? Où était l'urgence impérative [1] ? » accuse aujourd'hui J2M, encore meurtri par cette trahison. Dans son scénario du complot, il fait figurer Bernard Arnault au deuxième rang de ceux qui l'ont lâché, derrière Henri Lachmann, le P-DG de Schneider, autre ami

---

1. Jean-Marie Messier avec Yves Messarovitch, *Mon vrai journal,* *op. cit.*

proche, qui a joué, les derniers mois, un rôle déterminant dans la crise et dans son éviction.

Pouvait-on imaginer plus mauvais climat pour tenir, dans l'après-midi, le dernier conseil avant les vacances ? Lorsque les administrateurs se retrouvent à quinze heures, avenue de Friedland, au siège du groupe à Paris, ils sont nerveux. Ils savent les récentes mauvaises nouvelles. Ils sont furieux d'avoir découvert, une nouvelle fois par la presse, la dernière opération avec la Deutsche Bank sur Vivendi Environnement. Alors qu'ils s'étaient réunis le 17 juin pour débattre du sort de la filiale de services collectifs, le président ne leur a rien dit sur l'emprunt contracté à la hâte auprès de la banque allemande. Pourquoi toutes ces cachotteries, tous ces mystères ? La situation financière est-elle aussi bonne que Jean-Marie l'assure ?

Dès l'ouverture du conseil, Edgar Bronfman Jr, héritier de l'ex-empire Seagram, demande la parole. Il dresse un long réquisitoire sur la conduite du groupe par Messier, parle du cours tombé à des niveaux abyssaux, rappelle la situation de l'endettement, dont une partie leur a été cachée, souligne les dangers de plus en plus grands encourus par la société. Ce n'est plus une motion de défiance comme lors du conseil du 29 mai. C'est le renvoi de Jean-Marie Messier qu'il demande.

Pour éclairer le conseil, la famille Bronfman a demandé une présentation financière et de la trésorerie du groupe par Goldman Sachs. Les prévisions sont catastrophiques. Selon la banque, le groupe peut difficilement survivre en l'état. Les métiers que le groupe contrôle totalement[1] ne rapportent que « 250 mil-

1. À cette date, Vivendi Universal contrôle totalement ses activités dans la musique, le cinéma, la télévision, l'édition et inter-

lions d'euros de free cash-flow par an [1] ». Une somme largement insuffisante pour couvrir les besoins de financement d'un groupe de 54 milliards d'euros de chiffre d'affaires. Un des quatre scénarios de la banque évoque une faillite en septembre. Le groupe, selon le banquier Philippe Altuzarra, est dans l'incapacité de lancer une émission obligataire, pourtant bien nécessaire pour restructurer sa dette. « Tu n'es pas ici pour donner des conseils de marché. Tu ne dois pas sortir de ton mandat », l'apostrophe durement Messier. Richard Brown, le patron d'EDS qui siège, depuis la fusion, au conseil, réplique : « Cela m'est égal. Je voudrais connaître quand même son avis. »

La séance tourne mal pour Jean-Marie. Le Britannique Simon Murray est l'un des premiers à voler au secours du P-DG. Il parle avec ferveur de son ambition, de sa conduite des affaires et défend son maintien. « Ceux qui ne sont pas contents peuvent quitter le conseil », conclut-il. Serge Tchuruk, le patron d'Alcatel, lui aussi en position délicate dans son groupe en crise, monte à son tour au créneau. Marc Viénot, l'ancien P-DG de la Société générale, un des groupes les plus proches de Vivendi Universal, et président du comité d'audit, vient en renfort. Tous les deux soulignent les succès, défendent les choix de la direction et insistent sur le fait qu'un groupe ne se dirige pas sous la dictature des marchés. Les autres administrateurs balancent. Ils aimeraient voir Messier démission-

net. Il ne détient en revanche qu'une partie du capital de Vivendi Environnement et de Cegetel.

1. Le *free cash-flow* est l'argent disponible généré par une activité, une fois payés les charges et les frais financiers pour son fonctionnement.

ner mais ils n'ont pas de remplaçant. Par crainte de tomber dans quelque piège américain, ils se rallient aux défenseurs de Messier. Les cinq administrateurs américains[1] votent pour son renvoi. Les dix autres lui apportent leur soutien. C'est Vivendi contre Universal.

L'homme a une fois de plus sauvé sa tête. En sortant, Jean-Marc Espalioux, P-DG d'Accor mais aussi ancien directeur financier de la Générale des eaux, donne son pronostic. Selon lui, tout va se gérer dans la douceur, comme d'habitude. La place va intervenir dans les coulisses pour faire comprendre à Jean-Marie Messier qu'il doit partir. Il quittera la présidence, une fois que la pression des marchés et des médias sera tombée, et qu'on lui aura trouvé un successeur. Cela devrait se passer à la fin de 2002. Mais plusieurs membres du conseil sont persuadés qu'ils n'ont pas ce répit.

Hasard ou non, dès le lendemain matin du conseil, une information circule partout : Edgar Bronfman Jr n'a pas seulement exigé la démission de J6M, il s'est proposé pour le remplacer. La nouvelle est totalement fausse. Jamais l'héritier de la famille Bronfman n'a demandé à exercer la présidence. Qui a lancé cette rumeur ? Aujourd'hui, tous les acteurs ont la mémoire qui flanche. Personne n'est en mesure de répondre. Mais la manipulation marche. Brusquement, les dirigeants se disent qu'il est urgent d'agir sous peine de voir les Américains imposer leur solution chez Vivendi Universal. Le milieu des affaires français qui a fait Messier, l'a hissé au pinacle en le

---

1. Edgar Bronfman Sr, Edgar Bronfman Jr, Samuel Minzberg, Marie-Josée Kravis, Richard Brown.

présentant comme le symbole de sa mutation, de sa conversion au marché et à la mondialisation, décide d'en finir et de détruire son œuvre. « France Inc. a repris les choses en main », commentera plus tard Alain Minc, éminence grise de nombreux patrons et observateur du monde des affaires.

Le signal du lâchage de Messier se fait dans la discrétion. Michel Pébereau, le patron de BNP-Paribas, qui a jusqu'alors refusé d'entrer dans les conciliabules, est le premier à abaisser le pouce. Depuis longtemps prévenu sur la situation du groupe, il a redemandé à voir les chiffres, après l'opération mal ficelée de Vivendi Environnement. En découvrant la réalité comptable, il s'emporte : Marc Viénot, l'émissaire du monde bancaire, s'est-il totalement laissé séduire et circonvenir par Messier ? Il n'a rien vu, rien compris, rien dit, alors que le groupe dérapait totalement. Furieux, le président de BNP-Paribas, deuxième banque créditrice du groupe, donne ordre de ne plus accorder de nouvelles lignes de crédit au groupe. La décision de Pébereau libère Daniel Bouton, son homologue à la Société générale, jusqu'alors tenu par les engagements de son prédécesseur, Marc Viénot. Il donne rendez-vous au P-DG de Vivendi Universal pour le vendredi 28 juin. Il a l'intention de lui poser un ultimatum : « Ou tu démissionnes tout de suite, ou tu vends Vivendi Environnement, sinon tu déposes le bilan. » Daniel Bouton n'aura jamais l'occasion de le lui dire. Le vendredi, Messier se fera remplacer par Guillaume Hannezo. Le message est tout de même passé : le président de Vivendi Universal sait qu'il n'a plus le soutien des banques, appui crucial pour le groupe dans ce moment de grande tension financière.

Côté politique, l'Élysée et Matignon se tiennent silencieux. Depuis plusieurs semaines, le pouvoir regarde avec de plus en plus d'inquiétude ce qui se passe du côté de Vivendi Universal et cherche à obtenir des informations. Le tout nouveau gouvernement a bien envie de dire son mot sur le dossier. « Surtout, ne vous en mêlez pas », est allé dire à l'Élysée Henri Lachmann, vieil ami de Jacques Chirac. Un seul mot de Jérôme Monod, conseiller du chef de l'État mais aussi ancien président de la Lyonnaise des eaux, le concurrent de Vivendi Universal, et tout pourrait être compromis. Le pouvoir politique s'engage à garder ses distances. Il est rassuré sur le sort réservé à Vivendi Environnement, le seul sujet qui lui importe vraiment. Pour le reste, il est décidé à laisser la place gérer seule le psychodrame.

Dès lors, tout le monde s'active. Actionnaires européens et actionnaires américains, qui s'ignoraient jusque-là, ont fini par se rencontrer. Après avoir essayé d'agir chacun de leur côté, ils sont décidés à coopérer. Edgar Jr ira parler longuement avec Claude Bébéar, l'ancien patron d'Axa qui œuvre beaucoup depuis plusieurs mois pour la reprise en main du groupe. Doutant encore du conseil d'administration, le représentant du camp Bronfman est décidé à utiliser la disposition légale qui permet à des actionnaires réunissant 5 % du capital de demander la tenue d'une assemblée générale. Sa famille, à elle seule, détient le minimum requis. D'autres actionnaires sont d'accord pour les rejoindre dans la procédure. La chasse aux voix commence. Jérôme Seydoux, actionnaire de Vivendi depuis l'OPA sur Pathé, s'engage à confier ses droits de vote, tout comme le financier Vincent Bolloré, bloqué dans Vivendi Universal après

une spéculation malheureuse. Des établissements
financiers et des gérants de fonds internationaux
apportent leur soutien à l'initiative. Pour convaincre
les indécis, les administrateurs sont informés qu'un
bataillon d'avocats américains est chargé par des
actionnaires d'étudier les possibilités d'éventuelles
poursuites, dans l'hypothèse où ils maintiendraient le
statu quo, alors que le groupe est en pleine déconfi-
ture. Certains revirements sont spectaculaires. Simon
Murray, qui défendait le mardi J2M, fait volte-face le
jeudi à Londres et donne sa voix à Edgar Bronfman
Jr. « Comment j'ai fait ? racontera plus tard l'héritier
du groupe Seagram. Vous sous-estimez mes pouvoirs
de persuasion. Je lui ai dit d'oublier le style de Samuel
Minzberg pour s'intéresser à ce qu'il disait vraiment.
Murray a dit que la chose la plus honorable pour lui
serait de démissionner. Nous sommes convenus qu'il
en différerait l'annonce [1]. »

Chez les administrateurs français, il y a un tournant : ils ont désormais un candidat pour remplacer
le président en sursis. Il s'appelle Jean-René Fourtou.
Parmi tous les noms avancés pour la succession chez
Vivendi, il apparaît depuis deux mois comme le candidat idéal pour Henri Lachmann et Claude Bébéar.
D'abord, c'est un ami. Puis, il a sa carrière derrière
lui. Il n'a donc plus rien à prouver et ne sera pas tenté
par un nouvel aventurisme pour le groupe. Enfin, il a
été consultant avant d'être président de Rhône-Poulenc puis d'Aventis, il a donc l'habitude de repérer
très vite les moyens à mettre en œuvre pour redresser
une situation. Mais Fourtou a repoussé toutes les sollicitations de ses deux amis. Il vient de quitter son

---

1. Entretien avec l'un des auteurs.

groupe de pharmacie, il est à la retraite, préfère jouer au golf et faire du bateau plutôt que de rempiler à la tête d'un groupe en perdition. Des amis très chers et très influents réussissent, au cours d'un dîner, le mercredi 26 juin, à le faire changer d'avis. « Il en va de l'intérêt de la France », lui a soufflé ce soir-là Valéry Giscard d'Estaing, le seul homme capable d'influencer ses décisions. Alors, il accepte de se dévouer.

Jeudi 27 juin, le monde patronal assiste à une scène surréaliste. En y repensant, certains en rient encore. Le club des 100, qui réunit tous les patrons gastronomes, se retrouve chez Ducasse pour fêter le brigadat du cuisinier Serge Michel, un des jeunes chefs qui montent. À la table d'honneur, Claude Bébéar, Jean-René Fourtou, Jean-Louis Beffa, Jean-Marc Espalioux et Jean-Marie Messier se retrouvent côte à côte ! Chacun fait assaut d'amabilités. Tout le monde y pense mais personne ne fait la moindre allusion à ce qui se trame à l'extérieur. Entre gens bien élevés, on ne parle pas des sujets qui fâchent.

Dans la soirée, les administrateurs français[1] se retrouvent au siège d'Alcatel. Le P-DG de Schneider, qui prône depuis des mois que le conseil prenne ses responsabilités, part à l'attaque. Désormais il y a un remplaçant possible. Il est décidé à obtenir l'aval de tous les administrateurs français pour demander la démission de Messier. Les discussions se prolongent tard, ce soir-là. Un à un, les administrateurs basculent. Serge Tchuruk, le patron d'Alcatel, qui a peur du précédent, et l'inoxydable Marc Viénot, sont les derniers à résister. Ils finissent par se laisser convaincre. À

1. Jean-Marc Espalioux, Jacques Friedmann, Dominique Hoenn, Henri Lachmann, Serge Tchuruk et Marc Viénot.

minuit, tout est bouclé. Les Français sont tous d'accord pour demander le départ de Jean-Marie Messier. Edgar Bronfman Jr, tout de suite averti, a approuvé la décision. Deux administrateurs, Henri Lachmann et Jacques Friedmann, sont choisis pour rencontrer le président de Vivendi et lui demander de partir.

Depuis les années quatre-vingt, Jacques Friedmann a gagné un surnom auprès des patrons des entreprises publiques. Entre eux, ils l'appellent « le croque-mort ». Tous redoutaient la visite de ce conseiller, très proche de Jacques Chirac, du temps où l'économie était sous la tutelle de l'État. C'est lui qui allait annoncer leur renvoi aux dirigeants des groupes étatiques. Ce vendredi 28 juin, au matin, il retrouve son rôle. Un rendez-vous a été fixé dans l'après-midi. Mais Messier veut en connaître l'objet tout de suite. Henri Lachmann a refusé de lui répondre. Mais l'ex-président de l'UAP peut peut-être lui parler ? Les deux hommes se connaissent si bien. C'est Friedmann qui l'a repéré quand il était à l'ENA, qui lui a ouvert les portes des cabinets ministériels et l'a placé chez Balladur, puis l'a soutenu tout au long de sa présidence. Pressé par Messier, il ne garde pas longtemps le secret. D'ailleurs, il ne garde jamais les secrets. Dans la matinée, il s'est empressé d'avertir l'Élysée et Matignon, comme au bon vieux temps, pour se couvrir au cas où...

Lorsqu'ils rencontrent le président de Vivendi Universal l'après-midi, dans son bureau, les deux administrateurs, installés sur le large canapé en cuir rouge orangé, s'attendent à un moment pénible. Malgré tout, ils ont été très proches de Jean-Marie dans le passé. Ils voudraient le préserver un peu, même si sa folie des grandeurs, sa mégalomanie, son goût des médias lui ont fait perdre, au fil des mois, le sens des réalités et ont amené le groupe au bord du précipice. « Ce fut moins difficile que je le redoutais », confiera le P-DG de Schneider à sa sortie. Pendant deux heures, les uns et les autres parleront sans jamais se comprendre. « Les marchés exigent ton départ. Tu n'as plus le soutien de personne. Démissionne, sinon le conseil ou l'assemblée générale te forceront à le faire. Pars avant que l'on soit obligé de t'infliger une humiliation », répètent les deux administrateurs qui lui demandent de convoquer un conseil d'administration le dimanche 30 juin pour y entériner la fin de ses fonctions.

« Tout cela n'est qu'une vaste machination. Jamais je ne démissionnerai », réplique J6M. Depuis des mois, on complote contre lui pour l'abattre. Il connaît ses ennemis. D'abord Claude Bébéar qui, selon lui, veut s'affirmer comme le parrain des affaires. Après, les politiques : Jacques Chirac ne l'a jamais aimé ; la classe politique lui fait payer le fait d'avoir supprimé les financements plus ou moins clandestins. Enfin, les Américains. Ils n'ont jamais supporté qu'il vienne les concurrencer sur leur propre terrain et la famille Bronfman veut récupérer son bien. « Je ne suis pas un juif d'Hollywood et je ne le serai jamais », ne cesse-t-il de répéter depuis plusieurs mois comme un défi. Tout ce petit monde s'est entendu, soutient-il, pour l'empêcher de poursuivre parce qu'il gêne trop d'intérêts. « Tu n'es pas victime d'un complot, tu es victime de toi-même et de tes erreurs », rétorque Henri Lachmann. Mais de ses fautes, de ses mensonges, de sa fuite en avant, de la ruine des actionnaires, il n'est jamais question. Dans son second livre, *Mon vrai journal,* Jean-Marie Messier continue à se présenter comme une victime d'une contre-révolution. Défenseur du capitalisme et du gouvernement d'entreprise, il n'est pas tombé, selon lui, sous la pression des actionnaires et du marché, mais sous celle d'une clique menant « une OPA sans cash, mais tout aussi violente, encore plus souterraine et sournoise. Une véritable OPA dans l'intérêt des actionnaires, voire une préférence pour un projet défendu en assemblée générale m'auraient semblé plus conformes à une vraie vision de gouvernance. » Pourtant, lorsque les deux administrateurs, ce vendredi, évoquent la possibilité de convoquer une assemblée générale, il ne saute pas sur l'occasion pour demander cette explication devant les actionnaires. La réponse est plus sèche, plus abrupte : « Qu'ils le fassent, s'ils osent », lance-t-il comme un défi aux deux visiteurs avant de les congédier.

Combien de temps peut-il résister ? Sonné par cette entrevue, il est à la recherche de réconfort, de soutien. Il convoque les salariés du siège. Peut-être peuvent-ils constituer son ultime rempart. Devant eux, il reconnaît ses erreurs, ses acquisitions trop onéreuses, sa trop grande médiatisation. Sincère et menteur à la fois, il présente ses excuses au personnel pour les fautes commises. « Le groupe a deux années difficiles à passer mais nous réussirons », leur assure-t-il. À la sortie, les salariés sont ébranlés. Beaucoup le critiquent très vivement depuis longtemps. Mais ils ont été touchés par cette confession inattendue. « Il y a un côté télévangéliste chez lui », ont souvent relevé ses proches.

À l'heure de cette réunion, connaît-il les dernières difficultés financières du groupe ? Le matin, le groupe a vendu, par surprise, le reste de sa participation dans Vinci, son ex-filiale de BTP, bien que les titres fussent gagés pour une émission obligataire remboursable en actions. Mais il fallait d'urgence de l'argent. L'opération a rapporté 353 millions d'euros. Cette nouvelle cession paraît, cependant, avoir laissé insensible l'agence de notation Moody's, qui évalue la solidité financière des entreprises dans le monde. Dans l'après-midi, elle a annoncé à la direction financière la forte probabilité d'un nouvel abaissement de sa note, qui sert à déterminer la qualité de la signature du groupe et le niveau de la prime de risque sur ses crédits. Cette fois, la menace tient de la bombe atomique. Vivendi Universal risque d'être rabaissé au rang des *junk bonds,* les obligations pourries ! Deux jours auparavant, dans un communiqué boursier, le groupe avait pourtant affirmé « disposer à ce jour de 3,3 milliards d'euros de lignes de crédit bancaire non utilisées lui permettant de conforter sa position de trésorerie ». Cela permet, avait-il ajouté, « d'envisager avec sérénité les échéances de trésorerie au cours des douze prochains mois ». La Commission des opérations de Bourse (COB), une nouvelle fois, avait accepté, sans réagir, les déclarations du groupe.

Samedi et dimanche, les administrateurs se succèdent pour obtenir une réunion du conseil. Mais Messier ne veut pas. Se réfugiant derrière les statuts du groupe, il rappelle qu'il est le seul à pouvoir convoquer un conseil avant trois mois. Il ne voit aucune raison de le faire, martèle-t-il auprès de ses interlocuteurs. La prochaine réunion se tiendra le 25 septembre comme prévu. « Et là, ce sera projet contre projet », dit-il en s'énervant.

Trois mois, c'est presque un siècle pour lui qui a vécu dans une pression constante ces dernières semaines. L'été arrivant, il est persuadé qu'il pourra reprendre en main Vivendi Universal et renverser la situation en sa faveur. Il est prêt à donner des gages, d'ailleurs, si le marché l'exige : il peut nommer Agnès Touraine, par exemple, comme directrice générale. Lui-même resterait simple président et s'occuperait juste de la stratégie. Ces suggestions, qui auraient été accueillies avec soulagement quatre mois plus tôt, sont repoussées sans ménagement. Personne ne veut désormais lui accorder le moindre laps de temps. Tous veulent en finir avec J6M.

Le fameux réseau de Messier, allant de l'ENA aux partis politiques, en passant par l'inspection des Finances, Polytechnique, le Siècle, le club des 100, celui des Quadras, toutes ces multiples relations qui lui ont donné l'image du patron le plus puissant de France, ayant ses entrées partout, semble brusquement évanoui. Les amis d'hier ou d'avant-hier, ceux qui ne manquaient jamais ses fêtes et ses invitations, se pressent pour lui demander de partir dans la dignité. Face à ce lâchage brutal, le carré des fidèles est de plus en plus réduit. Il y a la poignée de dirigeants du groupe, les associés-gérants de chez Lazard, avec qui il est toujours en contact et qui restent convaincus qu'il est un bouc émissaire, et quelques amis extérieurs. Maurice Lévy, le patron de Publicis, connu lors des premières privatisations chez Balladur, devenu un proche depuis, est là. La directrice adjointe de Suez, Valérie Bernis, amie depuis le temps du cabinet de Balladur et marraine d'un de ses enfants, comme Patricia Barbizet, bras droit du milliardaire François Pinault, restent très présentes, écoutant à la fois sa douleur et sa colère, lui rappelant que la vie ne s'arrête pas aux murs de Vivendi, et tentent de le convaincre de partir. Rentrée le samedi de New

York, sa femme Antoinette a appelé des administrateurs pour comprendre les événements. « Je ne téléphone pas pour défendre Jean-Marie », explique-t-elle, le samedi, au P-DG de Schneider, jadis très proche. « Prenez la bonne décision pour Vivendi, pas pour lui. Il faut agir dans l'intérêt du groupe », conclut-elle.

Ces interventions diverses ne cessent de tout le week-end. Dimanche matin, les administrateurs se retrouvent à nouveau au domicile d'Henri Lachmann, dans le VIᵉ arrondissement. Les discussions reprennent avec Messier au téléphone. Un moment, celui-ci dit qu'il pourrait envisager l'éventualité de discuter des conditions d'un départ avec Viénot. Puis tout se bloque à nouveau. Finalement, il faut la menace d'un communiqué du conseil qui indiquerait une rupture totale avec le P-DG, pour le convaincre d'abdiquer. À dix-neuf heures, dimanche 30 juin, tout est fini. Messier s'incline et accepte de convoquer un nouveau conseil, signal de sa démission. À une ultime réserve près : que les conditions financières de son départ soient réglées. « De mon point de vue, il était de mon devoir de l'accepter. Aussi détestable que ce pouvait être de donner quelque chose à ce "blanc-bec", il était plus important de sauver la compagnie », expliquera plus tard Edgar Jr, chargé avec Marc Viénot de négocier ses indemnités.

L'homme qui se disait opposé à tout « golden parachute[1] » et donnait des leçons à la terre entière sur le

---

1. « L'éventualité d'être "viré" par ses actionnaires, lors d'une OPA ou pour toute autre raison, fait partie des risques normaux du métier du patron (...). On est payé pour ça. Et bien payé. Les indemnités spéciales – ces *golden* parachutes – ne se justifient pas, selon moi, pour les mandataires sociaux. Mon contrat n'en prévoit pas. Et je m'engage vis-à-vis de mon conseil à ne jamais en négocier. » Jean-Marie Messier, *J6M.com*, Hachette, 2000.

sujet se montre tout à coup très gourmand. Il veut 21,7 millions d'euros. La somme est importante. Mais dans ces milieux patronaux habitués à jongler avec des milliards, elle ne choque pas. Elle correspond, à un million près, aux indemnités perçues par Edgar Jr lorsqu'il a abandonné toute fonction opérationnelle dans le groupe en décembre 2001. Et puis, explique-t-on, cet argent, il en a besoin. La rumeur, depuis quelque temps, le dit ruiné.

Certains, qui le connaissent de longue date, ont du mal à le croire. Ils se souviennent qu'à son arrivée à la Générale des eaux on disait que sa fortune à la sortie de Lazard était faite. Ambroise Roux, qui négociait son arrivée, racontait même qu'un obstacle pour le faire venir à la compagnie fut le salaire. « Il ne s'agissait pas, expliquait-il, de lui faire accepter une diminution de 10 % ou 20 % de ses revenus mais de plus de moitié [1]. » Avec un salaire brut de 2,29 millions d'euros (15 millions de francs) par an, le poste de P-DG de la Générale des eaux était pourtant considéré à l'époque comme le mieux payé de France.

Jamais à l'aise sur les questions d'argent, Jean-Marie Messier laisse courir des bruits sur ses difficultés financières personnelles, liées à des spéculations sur Vivendi, alors qu'en juin, dans le même temps, il achète un bien immobilier à Paris. Pour illustrer sa confiance dans le groupe, il a affirmé à des représentants des actionnaires minoritaires, comme à l'assemblée générale en avril 2002, avoir contracté un emprunt représentant cinq fois ses revenus [2] pour

1. Entretien avec l'un des auteurs en juin 1997.

2. Selon le rapport annuel 2001, M. Messier a reçu une rémunération nette, après impôts, de 2,377 millions d'euros, plus 125 325 euros de jetons de présence comme administrateur dans

acheter des actions. En juin, on parle dans le groupe d'un emprunt de 25 millions de dollars. Revenant sur ses déclarations précédentes, J6M écrit dans son *J6M.com* avoir « un prêt personnel dépassant les 5 millions d'euros, souscrit auprès de la Société générale ». Sa fortune, explique-t-il, est liée, comme des milliers d'actionnaires, au rebond de l'action. Certains observateurs soulignent que, malgré tout, il a encore les moyens de payer un loyer mensuel de 31 000 dollars pour continuer à habiter le duplex du groupe sur Park Avenue à New York[1].

Outre ses indemnités, Messier a une autre exigence. Il entend que l'accord conclu ne soit pas soumis à l'approbation du conseil. « C'était impossible. Il restait P-DG. Il fallait l'accord du conseil pour ses indemnités. J'ai refusé de signer. Et Marc Viénot aussi », raconte encore l'héritier de la famille Bronfman. Mais Éric Licoys, administrateur et représentant le groupe, accepte, lui, de signer, ce qui permet d'obtenir de Messier la convocation du conseil pour le 3 juillet. Dès qu'ils entendent parler d'indemnités, la plupart des autres administrateurs, soutenus par des actionnaires extérieurs, refusent. Impossible pour eux d'accorder le moindre euro à Messier. Ils agitent leur responsabilité, la menace de procès par les actionnaires. Pour contourner l'obstacle, des avocats suggèrent d'antidater le texte de manière à laisser penser que les indemnités ont été discutées et acceptées avant la crise. Licoys s'y serait opposé. Le conseil, le 3 juillet,

---

les filiales de Vivendi. Il détenait, fin décembre, 592 810 actions du groupe, soit 0,59 % du capital.

1. Jean-Marie Messier a été autorisé par le conseil à occuper cet appartement jusqu'au 31 décembre 2002, contre paiement des charges. Début 2003, il l'habitait encore.

décidera de différer le sujet. Les indemnités de J6M ne seront plus jamais rediscutées. En septembre, la nouvelle direction lui demandera de rembourser les salaires et les dédommagements de frais qu'il avait continué à percevoir à New York depuis son départ. Début 2003, il n'avait toujours rien remboursé.

Tous ces atermoiements, ces discussions sans fin, ce départ qui s'éternise masquent le formidable bouleversement dans le monde français des affaires et l'extraordinaire sanction infligée à ce « maître du monde » : pour la première fois, un P-DG français d'un groupe mondial est démis de ses fonctions, au vu de ses résultats, sous la pression des marchés. L'impunité pour les patrons a disparu.

Pour ne pas avoir à démissionner en plein conseil, Jean-Marie Messier a décidé de régler lui-même sa sortie. Il a réuni tous les salariés du siège, le mardi 2 juillet. La scène, pour cet homme qui a toujours aimé les comparaisons napoléoniennes, a des allures d'adieux de Fontainebleau. « Je pars pour que Vivendi vive », déclare-t-il les larmes aux yeux. Quelques mois plus tard, des salariés, après avoir découvert la ruine du groupe, auront le sentiment d'avoir été dupés. Sur le moment, l'émotion est à son comble. On pleure, on s'étreint, on dénonce la cabale politique contre le groupe, on s'émeut du sacrifice du président.

Pendant qu'il met en scène son départ, les administrateurs, eux, travaillent à le remplacer. Ce même mardi se déroule une de ces comédies à la française dont ce pays a le secret. Dans l'après-midi, les Français se sont à nouveau réunis pour se mettre d'accord sur un nom. Tout Paris est associé depuis plusieurs jours à la discussion. Pressenti, Jean-Louis Beffa s'est récusé dès le vendredi. Si le P-DG de Saint-Gobain a pu être tenté par la présidence de la Générale des eaux en 1994, il ne l'est plus du tout en 2002 par la direction d'un Vivendi Universal, si éloigné de son monde industriel. Jean-Marc Espalioux a également décliné l'offre. Le financier Vincent Bolloré, lui, a proposé ses services, en faisant valoir qu'il n'aurait pas peur de s'opposer aux banques. La proposition a été refusée : si ses talents pour tenir tête aux banquiers sont indéniables, beaucoup redoutent son côté un peu trop personnel dans les affaires. Reste Jean-René Fourtou. Serge Tchuruk, qui n'a pas oublié son éviction de la direction générale de Rhône-Poulenc lorsque Fourtou y est arrivé, est contre cette nomination. Plusieurs autres administrateurs émettent aussi des objections. Trop vieux ? Aucune connaissance des métiers de Vivendi ? Trop proche de Bébéar ? Rien de cela. Le président retraité d'Aventis souffre d'une tare plus grave, ineffaçable à son âge : il n'appartient pas à l'inspection des Finances, le corps d'élite, attribué aux meilleurs de l'ENA, à la sortie de l'école, autour de vingt-quatre ans !

Trustant beaucoup de grands postes dans l'État et les grands groupes ainsi que la quasi-totalité des directions de banques, le corps estime que la présidence de Vivendi Universal lui revient de droit : Jean-Marie Messier est inspecteur des Finances, le groupe fait donc désormais partie des fiefs héréditaires de la caste. Qu'importent les résultats de l'intéressé, les actionnaires, le conseil, le marché, le gouvernement d'entreprise, les règles du capitalisme ! La loi non écrite est immuable et ne peut être transgressée. Représentants de cette noble institution, Marc Viénot, Jacques Friedmann et Jean-Marc Espalioux, appuyés au-dehors par Michel Pébereau et Daniel Bouton, entendent bien la faire respecter. Ils ont discuté avec les représentants de l'inspection. On s'est mis d'accord sur un nom : Charles de Croisset. Président du CCF, il a été dans le passé directeur de cabinet d'Edouard Balladur au ministère des Finances. Jean-Marie Messier soutient à fond la candidature de son ancien patron à Bercy. Y voit-il un moyen de rester un peu dans le groupe ? Tous les autres sont vivement opposés à cette nomination. « Je ne l'aimais pas », confie Edgar Bronfman. « Il avait présenté des demandes exorbitantes pour accepter le poste », raconte de son côté Claude Bébéar. Il faudra plus de six heures pour vaincre la lourde machinerie de l'inspection des Finances. Plus tard, Charles de Croisset fera démentir discrètement sa candidature.

Tous les administrateurs se demandent ce qu'ils vont trouver dans Vivendi Universal. « Le mardi, je suis allé directement dans le bureau de Guillaume [Hannezo]. En moins de deux heures, il était clair que nous étions morts à la fin de la semaine. J'ai appelé Claude [Bébéar] le soir. Je ne pouvais pas courir le risque que Fourtou se ravise, en voyant la dégradation de la situation. Cela aurait pu nous coûter trente-six heures. Et nous ne pouvions pas nous permettre de perdre ce temps-là. J'avais besoin de demander à Bébéar s'il en était toujours », raconte aujourd'hui Edgar Jr, soucieux de prouver qu'il a joué un rôle actif dans la reprise en main du groupe. Le patron d'Axa est toujours d'accord pour apporter son soutien. Mais il a décidé de ne pas être administrateur, pour afficher un démenti aux accusations de Messier. Pour prouver son désintérêt, il part chasser en Afrique. Il sera loin au moment du conseil.

Mais ce beau plan vole en éclats. À peine réunis le

3 juillet, les administrateurs exigent que Bébéar siège au conseil. Ils ne veulent pas continuer à le voir prodiguer ses conseils de l'extérieur. Ils l'élisent administrateur et le nomment même président du comité des finances. Henri Lachmann est nommé président du comité stratégique. Il a déjà une opinion assez arrêtée sur le sujet : il faut « détricoter tout ce qui a été tricoté », en un mot démanteler le groupe. Jean-René Fourtou, lui, est élu à l'unanimité P-DG de Vivendi Universal. Il n'est pas là depuis une heure que tout se précipite : les banques l'appellent pour lui dire qu'elles ne veulent plus ou ne peuvent plus le soutenir.

Dans le crépitement des flashes saluant la sortie de Jean-Marie Messier, une nouvelle, diffusée au même moment, est passée inaperçue, sauf des marchés : comme elle l'avait annoncé, Moody's a dégradé à nouveau le groupe. Vivendi Universal est tombé au rang de *junk bonds*. Dès lors, tout s'enchaîne. Les garanties accordées par le groupe tombent. Toutes les banques veulent se retirer et coupent les lignes de crédit. La crise de trésorerie menace. Pour calmer les craintes, les présidents de BNP-Paribas et de la Société générale, qui ne veulent ni d'un dépôt de bilan qui leur ferait perdre leurs crédits ni être accusés de soutien abusif, s'empressent de déclarer qu'il n'y a aucun risque de faillite : « Les actifs de Vivendi Universal sont bien supérieurs au passif », assurent-ils. Par précaution, la banque de Michel Pébereau exercera tout de même, dès le 5 juillet, son option de vente sur les 16 % qu'elle détient dans la société de cinéma UGC, obligeant Vivendi à lui verser 50 millions d'euros sur-le-champ.

À peine arrivé aux commandes, Jean-René Fourtou

est pris dans un tourbillon. Il cherche très vite à join-
dre Claude Bébéar pour lui demander de l'aide. « J'ai
tué un buffle. Avez-vous tué le vôtre ? » demande le
patron d'Axa quand il joint Fourtou le lendemain.
« Tu es administrateur, tu es président du comité
financier de Vivendi Universal et tu reviens d'urgence. J'ai besoin de toi. Les banques ont coupé les
crédits. Je ne suis pas sûr que Vivendi passera la fin
de la semaine », lui assène le nouveau président, tout
en se demandant comment le deuxième groupe mondial de communication a pu en arriver à subir pareil
désastre.

CHAPITRE II

Un homme presque parfait

Ils sont tous là. La famille, les amis, les proches, les connaissances, les obligés. Tout ce que le Paris des affaires compte de banquiers, présidents, financiers, hommes d'affaires importants, ou consultants, a répondu à son invitation. Ils se retrouvent ce mardi 3 juillet 2001 au sommet du musée Beaubourg. Par les larges vitres du bâtiment, ils voient la ville, blanche, qui s'étend à leurs pieds. Au milieu des trois cents personnes, le P-DG de Vivendi Universal rayonne. Il est à l'apogée de sa puissance. Il a rarement été aussi heureux.

Pour cet homme, le moment est d'importance : il va être fait chevalier de la Légion d'honneur. Il a beau jongler toute la journée avec des milliards, parler avec tous les hommes importants de la planète, cet enfant de la République, pur produit de l'élitisme français, vacille à l'idée de recevoir cette décoration. La France, selon ses rites, reconnaît ses mérites. Cette journée, c'est un peu son sacre.

Il aurait souhaité donner à cette cérémonie un certain éclat. Il avait demandé au président de la République de lui remettre en personne la décoration. Celui-ci avait accepté. Mais lorsque le P-DG voulut, contrairement à toutes les habitudes protocolaires, que cette cérémonie ait lieu pour lui seul et non avec d'autres personnes décorées en même temps, au siège du groupe et non à l'Élysée, Jacques Chirac refusa net. On n'en était pas à Napoléon dictant ses volontés au pape. Après ce refus, Messier décida de changer radicalement d'idée. Puisqu'on lui refusait les honneurs du pouvoir politique, il irait vers le monde de la culture. Après tout, il est le président du deuxième groupe mondial de communication et de médias. Il a demandé à la célèbre photographe Bettina Rheims, qu'il ne connaissait pas auparavant, de lui remettre sa décoration.

Voilà pourquoi il se retrouve, en cette fin d'après-midi de juillet, au café Georges, tout en haut de Beaubourg. Pour cette journée, il a tout pris en main. Il s'est nommé concepteur, réalisateur, metteur en scène et interprète de sa remise de Légion d'honneur. Ce sera un vrai show, s'est-il promis. Il tient d'autant plus à ce que la fête soit réussie qu'il veut en même temps faire ses adieux à la « scène » parisienne. En septembre, il s'installe à New York. Il sera le premier président à diriger un grand groupe français à partir des États-Unis.

Le milieu des affaires est très étonné de cette décision. Par la voix de Bettina Rheims, il lui adresse les dernières recommandations avant le départ. Dans un discours plein de nuances, écrit avec l'appui de son mari, l'avocat d'affaires Jean-Michel Darrois, et le consultant Alain Minc, elle multiplie interrogations et mises en garde, tout en esquissant des espoirs : « Quand un Français dit : "Je veux bâtir une entreprise internationale avec une volonté de métissage culturel", cela ne peut évidemment que nous réjouir.

Et puis notre côté ancré, villageois, que nous avons en chacun de nous, fait que nous espérons que cette immense maison restera aussi française et que son président aidera, avec les moyens qui sont les siens, à ce que les artistes français retrouvent la place qu'ils ont jadis occupée dans le monde et qu'ils ont aujourd'hui un peu perdue », insiste-t-elle.

« Où serai-je dans quelques années ? » répond l'intéressé à la photographe qui s'interrogeait sur son avenir. « Certains m'imaginent tenté par une carrière politique, d'autres me voient ermite. Plus sûrement, je serai encore président de Vivendi Universal. » À la surprise de cet auditoire sérieux, un rien compassé, il enchaîne un discours de karaoké. *Look like we made it* de Shania Twains chante-t-il pour parler du succès de Vivendi Universal, puis il poursuit avec une autre chanson de Stevie Wonder, *I just called to say I love you*, pour évoquer avec son fils Nicolas le bonheur familial. Tous les grands P-DG qui ont fait ou accompagné sa carrière depuis quinze ans, peu habitués à un tel spectacle, sont médusés. L'étonnement se transforme en gêne lorsqu'il évoque ouvertement un drame familial, la mort de sa nièce de dix ans dans un accident de montagne, avant de passer à la chanson d'Yves Duteil *Prendre un enfant par la main*. Au premier rang, son frère s'écroule en larmes. Dans l'assistance, Marc Viénot, Bernard Arnault, Jean-Louis Beffa, le banquier Michel David-Weill, le financier Vincent Bolloré, son ami Nicolas Bazire, directeur chez LVMH, regardent le bout de leurs chaussures, au comble du malaise.

« Cette fois-là, il en a vraiment fait trop dans son côté patron américain, ou plutôt ce qu'il imagine être les comportements américains », se rappellera plus tard un de ces grands patrons présents. Les autres se contenteront de ce simple commentaire : « C'est Jean-Marie ! » En trois mots, tout est dit : leur surprise devant cet homme qui les déconcerte tout le temps, leur fascination pour son intelligence et sa chance, leur habitude de tout lui passer, de l'excuser pour sa manière très personnelle d'ignorer ou de contourner les règles, et aussi leur attachement, presque filial parfois, pour ce jeune président qui les a séduits et est devenu le confident de tant d'entre eux. Et puis, il y a ce parcours étonnant qui les impressionne tous.

Car, pour eux, Jean-Marie Messier est le modèle le plus abouti de cette haute administration qui, au nom de la méritocratie républicaine, dirige la France depuis cinquante ans. Petit-fils de chauffeur de préfet, fils d'un expert-comptable grenoblois, sorti des meilleures écoles de la République – Polytechnique et l'ENA –, il a hérité à trente-neuf ans un des plus prestigieux groupes français. « C'est le dirigeant le plus doué de sa génération », affirme Antoine Bernheim, ancien associé-gérant de Lazard. Un homme presque parfait, à entendre les uns et les autres.

Sa carrière reflète la mutation de l'économie et du pouvoir en France. Débutant à l'aube des années quatre-vingt, il s'est trouvé pris dans ce vaste mouvement de reconquête idéologique du capitalisme, marquée en France par la fin de l'économie administrée, la réhabilitation de l'entreprise, pour finir par la consécration des marchés. Habile, il a été mêlé à tous les grands tournants de ce changement, pensant les privatisations, les mettant en œuvre au cabinet d'Edouard Balladur, à l'époque ministre des Finances, puis associé à la conquête internationale et aux batailles boursières des entreprises, avant d'être acteur de la mondialisation.

41

Le patron célébré est le chantre de cette mondialisation heureuse. Il entend être le héros de ces nouveaux temps modernes mêlant internet et les marchés. Dans cette conquête, il veut être à la première place. C'est un gagneur. Il l'a toujours été. Il a besoin de prouver, de se prouver qu'il est le meilleur. En tout. Comme patron d'un groupe de communication, comme penseur de l'avenir économique, comme entrepreneur, comme financier, comme banquier, comme dirigeant sachant parler aux marchés, comme personnage médiatique, et même sur les pistes de ski. Cet esprit de compétition lui plaît. Il aime défier les circonstances, braver les obstacles. Cela lui a toujours réussi. Cela dure depuis l'enfance.

L'histoire familiale a été largement revisitée une fois que l'enfant prodige a atteint les sommets de la gloire. Né le 13 décembre 1956, sa famille le dépeint comme un surdoué, doté de tous les talents et d'une rare précocité : selon sa mère Jeanine, il s'intéresse, dès cinq ans, aux cours de la Bourse donnés à la télévision, et est capable alors d'établir d'un jour sur l'autre la variation des cours[1] ! La réalité est sans doute plus banale. C'est un enfant doué, très doué, un premier de la classe. Sans avoir beaucoup à travailler, il gravit brillamment tous les échelons scolaires au collège catholique Notre-Dame puis au lycée Champollion de Grenoble. À seize ans, il obtient son bac scientifique, mention très bien.

De son enfance grenobloise, Jean-Marie Messier, pourtant si prolixe sur d'autres sujets, ne dira jamais rien ou presque. La vie semble s'écouler sans repères.

---

1. *Le Point*, 5 juillet 2002.

Les échos du monde paraissent arriver étouffés chez les Messier. Les débats y semblent absents. Selon J2M, on parle beaucoup économie, à cause de son père Pierre, expert-comptable. Très catholique, la famille se consacre à de nombreuses activités sociales, notamment en faveur des handicapés. Mais rien de précis, de saillant. Un seul événement paraît marquer toute cette période, qu'il racontera des dizaines de fois : le jour où, à dix ans, membre des Petits Chanteurs à la croix de bois, il a chanté dans Saint-Pierre de Rome et a assisté, sur les épaules d'un ami parce qu'il était trop petit, à une messe célébrée par le pape.

L'autre fait mis en avant, c'est sa réussite scolaire. À la fois par excès et par manque de confiance en soi, il paraît condamné à prouver sans cesse sa valeur, à collectionner les succès scolaires et les diplômes. Bachelier scientifique, il se présente et obtient l'année suivante le bac littéraire. Après deux ans de classes préparatoires, il est admis à Centrale mais échoue à Polytechnique. Il préfère redoubler pour être reçu l'année suivante. « Ce furent mes meilleures années. On avait une liberté totale sur tous les sujets. C'est là que j'ai passé mon brevet de pilote d'avion », racontera-t-il plus tard. Mais à la sortie, déception ! Son classement ne lui permet pas d'intégrer les Mines ou les Ponts, les écoles de prestige. Lot de consolation, il peut entrer sans concours à l'ENA, l'autre grande formation d'élite en France. Il était dans l'école de l'excellence, il découvre celle du pouvoir et, au cœur même de celle-ci, un cénacle encore plus fermé, plus puissant : l'inspection des Finances. « Je voulais l'inspection, dès que je suis entré à l'ENA[1] », assurera-t-il plus tard.

1. Entretien avec l'un des auteurs.

Ses camarades de promotion se souviennent d'un Jean-Marie Messier souriant, sympathique, serviable, mais pas spécialement impressionnant. Il n'est pas à l'aise avec ces jeunes, issus de la bourgeoisie parisienne, qui ont fréquenté les plus grands lycées de Paris et qui donnent le ton dans les promotions de l'ENA. Face à ses condisciples, rompus depuis l'enfance aux débats intellectuels, aux sorties mondaines, il se sent gauche, mal dégrossi. Il n'a pas un physique de jeune premier qui permette de tout faire oublier. Convaincu de sa supériorité intellectuelle, il tranchera la question pour n'y plus revenir : il est provincial et fier de l'être, affichant en creux un certain mépris pour le parisianisme, ses conventions et ses modes.

Par la suite, personne ne le fera dévier de cette ligne. Il feint d'ignorer les questions culturelles chères aux beaux quartiers. En dix ans, cet homme qui a rencontré quotidiennement la presse n'a pas fait une confidence sur ses goûts ou ses passions, ou laissé transparaître une chose qu'il ne voulait pas dire. Rien de spontané dans ses propos. Pas une fois il n'a parlé d'un auteur, d'un peintre, d'un musicien, d'un film qui lui tienne à cœur. Le livre aimé ? Ce sera le succès du moment. Il en ira de même pour les spectacles ou les artistes. Ne pouvant éviter de répondre à la question des films qu'il apprécie après la création de Vivendi Universal, il cite après mûre réflexion *James Bond* ! La réponse a le mérite de couper court à toute polémique. Son seul vrai penchant semble être la télévision, du temps de l'ORTF et de ses émissions en noir et blanc. Au cours de plusieurs assemblées générales, il s'abandonnera à mimer Jean Nohain ou Guy Lux pour le plus grand plaisir des petits actionnaires.

Il affiche la même retenue en privé. « Les voyages avec lui étaient souvent mortellement ennuyeux. En dehors du travail et de la famille, il n'avait aucun autre sujet de conversation. Il semblait n'avoir rien à dire ou rien envie de dire d'autre », témoignent plusieurs personnes qui l'ont côtoyé jour après jour.

Pour lui, ce commerce gratuit ne semble guère présenter d'intérêt. Aime-t-il les gens ? Il l'a affirmé à maintes et maintes reprises. Dans le groupe, on se souvient qu'il pouvait avoir une attitude bien méprisante à l'égard de salariés ou de certains dirigeants de petites filiales. Quand ces derniers essayaient de défendre le travail parfois d'une vie, lui ne voyait qu'une misérable entité pesant seulement quelques milliers d'euros. Des dizaines de personnes racontent comment elles n'ont cessé d'être sollicitées par Messier d'une manière ou d'une autre, parce qu'à un moment elles avaient un pouvoir, un poids, une influence. Une fois cet intérêt disparu, silence. Le rapport de force avait changé. Elles n'existaient plus.

Jean-Marie Messier est une machine à efficacité. Il ne fait que des choses utiles pour lui. Tout son art de la séduction (il peut être très grand), il le développe auprès de ceux qui peuvent l'aider, qui ont le pouvoir. Il ignore les autres. Dès l'ENA, ses camarades de promotion ont noté ce comportement. Auprès d'eux, il est inexistant. Auprès des professeurs, il ne cesse de se manifester pour briller. Lors d'un séminaire animé par Albert Costa de Beauregard, conseiller économique du Premier ministre Raymond Barre, et par Alain Minc, ce dernier, à la fin du cours, est obligé de l'appeler dans son bureau pour le calmer. Après l'avoir assuré qu'il l'avait remarqué, il lui conseille « d'arrêter de parler tout le temps » pendant le cours, l'assurant qu'il aurait une bonne note à la fin de l'année. Il n'abandonnera jamais cette habitude. Pendant que ses condisciples rivalisent pour s'imposer, lui cherche, en douceur, à acquérir la protection des puissants, le soutien de parrains. Son physique rond, ses cheveux sagement peignés, son attitude pleine de calme et de sagesse rassurent tous ses interlocuteurs.

« Il parlait comme un vieux de soixante-dix ans », se souviendra plus tard le banquier Édouard de Rothschild, étonné par sa première rencontre avec ce jeune d'à peine trente ans. « Il tenait des propos d'un homme de quinze ans plus âgé que lui », rapporte Jean-Louis Beffa. D'autres pointent le côté changeant du personnage : « Il fonctionne à l'affectif, à la séduction. Il est comme un caméléon. D'emblée il sait tenir le langage que ses interlocuteurs – cadres, administrateurs, actionnaires, financiers, politiques – ont envie d'entendre. Tous ou presque succombent à son charme. Mais derrière ses apparences ouvertes, c'est un homme dur, méfiant », explique un dirigeant. Cet ambitieux ne laisse rien au hasard. Lors d'un de ses rares moments d'abandon, il avoue cultiver son embonpoint, qui lui donne l'aspect d'un homme mûr, rassurant, pour faire oublier sa jeunesse[1]. Tous les caciques du capitalisme français tomberont sous le charme de ce jeune homme si avisé, si modeste, qui les écoute pendant des heures, assimile leurs conseils, se pose en fils, jamais en rival. Avec son air de premier communiant, il deviendra le « séducteur de vieux », comme l'écrivit la journaliste Nazanine Ravaï[2].

---

1. Après la fusion avec Seagram, il prendra le parti opposé et décidera de maigrir très rapidement pour séduire les Américains.

2. Nazanine Ravaï, *La République des vanités*, Grasset, 1997.

En attendant, il faut se frayer le chemin de la réussite. À la sortie de l'ENA en 1982, J2M a obtenu l'inspection des Finances comme il le voulait. Difficile de se faire remarquer dans cette caste d'élite qui compte dans ses rangs un président de la République, plusieurs Premiers ministres, des gouverneurs de la Banque de France, tous les grands banquiers de la place, et où les jeunes recrues se déchirent à belles dents pour obtenir les plus hauts postes de la République qu'ils estiment leur être dus. Dans la journée, il travaille sur les dossiers des restructurations industrielles, qui dominent l'actualité économique de l'époque ; le soir, il retrouve des amis pour réfléchir sur l'avenir. Il fait partie d'un club, baptisé A3E [1], l'association pour l'étude des expériences étrangères. Il y retrouve Baudoin Prot, futur directeur général de BNP-Paribas, Nicolas Bazire, futur directeur de cabinet d'Edouard Balladur avant d'entrer chez LVMH, Michel de Rosen, plus tard directeur de Rhône-Poulenc Rorer, Walter Butler, financier proche de François Léotard. Chaque dimanche, l'équipe se retrouve rue de Bellechasse, chez Charles de Croisset, futur président du CCF. On est en pleine période de nationalisation des entreprises, menée par un gouvernement de gauche. Eux parlent plutôt de libéralisation économique.

Messier a choisi un thème : la politique de privatisation menée par Margaret Thatcher en Grande-Bretagne. Le sujet est d'actualité. Il ne peut qu'être remarqué. Jacques Friedmann, qui joue les têtes cher-

---

1. La mode dans la haute administration est alors aux sigles, de préférence avec numéro. C'est à cette période que Jean-Marie Messier prendra l'habitude de signer ses notes : J2M.

cheuses pour une droite en mal de doctrine, est le premier à le repérer. L'appui est de poids : inspecteur des Finances, il est un proche de Chirac. Il a des idées sur tout et joue les messagers entre la haute administration et le monde politique. C'est lui qui a découvert Alain Juppé et l'a fait entrer en politique. Sa recommandation vaut sésame à droite. Et voilà, Messier, à trente ans à peine, chargé d'imaginer un programme de privatisations en France.

Lorsque la droite revient au pouvoir en 1986, avec les privatisations au programme, le jeune inspecteur des Finances n'est naturellement pas oublié. Jacques Friedmann le recommande chaudement pour devenir conseiller de Camille Cabana, ami très proche du président du RPR à la mairie de Paris, nommé secrétaire d'État chargé des privatisations. J2M est vite déçu. Il comprend en peu de temps que le pouvoir réel n'est pas au secrétariat d'État mais au ministère de l'Économie et des Finances, chez le tout-puissant Edouard Balladur, numéro un *bis* du gouvernement à côté de Jacques Chirac. Deux mois plus tard, à l'occasion d'un remaniement ministériel, il n'hésite pas. Il quitte, « les larmes aux yeux », son ministre et se précipite chez Balladur, avec l'appui de Friedmann.

Pour le jeune énarque en quête de puissance, Edouard Balladur incarne la quintessence du pouvoir, le symbole achevé de l'homme d'État. Sa distance, sa componction, sa façon de parler, tout lui plaît, tout le fascine. Au point qu'il finit par l'imiter. Pour ce ministre, il est capable de tout supporter, le travail incessant, les colères, les ingratitudes. Mais tout lui paraît léger tant il a l'impression d'être, à ce moment-là, au cœur du pouvoir. Ils sont une poignée à construire le grand Meccano de l'économie française avec ses noyaux durs et ses participations croisées. Tous les grands noms de l'industrie et de la finance passent : Saint-Gobain, la Compagnie générale d'électricité (devenue plus tard Alcatel-Alsthom puis Alcatel), la Société générale, Paribas, Suez, TF1, Havas, Matra... Ils organisent les tours de table, décident de l'allure industrielle et financière du pays, de la fortune des uns et des autres, de leur grâce ou de leur disgrâce. Chaque jour, le nouveau conseiller voit défiler les présidents des grands groupes, les banquiers de la place, les plus grands noms de la finance. Des hommes puissants à l'extérieur, qui arrivent humbles, dans les bureaux du ministère, pour négocier leur avenir et celui de leur société. Il est hypnotisé par cette comédie du pouvoir. Effacé, souriant, il est devenu celui qui écoute, qui est disponible à toute heure du jour et de la nuit, toujours prêt à rendre service, n'hésitant pas à apporter le café s'il le faut. À ce rythme, il devient vite indispensable. Le ministre a une entière confiance en cet homme qui anticipe à la perfection sa pensée et ses décisions. Le monde des affaires apprécie ce conseiller attentif qui sait déminer les dossiers, inventer des montages capables de ménager les apparences pour tout le monde. La presse aime ce haut fonctionnaire qui n'hésite jamais à prendre les journalistes longuement au téléphone et à leur expliquer les subtilités de la politique de privatisation menée par le gouvernement « en dehors de tout esprit partisan » bien sûr. Bref, Paris l'adore.

Toutes les carrières lui sont ouvertes. Et il y pense sérieusement. Il n'est pas sûr que la droite emporte en juin 1988 l'élection présidentielle. En cas de victoire de la gauche, son destin est scellé : il retrouvera un des bureaux de l'inspection des Finances, ce qui ne le tente guère. Il ne se voit pas non plus entamer une carrière politique. Il n'a pas envie de se soumettre à la tutelle d'un parti. S'il court, il court pour lui. « J'ai toujours aimé décider. Je ne supporte pas l'idée de n'être qu'un rouage dans une grande machine sur laquelle je n'aurais pas de prise (...). Ne jamais être soumis à une autorité, voilà ce qui m'a guidé », écrira-t-il plus tard dans *J6M.com.* Au soir des élections qui consacrent la deuxième victoire de François Mitterrand et de la gauche, il n'est pas amer. La campagne, il l'a suivie de loin, à l'inverse de nombreux conseillers dans les ministères. Après avoir contribué à rendre au secteur privé quelques fleurons du secteur étatique, il s'est employé à se privatiser lui-même. Il a reçu dix-sept propositions d'embauche dont une de la Générale des eaux. Mais, depuis décembre 1987, il a déjà tout négocié avec Michel David-Weill. Il va aller à la banque Lazard, la plus prestigieuse des banques d'affaires. Celle qui a d'ailleurs joué le rôle le plus actif dans les privatisations. Certains journaux s'émeuvent de ce « pantouflage » pouvant soulever des conflits d'intérêts. Dans les allées du pouvoir, on se contente d'admirer ce reclassement brillant.

CHAPITRE III

Liaisons dangereuses

Installé dans la partie la plus chic du VIIIe arrondissement de Paris, aux abords du parc Monceau, l'établissement Lazard Frères fait la pluie et le beau temps dans le monde des affaires parisien en ces années quatre-vingt. C'est lui qui régente le capitalisme français, fait et défait les mariages entre les entreprises, organise les actionnariats, agite les menaces quand il le faut. Il sait tout, ou presque, des groupes et des idées cachées de leurs dirigeants. Personne ne s'avise de le contredire. Dans ses murs, cette banque, qui se vante d'être à la pointe de la modernité financière, cultive une atmosphère balzacienne, avec ses salons en peluche rouge du Second Empire, ses huissiers dans les couloirs, ses lumières au-dessus des portes pour indiquer s'il est ou non permis d'entrer. Les jalousies entre associés y sont féroces. Ils se livrent à une compétition sans merci, exploitent toutes les faiblesses et les failles, n'hésitent pas à se voler des clients quand ils le peuvent.

Beaucoup de jeunes recrues ont du mal à s'habituer à cette ambiance. Certaines n'ont jamais pu. Jean-Marie Messier, lui, est aussi à l'aise qu'un poisson dans l'eau. La banque, même quand il sera au sommet, restera sa référence, son point d'ancrage. Il ne cessera d'entretenir avec elle des relations très étroites. Il est vrai qu'il a, dès son arrivée, de puissantes protections : Michel David-Weill, le tout-puissant patron de Lazard, Antoine Bernheim, un des associés-gérants qui a le plus de poids dans la maison, Jean-Claude Haas, autre partenaire d'importance, ne tarissent pas d'éloges sur ce jeune homme sur lequel ils fondent les plus grands espoirs. Il passe les premiers mois à New York, l'un des trois piliers, avec Londres et Paris, de la banque. Il découvre l'Amérique, les marchés, apprend à connaître le monde des médias. C'est là qu'il entend parler pour la première fois des autoroutes de l'information, d'internet, des théories sur la convergence entre différents médias, de la révolution technologique à venir. Quatre mois plus tard, revenu en France, il est nommé, le 1er janvier 1989, associé-gérant de la banque. Il a trente-deux ans. Rarement banquier a connu une carrière aussi fulgurante chez Lazard qui semble, décidément, ne rien devoir lui refuser. Il obtient aussi de pouvoir créer un fonds d'investissement à lui, Fonds Partenaires Gestion, auquel il associe quelques membres de la banque. Pour l'aider à le gérer, il fera recruter par la suite, comme directeur général, Éric Licoys, un banquier beaucoup plus âgé que lui. Celui-ci a l'immense avantage d'être très proche d'Ambroise Roux, le parrain du capitalisme français, après avoir travaillé avec lui à la Barclays au début des années quatre-vingt. Cette relation – comme le fonds d'ailleurs – va avoir une importance majeure dans le parcours de Jean-Marie Messier. Éric Licoys sera le fidèle associé, l'ombre portée de J2M, au courant de toutes ses affaires et de tous ses secrets, l'accompagnant jusqu'à sa démission.

À peine nommé, Jean-Marie Messier déploie une activité intense. Dans une banque d'affaires comme Lazard, l'essentiel, c'est le carnet d'adresses. Il entame une action impressionnante de constitution de réseaux. Il est de toutes les associations, de tous les clubs où l'on peut rencontrer des grands patrons. On le voit au concert, à l'Opéra, au restaurant. Il invite à tour de bras dans les salles à manger de la banque. Il a pris un grand ascendant dans le corps de l'inspection des Finances. Désormais, il fait figure de modèle à suivre. Il est celui qui a abandonné les terres étroites du public pour aller conquérir le vaste monde, autrement dit le privé, et dans la plus prestigieuse des banques. Fort de cette influence, il a essayé de fonder un réseau identique chez les polytechniciens. Avec moins de succès. Il a appuyé de tout son poids la création, par Éric Besson – plus tard député socialiste et président de la fondation Vivendi – du club des Quadras, un club supposé marquer la rupture avec les vieux patrons, bien qu'il cultive leur compagnie par ailleurs. Régulièrement, les membres de ce cénacle où figurent Patricia Barbizet, le bras droit de François Pinault, Jean-Marc Espalioux, alors directeur financier de la Générale des eaux, Philippe Germond, à cette époque responsable chez Hewlett-Packard, ou Agnès Touraine, à l'époque chez Hachette, se retrouvent au Raphaël, un grand hôtel parisien, pour parler des sujets du moment ou rencontrer ceux qui comptent dans la vie politique ou économique. Ils formeront la garde rapprochée de J2M. Lui s'impose comme le chef de file de la bande.

Dans le même temps, il cultive habilement son image auprès des médias. Philippe Villin, inspecteur des Finances, lui aussi, qui a supervisé son stage préfectoral lorsqu'il était à l'ENA et est devenu numéro deux au *Figaro,* l'y aide activement. Messier est de tous les petits déjeuners ou déjeuners organisés par le journal avec de grands patrons. L'été, on le retrouve à Cavalaire, près de Saint-Tropez, dans la villa du directeur du journal où celui-ci, si mondain, aime donner des dîners entre riches et puissants. À force, la rumeur court tout Paris : Messier est le banquier qui monte.

Plus tard, l'homme poursuivra cette politique de l'entregent, mêlant très souvent vie privée et vie publique. Des amis, par chance influents, deviendront parrains et marraines de ses cinq enfants. Plus de deux cents personnes seront invitées à fêter ses dix ans de mariage en 1993, quand il est encore banquier. En 1996, président de la Générale des eaux, il n'y a plus que ses cent cinquante « meilleurs amis » parmi lesquels, heureux hasard, la plupart sont les grands patrons du CAC 40, pour fêter avec sa femme et ses enfants ses quarante ans au Plaza Athénée. Ils auront chacun droit à un petit mot personnel de la main de Jean-Marie. Au fur et à mesure que l'ascension se poursuivra, la liste variera, selon les besoins pour consolider les amitiés de l'empire. Les soirées au château de Méry-sur-Oise (propriété de Vivendi Universal) accueilleront tantôt de hauts dirigeants, tantôt des représentants du monde culturel. Plus de deux mille personnes y fêteront en 2000 l'événement de l'année : la fusion avec Seagram. Deux ans plus tard, la dernière fête, donnée le 4 juin 2002, n'aura pas le même retentissement, malgré la présence de la cantatrice Renée Fleming, venue chanter pour les trois cent cinquante invités. L'ambiance n'y était pas : il y avait surtout des banquiers. La plupart des convives se sont éclipsés dès la fin du concert.

Chez Lazard, cette pratique des réseaux finit par porter ses fruits. À le voir régulièrement aux concerts de l'Orchestre de Paris, Didier Pineau-Valencienne (DPV), alors président de Schneider, s'intéresse à lui. On se parle, on sympathise. Et ce patron un peu atypique se dit que ce jeune homme moderne, aimant comme lui les États-Unis, est le banquier qu'il lui faut. En ce début des années quatre-vingt-dix, le groupe d'équipements électriques, sauvé de la faillite de l'empire Empain, est en pleine réorganisation. Il a déjà grandi en reprenant, après une OPA hostile, son concurrent français Télémécanique. Mais il lui faut une acquisition internationale d'envergure pour lui permettre de s'affirmer face à ses grands concurrents, General Electric ou Siemens. Il a même la cible idéale, un groupe américain de Chicago : Square D. Messier prend le dossier en main. Pendant des jours et des jours, les deux hommes travaillent pour monter l'opération. Une tentative d'approche est faite auprès de la direction américaine pour étudier une alliance amicale. Échec. Alors, Pineau-Valencienne se décide pour une opération hostile. Jamais un groupe français n'a osé lancer une OPA inamicale aux États-Unis. La bataille boursière dure des semaines. Contre l'avis de l'état-major du groupe, le P-DG de Schneider, conseillé par Messier, accepte de largement surenchérir pour l'emporter et offre 88 dollars l'action. « Trois dollars de trop », soutient le directeur financier qui juge l'opération trop onéreuse pour le groupe. Comme le reste de l'état-major, il soupçonne le banquier d'être plus préoccupé par les honoraires que devra toucher Lazard que par le sort de son client. DPV désavoue son directeur financier et son équipe dirigeante. Les suites sont lourdes. Les uns après les autres, les principaux responsables, qui ont refondé Schneider, préféreront partir, laissant le groupe sans direction opérationnelle, au moment où il doit faire face à un endettement colossal. La société mettra des années à s'en relever.

Il y aura souvent « trois dollars de trop » dans les opérations initiées par le banquier ou le chef d'entreprise. Les observateurs se demanderont pourquoi il a accepté de payer très cher de nombreuses acquisitions, comme par exemple le rachat de la société internet I.France, pour un milliard de francs, alors qu'elle réalisait à peine 30 millions de chiffre d'affaires ou la société américaine de traitement de l'eau US Filter payée quarante-six fois les résultats opérationnels ! Mais, à l'époque, l'aura de J6M est telle que tout passe. Alors pourquoi gâcher la fête ? La réussite du rachat de Square D, la première OPA inamicale d'un groupe français aux États-Unis, la plus importante acquisition française outre-Atlantique, le consacre définitivement comme un des très grands banquiers de la place. Chez Lazard, ses protecteurs exultent. La banque se retrouve en tête des grands établissements dans les opérations de fusion-acquisition. Il a désormais toute liberté. Une de ses premières exigences sera de demander à bénéficier des pratiques salariales en vigueur dans la banque aux États-Unis. Ce changement lui permettra d'avoir de très confortables revenus : autour de 6 millions d'euros (40 à 45 millions de francs) les bonnes années, selon Ambroise Roux[1]. Des sommes exceptionnelles en France, même pour un banquier d'affaires. Dans une lettre parvenue trois mois après nos questions, MM. Bruno Roger et Geor-

---

1. Entretien avec l'un des auteurs.

ges Ralli, associés-gérants de Lazard répondent à ce sujet : « Il ne nous appartient pas de donner des chiffres précis de rémunération versée à M. Messier. Nous tenons à indiquer toutefois que les indications des témoins sont totalement démesurées au regard des chiffres de rémunération de M. Messier pendant toute la période de sa collaboration avec Lazard. » On se demande, cependant, pourquoi Ambroise Roux avait tant insisté sur le sujet, disant que cela avait mobilisé les discussions pendant plusieurs mois. Jean-Marie Messier confiera lui-même, en 2001 : « Si j'avais voulu être riche, je serais resté chez Lazard. »

À compter du succès de Square D, tous les dossiers importants arrivent sur son bureau. Paris raffole de ce banquier très au fait des dernières pratiques financières dans le monde, capable d'utiliser les montages les plus complexes mais qui garde, en même temps, ses entrées dans les ministères pour obtenir autorisations ou dérogations fiscales. Il aide ainsi Jean-Luc Lagardère, qu'il a rencontré au moment de la privatisation de Matra, à sauver sa fortune, après la débâcle de la Cinquième chaîne, en imaginant une fusion entre Matra et Hachette, dans des termes très favorables au principal actionnaire. Il épaule Bernard Arnault pour consolider son empire dans le luxe avec LVMH. Il est bientôt au courant de tous les petits et grands secrets des affaires françaises.

La nomination d'Edouard Balladur à Matignon accroît encore son prestige. Une seconde vague de privatisations est relancée avec Elf-Aquitaine, l'UAP, la BNP, Rhône-Poulenc. Lazard est souvent choisi par les candidats à la privatisation comme conseiller et Messier, qui « a ses entrées » au gouvernement, est associé de très près aux dossiers. « Le Premier ministre pense que, dit que... » À l'époque, le banquier fait sans cesse état de ses liens avec le Premier ministre. N'est-il pas allé jusqu'à lui conseiller son directeur de cabinet, Nicolas Bazire ? La relation impressionne. Au point que des associés-gérants de la banque se voient délaissés par des clients fidèles qui leur préfèrent l'ancien conseiller. « Vous comprenez, leur explique-t-on, il connaît bien Balladur. »

Mais il est devenu si suffisant qu'il a presque réussi à faire l'unanimité contre lui chez Lazard. Les associés-gérants reconnaissent son intelligence mais beaucoup – du moins ceux qui ne sont pas associés avec lui en affaires – s'énervent de le voir toujours se mettre en avant dans la presse, parler des opérations en avance, oublier les clients pour pouvoir annoncer du sensationnel. Les cadres de la banque, eux, supportent de plus en plus mal cet associé qui affiche un air supérieur et les ignore. Messier n'en a cure. Il est adoré par Michel David-Weill qui ne cesse de s'émerveiller devant « cet éminent travailleur, étudiant à fond les dossiers » et qui rapporte tant à la maison. Reconnu, fêté, riche, J2M a tout pour lui, sauf une chose : des perspectives d'avenir. Il sait qu'il ne pourra pas prendre la direction de la banque d'affaires. Un homme lui fait obstacle : Édouard Stern. « Aurais-je réussi à le débaucher sans Édouard ? » se demandera plus tard Ambroise Roux.

Qu'a donc Édouard Stern qui gêne tant Messier ? « Il n'avait pas la même éthique des affaires que moi[1] », confiera-t-il plus tard. Mais aussi Stern est jeune, il connaît tout de la finance, il est milliardaire et surtout il est le gendre de Michel David-Weill. J2M

---

1. Entretien avec l'un des auteurs en 1997.

ne se fait aucune illusion. Dans ces maisons financières, en cas de succession, les liens familiaux prévalent
toujours. À moins d'attendre des circonstances favorables. Mais il n'a pas cette patience. L'homme est
pressé. À trente-sept ans, il ne supporte pas l'idée que
sa progression puisse être bloquée.

A-t-il commencé à susurrer à l'oreille de quelques
grands patrons qu'il réfléchissait à réorienter sa carrière ? Les circonstances troublées d'une France qui
connaît sa première réelle récession économique, en
même temps que de multiples scandales politico-
financiers, l'ont-elles juste favorisé ? En ce début d'année 1994, on commence en tout cas à prononcer souvent son nom dans le monde des entreprises.

Didier Pineau-Valencienne, qui lui voue un amour
quasi filial, est le premier à penser à lui comme successeur chez Schneider. Il a le profil idéal à ses yeux :
il est jeune, il connaît le groupe et, compte tenu de
leurs liens, il acceptera l'héritage sans vouloir tout
changer pour se démarquer de lui. Le banquier lui
donne chaque jour des signes d'acceptation. Il le voit
de plus en plus souvent pour discuter du groupe, se
met dans la posture de pouvoir lui succéder, va jusqu'à lui emprunter sa devise[1]. Lorsque le patron de
Schneider se retrouve en détention provisoire en Belgique pour faux bilan et escroquerie, en mai 1994,
J2M est là pour tenir le groupe, organiser sa défense,
soutenir sa famille. Il plonge dans tous les mystères de

---

1. Grand amateur de poésie comme d'art moderne, Didier
Pineau-Valencienne avait adopté ces vers de René Char dans *Les
Matinaux* comme devise : « Impose ta chance, serre ton bonheur
et va vers ton risque. À te regarder, ils s'habitueront. »

l'héritage Empain et sa nébuleuse de sociétés offshore nichées dans les paradis fiscaux. Le monde des affaires pense que Messier est en piste pour succéder à DPV, très secoué par ses démêlés judiciaires. Le P-DG de Schneider en est le premier persuadé. Jean-Marie lui a donné sa parole. Mais le banquier a un autre fer au feu : la Générale des eaux.

Il rêve depuis longtemps de cette vieille dame de l'establishment. Comment cet homme, en quête de reconnaissance et de réussite, pourrait-il résister ? Quatrième groupe français, la Compagnie générale des eaux est un État dans l'État. À partir de son métier d'origine – la distribution et l'assainissement de l'eau –, le groupe s'est développé « par capillarité » dans d'autres métiers de services. Porté par le mouvement de décentralisation du début des années quatre-vingt, qui a libéré les maires de la tutelle administrative et les a fortement incités à privatiser leurs services collectifs, il est devenu un empire tentaculaire. Dans certaines villes, il contrôle tout : l'eau, les déchets, le chauffage, les transports urbains, le câble, des cinémas, la restauration collective, la gestion des hôpitaux, des cliniques, les espaces verts, et même des syndics d'immeubles ; sans parler de sociétés de teinturerie ou de dératisation, ni de son développement comme premier opérateur privé dans la téléphonie mobile. Détenant le deuxième groupe français de construction, il est devenu l'un des plus grands propriétaires fonciers et immobiliers français. À lui seul, il possède plus du tiers du quartier d'affaires de La Défense, mais aussi des zones d'aménagement immenses sur la Côte d'Azur, des centres commerciaux ou d'exposition aussi prestigieux que le Cnit ou le Carrousel du Louvre à Paris.

Côté ombre, sa puissance paraît encore plus impo-
sante. Rivalisant avec la Lyonnaise des eaux[1], la
compagnie se livre, à l'époque, à une folle surenchère
pour attirer les municipalités, convaincre les maires
de leur confier l'exploitation de leurs réseaux, par
tous les moyens. Légaux ou non. Profitant de l'absence de loi, ces groupes sont devenus des sources
importantes de financement occulte des partis. Leur
poids politique impressionne. Tandis que la Lyonnaise est dirigée par Jérôme Monod, ancien secrétaire
général du RPR, devenu aujourd'hui l'un des plus
proches conseillers de Jacques Chirac à l'Élysée, Guy
Dejouany, P-DG de la Générale, passe pour l'un des
meilleurs connaisseurs de la carte électorale. Chacun
des deux groupes a ses maires, ses députés, ses séna-
teurs. On en perçoit tout le poids lors de certaines
discussions au Parlement.

Jean-Marie Messier a découvert cette puissance dès
son entrée dans la haute administration. Après avoir
rencontré le P-DG de la Générale lors de son passage
au ministère des Finances, il fait tout pour devenir
son banquier, une fois chez Lazard. La première opération entre les deux hommes date de 1989. « Je veux
vous essayer[2] », lui déclare en préambule Guy
Dejouany. Il s'agit alors d'entrer dans le capital d'une
petite société américaine, spécialisée dans l'environnement, appelée Air and Water Technologies. Le
rachat, voulu par le P-DG de la compagnie, tournera
au fiasco. Le groupe perdra plus de 460 millions d'euros, avant de tirer un trait sur l'expérience. Mais les

1. Devenue Suez depuis la fusion avec le groupe financier en
1997.
2. J.-M. Messier, *J6M.com, op. cit.*

premiers pas sont faits. Messier est accepté dans la maison. Il commence par s'occuper des dossiers de refinancement de l'immobilier, suit des opérations boursières. Peu à peu, il prend sa place, devient au fait des questions délicates du groupe. Guy Dejouany apprécie de plus en plus cet inspecteur des Finances qui sait monter des coups, imaginer des schémas compliqués, si jeune et si vieux à la fois, écoutant avec attention tout ce qu'on lui dit pour profiter au mieux de l'héritage légué.

Le P-DG de la compagnie a eu plusieurs fois de ces foucades pour de brillants énarques ou polytechniciens. Il les a embauchés et leur a laissé le champ libre pour les tester. Plusieurs d'entre eux ont été intronisés comme ses dauphins. Aucun n'a survécu aux calculs et aux manœuvres de ce patron faustien. Le dernier favori en date, Jean-Marc Oury, X-Mines, l'a encore plus captivé que les autres par son intelligence et ses opérations complexes, avant qu'on ne réalise que le groupe était au bord du gouffre du fait de ses spéculations dans l'immobilier. À soixante-treize ans « et demi » comme il le précise, Guy Dejouany est toujours sans successeur. Mais il ne peut plus tergiverser. Il a besoin d'avancer un nom, et vite.

En dépit des apparences, la Générale des eaux va mal. L'empire croule sous les dettes. Il n'a plus les moyens de contrôler et de financer tous ses métiers, encore moins de combler les pertes qui se creusent dans l'immobilier et la construction. Il y a plus grave. La justice a commencé, en ce début des années quatre-vingt-dix, à s'attaquer au financement des partis politiques et à la corruption. Des présidents de groupe sont mis en examen, deux ministres du gouvernement ont été obligés de démissionner. La Générale et la Lyonnaise sont dans la ligne de mire des juges. Tout risque de s'écrouler. L'establishment, qui s'inquiète déjà de la remise en cause des élites avec le scandale du Crédit lyonnais, s'impatiente, demande des mesures. Pour éviter tout dérapage, il faut assurer une relève. Le nom de Jean-Louis Beffa, P-DG de Saint-Gobain, premier actionnaire du groupe, est avancé pour reprendre en main la situation dans le groupe. Il semble tenté, même s'il s'en défend.

Le président de la Générale des eaux ne veut pas, de toute façon, de ce dirigeant trop habitué aux entreprises. Il entend choisir son successeur. De préférence un jeune qui lui permette encore d'exercer un peu le pouvoir. « Pourquoi pas Messier ? » demande-t-il à Ambroise Roux fin 1993. L'ami de plus de cinquante ans, connu quand ils étaient à Polytechnique, devenu vice-président honoraire du groupe, applaudit à l'idée. Lui aussi aime ce banquier qui lui fait une cour assidue, ce nouvel associé-gérant d'une institution, Lazard, réputée puissante et habile. Mais les deux complices veulent lui faire passer une dernière épreuve, qui, s'il la réussit, l'aidera à assurer l'avenir de la compagnie.

Début 1994, le patron de la Générale charge l'associé-gérant de Lazard « de trouver une formule » permettant de s'assurer le contrôle de Canal+. Actionnaire, dès sa création en 1984, de la chaîne cryptée, le groupe est de plus en plus soucieux du sort de cette participation : elle est devenue sa première source de bénéfices. Mais jusqu'à présent, la télévision a toujours échappé à son contrôle. Très proche de François Mitterrand, ancien secrétaire général de l'Élysée, André Rousselet, son président-fondateur, cultive une indépendance ombrageuse. Il a même accepté de renoncer, au moment de l'alternance en 1986, à la très politique présidence d'Havas pour celle de Canal+. Depuis, il interdit à quiconque d'approcher de près ou de loin la chaîne. Il encourage toute son équipe à imaginer des émissions décapantes et irrévérencieuses dont *Les Guignols de l'info* sont le phare. Succès : la chaîne payante a dépassé les 4 millions d'abonnés, ce qui fait d'elle la télévision la plus riche d'Europe.

Tout cela attire Guy Dejouany mais semblait hors de portée, jusqu'à la nouvelle loi sur l'audiovisuel, décidée par le gouvernement Balladur. Désormais, un actionnaire peut détenir jusqu'à 49 % (et non plus 25 % comme auparavant) du capital d'une télévision, ce qui permet d'exercer un pouvoir réel. Sans débourser un centime, la Générale des eaux veut atteindre ce fameux seuil des 49 %, qui lui donnerait le pouvoir. Messier trouve vite la solution : un pacte d'actionnaire entre la Générale des eaux (20 %) et les deux autres partenaires historiques de Canal+, Havas (24 %), premier actionnaire, et la Société générale (4,8 %). À eux trois, ils atteindront le seuil fatidique. Pierre Dauzier est un président falot à la tête d'Havas ; la Société générale est une banque. Conclusion : la CGE peut prétendre exercer, au nom des trois, le contrôle et veiller à ce que Canal+ n'entreprenne rien contre ses intérêts. Le président de la Générale applaudit à « cette idée admirable » et se charge de la mettre en œuvre. Le P-DG d'Havas accepte. La perspective de mettre sous tutelle cette filiale rétive à toute intervention extérieure ne peut que lui plaire. Il n'a jamais pu se faire entendre comme premier actionnaire. Marc Viénot, P-DG de la Société générale, n'a rien à refuser à son vieil ami Guy Dejouany.

Avec Ambroise Roux, ils forment le trio en vue des noyaux durs et gouvernent les affaires françaises. Y a-t-il, en plus de l'intérêt économique, l'idée de plaire au gouvernement Balladur, exaspéré par cette chaîne au ton trop libre ? La droite comme les trois groupes s'en défendront. Mais cela ne nuit jamais de faire plaisir au pouvoir.

Reste à faire accepter la situation à André Rousselet. Le jeudi 2 février 1994, Guy Dejouany déjeune avec le président de Canal+. « André, j'ai confié à la banque Lazard le soin de trouver une façon de sécuriser le capital de Canal+. La seule solution, à leur avis, c'est un accord de participations [1] », explique-t-il. « Je suis hostile, Guy. N'en parlons plus », répond le président de Canal+. Pour cet homme autoritaire qui a toujours eu l'habitude d'être obéi, ce mot suffit. Pour lui, l'affaire est enterrée. Il n'imagine pas que le P-DG de la Générale qu'il a sauvé en 1982, quand il était secrétaire général de l'Élysée, d'une attaque boursière de Saint-Gobain, puisse passer outre. Lorsqu'il découvre, la semaine suivante, que le projet de pacte d'actionnaire est à l'ordre du jour du conseil d'administration d'Havas, il explose : c'est un coup politique monté contre lui et contre Canal+, et démissionne avec fracas. « Edouard m'a tuer [2] », lance-t-il dans un long réquisitoire à la Une du *Monde*. Plus tard, des observateurs penseront qu'André Rousselet s'est trompé de cible ce jour-là : « Ce n'est pas Edouard mais Jean-Marie qui l'a tué. »

---

1. Valérie Lecasble, *Le roman de Canal+*, Grasset, 2001.

2. La faute de grammaire fait référence à un fait divers célèbre de l'époque. L'inscription « Omar m'a tuer » avait été découverte sur un mur à côté d'une femme riche retrouvée assassinée sur la Côte d'Azur.

Messier posait-il, dès ce moment-là, les premières pierres de Vivendi Universal ? Certains le soutiennent, persuadés que cet homme brillant avait tout calculé, tout prévu à l'avance. En vérité, l'histoire n'était pas écrite. Depuis son passage aux États-Unis, il a acquis une connaissance professionnelle incontestable de ce milieu. Il est personnellement fasciné par ce monde. Tout cela l'a fortement incité à parler beaucoup du sujet avec le P-DG de la Générale des eaux et à le pousser à agir sur Canal+. Mais, à cette date, rien n'est joué, ni son avenir ni l'évolution du groupe.

Après cette reprise en main de Canal+, Guy Dejouany est convaincu : il a son dauphin. Il charge Ambroise Roux de négocier son arrivée. En le parachutant à la tête de la CGE, les deux complices ont l'impression de jouer un bon tour au monde des affaires. Ils bousculent tous les plans qui circulaient. Ils introduisent un homme nouveau. Ils sautent une génération. Et Dejouany peut espérer conserver quelque influence. À l'époque, il se dit aussi qu'Edouard Balladur a beaucoup appuyé la nomination de son poulain à la tête de ce géant français. Aujourd'hui, Guy Dejouany s'inscrit en faux : « Edouard Balladur était hostile à ce recrutement. Alors qu'il était présenté comme le candidat favori pour l'élection présidentielle, il craignait qu'on lui reproche de placer ses hommes partout. Il a appelé Ambroise Roux, au cours de l'été 1994, pour tenter de faire échouer la nomination de Messier. Celui-ci lui a répondu : "C'est trop tard. Le malade est déjà sur la table d'opération." Par la suite, Edouard Balladur continuera à m'en vouloir beaucoup et m'adressera à peine la parole[1]. »

---

1. Entretien avec l'un des auteurs.

Si Dejouany et Roux sont enthousiastes, Messier ne l'est pas moins. Les discussions, cependant, sont longues. Ce dauphin entreprenant veut obtenir des conditions claires sur deux sujets : la répartition des pouvoirs et l'argent. Pour se maintenir en place, le président de la compagnie a imaginé de modifier les statuts et de créer un directoire ainsi qu'un conseil de surveillance. Messier ne veut pas en entendre parler. Il veut tout le pouvoir. Pour l'obtenir, il en appelle aux administrateurs du groupe. Habitués aux fausses sorties de Dejouany, ceux-ci lui donnent raison. Le P-DG pourra se maintenir un an mais pas plus. Après, il devra s'effacer. La question de l'argent est plus compliquée, à en croire ce qu'en disait à l'époque Ambroise Roux. « Le drame chez Lazard, confie-t-il, c'est qu'ils sont payés hors de prix. Même si vous n'êtes pas un homme d'argent, abaisser votre salaire de 30 %, 50 %, 70 %, cela joue. » Les deux hommes réussiront, malgré tout, à trouver un arrangement : le salaire officiel sera accompagné d'un substantiel bonus calculé en fonction des résultats, plus des stock-options[1]. Mais des discussions semblent aussi s'être tenues, de l'autre côté, avec Michel David-Weill. Les relations ne seront en réalité jamais rompues entre Messier et la banque Lazard. Il y a entre eux comme une complicité qui se poursuivra jusqu'à la chute finale.

Début novembre 1994, tout est réglé : Jean-Marie

---

1. Après le décès d'Ambroise Roux en 1999, le comité de rémunération du groupe plafonnera le bonus à deux fois le salaire, ce qui représentera tout de même 3,3 millions d'euros (22 millions de francs) de revenus bruts, hors stock-options. Ce plafond sera supprimé au moment de la fusion. Ce qui permettra à Jean-Marie Messier d'obtenir un bonus de 250 % en 2001.

Messier est officiellement intronisé directeur général de la Générale des eaux et successeur désigné de Guy Dejouany. Un seul administrateur, Jacques Calvet, président du constructeur automobile PSA, s'est élevé contre le parachutage d'un homme si jeune : « Comment peut-on penser confier un groupe de 200 000 personnes à un homme qui n'a jamais géré que sa secrétaire ? » s'étonne-t-il. La presse, elle, se félicite de l'arrivée de ce banquier jeune, moderne, sympathique, qui tranche avec les habitudes opaques de ce groupe. Ce sera le début d'une longue histoire de séduction et de manipulation.

À la Générale des eaux, l'accueil est plus houleux. Les barons, qui se sont chacun constitué des fiefs par branche d'activité, regardent avec suspicion l'arrivée de cet énarque dans cet univers d'ingénieurs. Ils s'énervent de le voir s'enfermer des heures à huis clos avec le patron pour bien marquer son pouvoir. Habitués aux tocades de ce dernier, ils se demandent comment tournera l'aventure. « Mal », pronostiquent plusieurs membres de l'état-major. Bernard Forterre, responsable du pôle énergie et propreté du groupe, est un des plus remontés. À cinquante ans, il se voit comme un des successeurs naturels de Guy Dejouany. Il prend la tête de la fronde. « Il a fait preuve d'un manque de loyauté total », racontera plus tard Messier qui assure en avoir apporté les preuves à Dejouany, lequel l'aurait démis sur-le-champ. « Je savais que cela n'irait pas entre les deux hommes. Il était de ma responsabilité de régler le problème avant de quitter la présidence », explique maintenant l'ancien président de la Générale, qui minimise la fronde menée par son ex-collaborateur et met son départ sur le compte d'une incompatibilité de caractère avec son successeur.

Chez les salariés, c'est plutôt le soulagement. L'arrivée de Messier, c'est un changement d'ère. Il apporte une bouffée d'air frais dans cet univers étouffant. Dans ce groupe, pas d'organigramme, pas de responsabilités claires, pas de réunions. Il n'y a que des entretiens en tête à tête avec le patron. « À trois, c'est une manifestation », a décrété de longue date le P-DG, qui est le seul à savoir tout ce qui se passe à la compagnie. Personne ne connaît le travail de l'autre. Des équipes se retrouvent en concurrence sur les mêmes dossiers, des engagements sont pris sans aucun contrôle. Même le siège, rue d'Anjou, est un labyrinthe. Et, à huit heures et demie le soir, quand le patron part, l'électricité est coupée par mesure de sécurité et d'économie.

À peine installé comme directeur général, J2M instaure la création d'un comité exécutif où sont présents les principaux responsables et où se discutent la plupart des projets. Les nouvelles circulent. Il annonce d'emblée la fin de tout financement des partis politiques et soutiens occultes aux élus. « Entre la perte d'un marché et un financement illégal, le choix est clair : mieux vaut perdre un marché », édicte-t-il comme règle. Les personnels, qui n'en pouvaient plus de ces pratiques illicites viciant tous les rapports, saluent cette rupture. D'autant que leur nouveau directeur général ne porte pas de jugement sur le passé. Alors que le groupe doit faire face à de multiples instructions judiciaires, que de nombreux collaborateurs sont mis en examen, conduits devant les tribunaux et, pour certains, en prison, il les défend, considérant qu'ils n'ont été que de simples exécutants. Pour lui, la responsabilité est ailleurs, au sommet. Ce qui lui vaut la reconnaissance de tous.

Cette prise de pouvoir sans vagues, sans règlement de compte apparent, fait l'admiration du tout-Paris. Tous redoutaient un second Elf Aquitaine. Une de ces vastes opérations de nettoyage qui amène la justice à s'emparer du dossier et à mettre au jour les pratiques inavouables de la République. Messier a brillamment évité l'écueil politique. Il paraît s'attaquer avec le même brio à la bombe financière du groupe. Il épluche un à un les problèmes immobiliers, court la capitale, voire la France, pour récupérer les engagements hors-bilan signés par les responsables de la compagnie. Plus de 1,5 milliard d'euros (10 milliards de francs), qui s'ajoute aux 3 milliards d'engagements avoués, sont ainsi passés inaperçus. L'endettement, plus de 6 milliards d'euros, est bien supérieur aux fonds propres. Si le dossier de l'immobilier tourne mal, le groupe sera acculé au dépôt de bilan. Mais, là encore, le dauphin reprend l'héritage sans rien dire. Au grand soulagement du monde des affaires qui, en retour, lui accorde un blanc-seing total.

Rien, à partir de ce moment-là, ne semble devoir lui être refusé. « D'autant écrit Pierre Briançon, ancien journaliste à *Libération* et auteur d'une biographie de Messier[1] qu'il aime qu'on l'aime. Déjà pointe un réel talent de graphomane qui le voit écrire dès qu'il n'est pas d'accord avec ce qu'il lit. C'est *Le Monde* qui en fait d'abord les frais puisque c'est le journal influent. Rien ne passe dans ce journal qu'il n'éprouve le besoin de rectifier ». L'homme est devenu intouchable. Ni les résistances ni les manœuvres des barons pour tenter de reprendre le pouvoir ne peuvent l'atteindre. Ni même l'affaire, pourtant bien gênante, du

---

1. *Messier story*, Grasset, 2002.

fonds Partenaires Gestion qui éclate juste au moment de son arrivée.

Au printemps 1994, la Fédération de la mutualité française a déposé une plainte contre son ancien directeur financier pour « escroquerie, abus de confiance, faux en écriture ». Celui-ci est accusé d'avoir investi des millions dans des placements exotiques, des sociétés offshore, qui ne sont jamais revenus. Parmi ces investissements, l'un porte sur 2,13 millions d'euros (14 millions de francs). Il a été fait dans Partenaires Gestion, le fonds d'investissement dirigé par Messier quand il était chez Lazard. Celui-ci a organisé un tour de table, début 1992, en vue de racheter une filiale d'Alcatel, Neopost ; pour attirer les investisseurs, il a promis un taux de rendement de 20 %. Alors que le directeur financier de la mutuelle était déjà démis de ses fonctions, ce dernier avait, malgré tout, engagé les fonds de l'assurance dans cette affaire. Messier assure n'avoir connu ce renvoi qu'à l'été 1992. Des documents saisis plus tard par la justice pourraient laisser penser qu'une de ses collaboratrices l'avait informé beaucoup plus tôt de cette démission. Dans une autre note à l'un des dirigeants du fonds, Messier indiquait aussi « ne pas pouvoir diffuser bruts de fonderie les chiffres révisés [du bilan annuel] de 1992 [compte tenu] des écarts dramatiques » avec les budgets prévisionnels. « Les actionnaires du fonds pourraient s'affoler. » Une phrase qui laisse rêveur.

Perquisition chez Lazard, perquisition dans les bureaux de la Générale des eaux et au domicile de Messier : l'année 1996 est fort agitée sur le plan judiciaire pour le successeur de Dejouany, qui doit prendre la présidence de la compagnie en juin. « *Le Monde*

rend compte de la perquisition (...) », note Pierre
Briançon[1]. La réponse ne tarde pas : « Messier (...)
parle "d'allégations fantaisistes" ». Toujours un peu
vif, « Messier quand on le met en cause... » Pour étein-
dre la plainte de la Fédération de la mutualité, la banque d'affaires remboursera en tout cas l'intégralité
des 14 millions de francs. Un geste assez inhabituel
chez Lazard. Mais ce n'est qu'une des nombreuses
étrangetés qui émaillent les étroites relations entre la
banque et le P-DG de la Générale des eaux, qui semblent placées sous le signe d'une confiance illimitée.
Le tout dans une certaine opacité. En tout cas, l'affaire prend mauvaise tournure. Comment ce fonds a-
t-il été géré ? Qui a pris les décisions contestées ? Il
lui faut s'expliquer. L'ex-banquier le fera en parlant
toujours de cette affaire « comme une tentative mal-
veillante de le mettre en cause ». Il ne parviendra pas
à faire classer l'affaire dans laquelle aucun fait délic-
tueux ne lui a cependant été directement reproché.
Le dossier n'a jamais été refermé par la justice.

Le nouveau P-DG n'oubliera jamais le soutien de
Lazard dans ces heures difficiles. Les liens, déjà très
étroits, entre l'établissement financier et lui se renfor-
ceront. La banque sera associée à toutes les grandes
acquisitions, à toutes les opérations importantes du
groupe. Bertrand Eveno, ancien haut dirigeant de
l'édition chez Havas, aujourd'hui président de
l'Agence France-Presse, en témoigne : « J'ai eu plusieurs fois l'occasion d'entendre qu'il existait des relations très fortes entre la banque d'affaires et le
groupe. Chaque fois que Messier fait une opération
de plus d'un milliard de francs (150 millions d'euros),

---

1. *Op. cit.*

m'a-t-on expliqué, Lazard a une sorte de droit de pré-férence. Si Messier ne la lui donne pas et qu'une autre banque est choisie, Lazard reçoit une compensation, comme s'ils bénéficiaient de la clause de la nation la plus favorisée[1]. » « Lors de la fusion en 2000, il a fallu que j'intervienne fortement pour ne pas me voir imposer Lazard, raconte, de son côté, Pierre Lescure, ancien président de Canal+. J'ai fait valoir qu'il n'était pas possible que la banque soit à la fois conseiller de Canal+, société cotée indépendante, et conseiller de Vivendi, le repreneur. À part moi, personne ne semblait choqué par la situation[1]. » La banque effectuera malgré tout quelques prestations et recevra 5 millions d'euros de commission au titre de conseiller de la chaîne dans cette opération. Un ancien dirigeant se souvient d'avoir vu le banquier qu'il avait choisi pour négocier une cession être dessaisi du dossier en quelques minutes. « C'est Lazard qui le traitera », avait tranché Éric Licoys qui a, lui aussi, gardé de bonnes relations avec son ancienne maison.

Le groupe deviendra le premier client de la banque. Selon Claude Bébéar, chargé du comité financier du groupe, « Vivendi Universal a versé au cours des deux dernières années 75 millions d'euros de commissions à la banque Lazard ». « C'est un chiffre très, très élevé », ajoute-t-il. Un autre administrateur parle, lui, de 70 millions d'euros de commissions annuelles versés par le groupe à la banque. Interrogée, la banque d'affaires, dans une lettre signée par Bruno Roger et Georges Ralli, répondra trois mois plus tard pour démentir ces chiffres : « L'information est fausse. Les montants réels sont sensiblement infé-

---

1. Entretien avec l'un des auteurs.

rieurs aux chiffres mentionnés. » Elle ajoutera qu'il n'y a jamais eu de « mandat permanent » chez Vivendi Universal. Les témoins cités, selon elle, « visent certainement une mission confiée à Lazard en 1999 pour une période de douze mois, qui n'a pas été renouvelée, portant sur une analyse des projets de développement du groupe ».

Ce silence entretient donc l'épais brouillard qui entoure les relations entre Lazard et Jean-Marie Messier. Quoi qu'ils disent ou non, leurs liaisons ont été et restent encore très étroites, si l'on en croit les documents déposés au greffe du tribunal de commerce de Paris.

Tout a commencé le 12 janvier 1990. Ce jour-là, une société en nom collectif, appelée Parteger, située au 12, avenue Percier à Paris – autre adresse de la banque Lazard – est créée. Cette structure a le mérite d'être totalement transparente, au moins sur le plan fiscal : les résultats sont directement pris en compte dans les revenus personnels des associés, en fonction de leurs parts. Ceux-ci sont personnellement intéressés et responsables sur leurs biens propres de l'évolution de cette société, ce que confirment les statuts. Ces derniers précisent si les associés ont ou non un contrat de mariage et la forme de ce contrat.

À quoi sert cette étrange société dont on ignorait l'existence jusqu'ici ? Quel est son objet ? Pose-t-elle des problèmes d'ordre éthique ? Pour répondre à ces questions malgré le silence des intéressés, il faut d'abord comprendre quels en sont les heureux bénéficiaires.

Le gérant du fonds Parteger n'est rien de moins que Michel David-Weill en personne, qui est présenté comme membre non associé. Parmi les partenaires, on trouve Jean-Marie Messier, Éric Licoys, aux côtés de personnes au nom connu, Jérôme Balladur, Stanislas Poniatowski – ces deux derniers sont toujours associés-gérants de Lazard –, ainsi que de Jean-Jacques Laborde-Medevielle et Bernard Sainte-Marie. L'objet de ce fonds est « la détention de parts, d'actions ou de participation dans tout organisme de placement collectif de valeurs mobilières ». Le tribunal précise que, compte tenu de la forme juridique retenue, « la société n'est pas tenue de déposer ses comptes annuels ». Rien n'est donc dit sur les investissements, les résultats, les performances de Partager.

Si la société peut garder le silence sur ses activités, elle est tenue, cependant, de signaler tous les changements juridiques qui peuvent intervenir et modifier la répartition des pouvoirs et des responsabilités. Le 23 juillet 1998 sera déclarée ainsi au tribunal de commerce l'arrivée dans cette discrète société dans l'orbite de Lazard Frères d'un nouveau représentant, Gilles Étrillard, nouvel associé-gérant, présenté depuis, par la banque, comme le gérant du fonds. De même seront annoncés les départs de plusieurs associés au fonds pendant toutes ces années. Un seul fait sera notifié au tribunal concernant Jean-Marie Messier : son changement d'adresse, en septembre 1996. Alors qu'il est déjà P-DG de la Générale des eaux, il donne son domicile personnel comme adresse. Le tribunal de commerce ne signale aucune autre modification importante le touchant. En d'autres termes, sauf si le tribunal a omis d'inscrire d'autre changement, Jean-Marie Messier comme Éric Licoys, tout en étant respectivement P-DG et directeur général de la Générale des eaux, puis de Vivendi, enfin de Vivendi Universal, sont restés liés à Lazard par le biais d'un fonds comptant une majorité d'associés-gérants de Lazard comme partenaires ! Rien n'avait changé début 2003.

Cette étrange situation soulève de nombreuses et graves questions. La banque Lazard n'a pas répondu à toutes celles qui se posent. Le fonds Partenaires et Parteger sont-ils ou non la même société ? La banque nous assure que M. Messier « n'a bénéficié d'aucune participation aux profits dégagés sur les actifs acquis postérieurement à son départ » dans le cadre de fonds partenaires. Mais qu'en est-il de Parteger ? Même s'il porte une grande estime à Messier, pourquoi Michel David-Weill a-t-il accepté son maintien ainsi que celui de M. Licoys dans cette société, qui semblait destinée en priorité aux associés de la banque ? Pourquoi, de son côté, M. Messier a-t-il conservé les liens avec cette structure qui n'avait rien à voir avec ses responsabilités de président d'un grand groupe ? Il s'est ainsi exposé – sans le vouloir sans doute – à un conflit d'intérêts potentiel. Pour un patron qui donnait volontiers des leçons de déontologie à ses pairs, cela pose problème. Interrogé précisément sur le fonds, ses origines, ses résultats, les raisons pour lesquelles Jean-Marie Messier et Éric Licoys ont pu y rester associés malgré leurs fonctions chez Vivendi Universal et s'il n'existait pas des risques de conflit d'intérêts, Michel David-Weill ne nous a pas répondu. Même après les enquêtes judiciaires sur le fonds Partenaire, alors qu'il ne cesse de raconter à tous ses interlocuteurs le traumatisme de la perquisition à son domicile à la fin de l'année 1996, il ne paraît, de surcroît, éprouver à aucun moment le besoin de rompre avec cette société. Est-ce l'effet de la puissance ? À aucun moment, ni les uns ni les autres n'ont semblé se dire qu'il serait préférable d'interrompre une relation d'investissement qui pourrait nourrir le doute, porter en germe un redoutable conflit d'intérêts et apparaître ainsi comme une liaison dangereuse alors que M. Messier était P-DG et M. Licoys directeur général chargé de tous les dossiers de fusions-acquisitions d'un groupe qui était alors le premier client de la banque en France. Ou y avait-il d'autres raisons qui justifiaient de garder de tels liens ? Nous restons sur une énigme. Mais qui participe aussi au mystère du destin de Vivendi Universal.

CHAPITRE IV

Le Meccano® de la Générale

« Point final. » La voix nouée, Guy Dejouany ne peut s'empêcher de cacher son émotion devant l'assemblée générale des actionnaires réunie au Cnit de la Défense, ce 10 juin 1996. Après quarante-trois ans de carrière dans la maison, il abandonne ses fonctions. Il n'est plus président de la Générale des eaux. Jusqu'au bout, il a espéré pouvoir jouer les prolongations, obtenir un sursis d'un ou deux ans. Mais aucun de ses traditionnels alliés n'a voulu le soutenir. Même ses proches lui ont dit qu'il était temps de partir. Dans l'intérêt du groupe.

Monde des affaires comme monde politique, tous veulent en finir avec l'atmosphère délétère qui entoure la Compagnie. Chaque jour ou presque, des juges sont à la Générale des eaux ou dans une de ses filiales pour enquêter sur de nouveaux dossiers de corruption. Le nom de la compagnie est mêlé à toutes les grandes instructions judiciaires du moment – de la mairie de Paris à la rénovation des lycées en Île-de-France, en passant par les pratiques troubles de la municipalité de Cannes. Guy Dejouany lui-même a été mis en examen avec deux de ses plus proches collaborateurs en mai 1995 pour « corruption active »

78

par un juge d'instruction de La Réunion, dans un dossier de concession d'eau sur l'île. L'affaire est très sérieuse. Un procès se prépare. Il est menacé de prison. Les pressions se sont accentuées pour le pousser au départ, « dans l'honneur », comme on le lui a murmuré. Hasard ? Au tribunal de Saint-Denis-de-La-Réunion, le 11 juin, on s'agite. Un non-lieu lui sera finalement accordé au lendemain de son départ de la présidence. Cela s'appelle la concordance des temps.

Jean-Marie Messier n'a pas été le dernier à s'activer pour inciter le P-DG vieillissant à abandonner ses fonctions. En public, il se montre l'héritier fidèle et respectueux. En privé, il a fait plusieurs fois le tour des administrateurs et des personnes d'influence pour leur raconter, en des termes parfois effrayants, ce qu'il découvre à la Générale et leur demander leur totale coopération. Il a distillé habilement auprès de la presse de redoutables informations sur les pratiques occultes ou le mauvais état des comptes. Mais tout a été fait avec mesure. Il a laissé filtrer une partie de la réalité pour l'aider à déjouer les manœuvres de retardement et imposer le changement. Mais une partie seulement. Tout le reste a été passé sous silence pour ne pas affoler les actionnaires et les marchés. Jamais il ne sera dit, à cette époque, que la Générale des eaux croule sous les dettes, n'a plus de capitaux propres et est au bord de l'asphyxie financière. L'opération vérité des comptes, qu'il lance en 1995 pour son premier exercice comme directeur général, est tout en nuances. Alors que le groupe a plusieurs dizaines de milliards d'engagements dans l'immobilier et la construction, secteurs alors totalement sinistrés, il provisionne seulement 1,06 milliard d'euros (7 milliards de francs) pour couvrir les dépréciations d'actifs, ce qui permet de contenir le déficit à 533 millions d'euros (3,5 milliards de francs). Juste assez pour provoquer un choc avec ce premier déficit dans l'histoire de la compagnie et convaincre qu'il est temps de lui donner les pleins pouvoirs. Pas trop pour ne pas donner le sentiment que le groupe est en péril. Tout l'establishment apprécie cette opération menée avec tant de doigté. Lui en tire la conclusion que les chiffres ne sont qu'une donne accessoire dans un rapport de force.

Mais, au quotidien, la réalité des comptes s'impose dans la vie de la compagnie. L'inquiétude règne dans le groupe. Beaucoup se demandent si J2M va réussir son plan de sauvetage. Lui n'en doute pas. Efficace, méthodique, il commence par un inventaire précis de tout ce qui peut être cédé. Dans cet empire comptant plus de 2 700 filiales, il n'a que l'embarras du choix. Syndic, entretien de jardin, teinturerie... toutes les sociétés exotiques sont vendues en un clin d'œil. Bien ? Mal ? Cela lui importe peu. L'urgence, pour lui, est de prouver aux banquiers et au marché sa volonté d'agir et de récolter un peu d'argent pour desserrer l'étau financier. Des montages compliqués sont inventés pour gagner du temps, dans l'espoir que l'avenir sera plus clément. Mais la crise de l'immobilier et de la construction dure, dure. Le groupe est obligé de se défaire au plus mauvais moment de ses plus beaux actifs immobiliers – ses tours à La Défense, ses immeubles dans Paris – pour ne garder que des opérations foncières difficiles, invendables en l'état comme le grand aménagement de Mandelieu, près de Cannes, ou les studios de Babelsberg à Berlin. « Un vrai bradage », pensent encore de nombreuses personnes dans le groupe. « Il n'y avait pas le choix », a maintes fois rétorqué Messier.

Ces premiers mois donnent le ton de sa présidence. Fini l'attachement au long terme, finie la patience d'un capitalisme qui accumule dans la durée. Chez lui, aucune fidélité à l'histoire, à l'héritage du groupe. Adepte des nouvelles règles des marchés, il considère que trop d'immobilisations dans un groupe gênent les mouvements. Les actifs sont là pour tourner, pour être monnayés. Tout ce que la compagnie peut détenir comme richesses va être repéré et vendu. Son deuxième précepte, c'est la vitesse. Avec lui, tout doit être fait dans l'instant. Il a ce côté un peu enfant qui ne supporte pas de devoir attendre quelque chose. Pour prendre ses décisions, qu'il s'agisse d'acheter comme de vendre, il lui faut à peine quelques jours, voire quelques heures. Il aime ces moments de précipitation, ces montées d'adrénaline où il faut travailler dans l'urgence, y passer la nuit, trente-six-heures d'affilée s'il le faut. Ses proches sont stupéfaits de cette énergie, de cette rapidité d'exécution.

À ceux qui lui expliquent qu'il faut parfois savoir compter avec le temps et s'en faire un allié, il répond que la vitesse a toujours été son meilleur atout. Il sait qu'il réfléchit vite, beaucoup plus vite que ses interlocuteurs. En les amenant sur son terrain, il les prive de réflexion, leur assène ses arguments, négocie sans relâche jour et nuit jusqu'à leur faire accepter ce qu'il veut. Ses administrateurs, ses banquiers, ses clients, ses concurrents, les membres des autorités de contrôle se laisseront prendre à ce jeu de rapidité et de séduction. Pas tous, cependant. Certains interlocuteurs sauront aussi tirer parti de cette précipitation. Plus tard, en relisant certains contrats, il apparaîtra qu'ils ont été bâclés et sont très défavorables au groupe.

En à peine un an, il affirme, cependant, avoir circonscrit le problème de l'immobilier. La place souffle. Ce dossier a été un des éléments qui lui ont permis de prendre la présidence du groupe. Mais il n'a nulle envie de s'appesantir sur le sujet et de le traîner comme un boulet pendant des années. Le redressement du groupe est en voie d'être achevé, à ses yeux. Il veut passer à autre chose.

Fin 1997, pourtant, ses espoirs s'évanouissent. Le groupe découvre de nouveaux engagements immobiliers, jusque-là passés inaperçus. Ajoutés aux milliards déjà connus, cela peut se traduire par un résultat net en perte de plus de 450 millions d'euros (3 milliards de francs) pour l'année. Pour Messier, c'est inenvisageable. Si le groupe pouvait être dans le rouge deux ans auparavant, pour tirer un trait sur la succession de Dejouany, il ne peut pas se permettre de plonger à nouveau. Ce serait avouer que tout n'a pas été vu, que tout n'a pas été dit au moment de son arrivée. Ce serait aussi se couper de l'avenir. Les marchés risqueraient de sanctionner lourdement cette faute. Et sans cours élevé il ne peut envisager de rachats futurs. Il faut donc trouver une solution.

Guillaume Hannezo, le directeur financier, n'est jamais à court d'idées. Ce sera l'un des plus grands numéros de prestidigitation jamais imaginés. Pour couvrir le déficit immobilier, les deux hommes décident de prendre l'argent là où il est : dans les réserves financières accumulées pour assurer les réparations et le renouvellement des réseaux de chaque société de distribution d'eau dont la gestion a été déléguée à la Générale. Ces sommes, prévues par la loi, sont prélevées sur chaque facture d'eau des consommateurs depuis des années. Le montant total, dispersé dans toutes les sociétés d'eau en France, est impressionnant : 3,66 milliards d'euros (24 milliards de francs). Tout est rapatrié vers la maison mère ! L'argent est vite utilisé et va se perdre dans les méandres comptables du groupe. Pour couvrir les engagements de l'immobilier en cours et les dépenses futures liées aux travaux de modernisation des réseaux, un système complexe de mutualisation des risques est mis au point, couvert par une structure de réassurance logée en Irlande. « Un montage assez original », ne pourra s'empêcher de déclarer Jacques Espinasse, *nouveau* directeur financier du groupe, qui éprouvera le besoin de revenir sur ce mécanisme devant la commission des finances de l'Assemblée nationale, le 26 septembre 2002. Les commissaires aux comptes mettent quand même en garde les actionnaires sur le changement substantiel et discutable intervenu dans la société. Ils seront les seuls.

La Commission des opérations de Bourse (COB), chargée de veiller au respect des normes comptables, elle, avalise le montage. Les actionnaires, eux, ont du mal à suivre les tenants et les aboutissants de ce transfert massif de fonds. Ils ne constatent qu'une seule chose : grâce à cette opération exceptionnelle, leur société enregistre un bénéfice de plus de 2 milliards. Le monde des affaires a mieux compris l'intérêt de ce jeu comptable. Mais tous ont décidé de fermer les yeux sur cette utilisation d'un pactole conçu pour préserver la fiabilité d'une exploitation faisant l'objet d'une concession de service public. Messier les a convaincus qu'il ne fallait pas bouger, qu'il en allait de l'avenir du groupe. Ayant accepté le mensonge sur la situation réelle de celle-ci deux ans auparavant, personne n'entend révéler la vérité maintenant et handicaper Jean-Marie qui a accepté, au nom de tous, de redresser la situation. Un laisser-faire lourd de conséquences : la haute direction qui vient de prendre le pouvoir y acquiert le sentiment de jouir d'une impunité totale.

Quant aux collectivités locales, la plupart ne comprennent pas ces subtilités comptables qui les lèsent comme leurs administrés. Des villes comme Paris ou Lille voient ainsi leurs sociétés concessionnaires privées de plus de 150 millions d'euros (un milliard de francs). L'opération est si profitable que le groupe la renouvellera l'année suivante chez Dalkia, la filiale énergie, en regroupant à nouveau les réserves accumulées dans les sociétés de concession de chauffage, ce qui lui permettra d'engranger 450 millions d'euros (3 milliards de francs) supplémentaires !

Une fois que l'activité immobilière aura quitté le groupe, que les plus lourdes traces seront effacées, mais à ce moment-là seulement, le président de Vivendi commencera à avouer les chiffres, pour rappeler à l'ensemble de la communauté financière ce qu'on lui doit : « La Générale des eaux aura perdu dans l'immobilier 37,8 milliards de francs (5,7 milliards d'euros), soit plus que ses fonds propres[1] », déclare-t-il. Le bilan, toutefois, n'est pas tout à fait complet. Pour régler le dossier, le groupe a fait preuve d'une très grande créativité comptable et d'une estimation très généreuse des pertes, au détriment, semble-t-il, des contribuables français. Aux 3,6 milliards d'euros de reprise des réserves, se sont, en effet, ajoutés de multiples dégrèvements fiscaux et crédits d'impôts dont ces inspecteurs des Finances

---

1. Jean-Marie Messier, *J6M.com, op. cit.*

84

connaissent le maniement sur le bout des doigts. Selon une note interne établie fin 2000 par la direction financière pour tirer les conclusions de l'aventure immobilière, le groupe a obtenu « 68 milliards de francs (10,3 milliards d'euros) d'assiette négative fiscale pour une perte économique de 40 milliards (6,09 milliards d'euros) ». Si le calcul est exact, le groupe a réussi en somme à obtenir 4,2 milliards d'euros de crédits d'impôts de plus que ses pertes. Un cadeau fiscal d'un montant exceptionnel sur lequel jamais les autorités ne semblent avoir éprouvé le besoin de se pencher. Cela permettra, à rebours, d'améliorer, par effet d'optique, ses résultats, grâce au crédit d'impôt.

Ces jeux comptables et fiscaux bénéficient à la maison mère, mais appauvrissent son activité principale, les services collectifs. Privée de ces réserves dont elle assurait la gestion qui stabilisait son bilan, servait de fonds de roulement permanent et assurait les frais financiers des sociétés en concession, la filiale est maintenant totalement déséquilibrée. Elle n'a plus les moyens suffisants pour assurer à la fois ses dépenses de fonctionnement et son développement. Mais cela compte moins aux yeux de Jean-Marie Messier.

S'il aime la puissance de la Générale des eaux, il n'aime pas tellement ses métiers principaux, ceux de l'environnement comme ceux du bâtiment. « Au début, il a visité les délégations régionales du groupe. Une fois qu'il a eu fini son tour de France, il n'y est plus jamais retourné. Cela ne l'intéressait plus. Il n'est allé qu'une seule fois par la suite sur le terrain, pour l'inauguration du pont sur le Tage à Lisbonne en 1998. Après, on ne l'a plus jamais revu », raconte un salarié.

Cet univers gris d'ingénieurs, où le travail au quotidien, sans coups d'éclat ni coups de force, n'inspire guère ce jeune P-DG, très imprégné par l'esprit de l'inspection des Finances. Sans expérience du monde de l'entreprise, sans connaissance réelle des métiers, il est plus à l'aise, comme beaucoup de membres de sa caste, dans les constructions intellectuelles, les concepts. Pour lui, seule la taille importe. Il faut être mondial ou au moins européen. Non par souci d'efficacité du capital, d'économie d'échelle ou de rentabilité. Seulement parce que, dans son monde, la puissance et la réussite se mesurent à ce critère. C'est ce rapport de pouvoir qui prime. La pertinence économique vient après.

Une seule fois, il se passionne vraiment pour les métiers de services : au moment du rachat de US Filter en 1999. Les équipes de l'activité environnement ont repéré depuis assez longtemps cette société de services d'eau qui pousse comme un champignon à coups d'acquisitions. Lorsqu'ils commencent à parler d'une possible alliance, l'action de cette firme vaut 11 dollars. Le groupe la rachètera sur la base de 31,5 dollars par titre. Entre-temps, Messier s'est emparé du dossier. La taille de l'opération, la perspective de s'implanter sur le marché américain, de s'affirmer comme numéro un mondial devant Suez : tout lui plaît. Il se précipite chez le propriétaire, Dick Heckmann. Ce dernier fait monter les enchères, va proposer l'affaire à Suez, rencontre d'autres rivaux. Messier n'ignore rien de ces démarches, fait une offre de 6,2 milliards de dollars plus les dettes pour ne pas voir sa cible lui échapper. Les dirigeants des services de l'environnement, Henri Proglio, alors directeur des services collectifs, comme Daniel Caille, responsable de l'activité eau, sont hostiles à un rachat à ce prix-là. Devenue Vivendi Environnement, la société devra provisionner plus de 4 milliards d'euros sur cette opération. Malgré cela, quatre ans plus tard, elle n'en a toujours pas fini avec le redressement de US Filter.

C'est l'acquisition « la plus importante jamais réalisée par une entreprise française aux États-Unis », insiste à l'époque le groupe, qui aime de plus en plus les superlatifs. Partout les hommages fusent sur ce président plein de hardiesse qui ose franchir les océans, jongler avec les milliards pour bâtir un empire. Il fait découper, archiver, relier soigneusement tous les articles vantant sa saga.

Il est de plus en plus sensible à cette image que lui renvoient les médias. Il aime qu'on l'aime, qu'on l'admire. Ce besoin de reconnaissance, d'être en permanence sous les feux de la rampe, d'être proclamé le meilleur patron de France ou du monde surpasse tout. Il peut consacrer des heures voire une semaine entière à la préparation d'une conférence ou d'une émission télévisée. La bonne stratégie ? C'est celle qui lui permettra de faire les gros titres du lendemain. À maintes reprises, il négocie des informations en avant-première avec des journaux, à la condition d'avoir la Une. Il n'est plus le représentant d'un groupe, il est le groupe. « Vivendi Universal avait besoin des médias pour engager sa transformation radicale, pour amener celle-ci à son terme aussi rapidement que possible. Il fallait donner une image, une ambition, un enthousiasme, une vision à l'extérieur comme à l'intérieur. Il est plus facile d'incarner une telle vision à travers un homme (...). C'est peu dire que le retour de bâton fut cruel[1] », explique-

---

1. Jean-Marie Messier, *Mon vrai journal, op. cit.*

t-il maintenant, reconnaissant avoir commis l'erreur de trop aimer les médias.

À la compagnie, les salariés regardent, dubitatifs, ce spectacle du pouvoir. Au début, beaucoup ont apprécié ce patron ouvert et social. Les syndicats, jusque-là superbement ignorés par la direction, se sont réjouis des nouvelles dispositions négociées sur le temps de travail, l'intéressement, l'actionnariat salarié, qui représentaient de réelles avancées sociales par rapport au passé ou même à des groupes concurrents. À la grande fureur du mouvement patronal, Messier a été le premier à mettre en place la réduction du temps de travail à trente-cinq heures, avant même que la loi soit entrée en application. Puis l'idylle s'est rompue. Des syndicalistes ont découvert un autre langage lorsqu'ils ont commencé à faire des propositions ou à contrer des projets de la direction. Menaces de procès, de licenciement sont apparues.

Les salariés, eux, se sont vite lassés des grand-messes de la compagnie organisées à la hâte avec les deux mille, cinq mille, dix mille jeunes ou cadres du groupe. Il n'y a plus que le patron qui relate, dans *J6M.com*, « ses plus grands frissons, un plaisir presque charnel à se sentir réellement sur les "planches" » devant ses cadres. Eux ont l'impression de jouer les faire-valoir. Ils regardent le patron se mettre en scène. Mais celui-ci ne les voit pas. Quand il a les larmes aux yeux – et il les a souvent dans ces occasions –, c'est d'abord sur lui qu'il s'émeut. À la fin, ils n'arriveront même plus à croire ses discours. Il leur a tenu tant de propos, il a proféré tant de vérités successives... Si bien qu'un adage court toute la maison : « Messier ? Deux paroles, trois mensonges. »

« Il est très différent de ce qu'il veut paraître »,

raconte aujourd'hui Guy Dejouany, avouant implicitement s'être laissé prendre au jeu du manager moderne. En public, J2M paraît un dirigeant simple, abordable, pratiquant un pouvoir collégial. En privé, il est d'une méfiance maladive. Il ne laisse rien au hasard, calcule toutes ses interventions et réactions au millimètre, adopte un comportement régalien. Il est autoritaire, cassant parfois. « Il est très dur. Il ne cède jamais sur ce qu'il a décidé[1] », raconte à plusieurs reprises Éric Licoys, son plus proche collaborateur. « Il avait un souci immense de son autorité », dit de son côté l'ancien président de la Générale. Cela s'exprime jusque dans les détails. Ses bureaux sont refaits plusieurs fois rue d'Anjou, avant qu'il ne déménage avenue de Friedland, adresse plus prestigieuse à ses yeux : on y voit l'Arc de Triomphe.

Mais, à côté de cela, les mesures pratiques pour prendre en main le groupe, contrôler vraiment au jour le jour sa vie ne seront jamais prises. Banquier d'affaires, ce n'est pas un chef d'entreprise. Il ignorera toujours la réalité, en profondeur, sur le terrain, dans les filiales du groupe qu'il a pourtant bâti avec ferveur. Même après la fusion avec Seagram et Canal+, le groupe n'aura jamais de service centralisé chargé de la gestion prévisionnelle, des budgets, des achats. Il n'aura même pas une gestion centralisée de sa trésorerie ! En revanche, Vivendi Universal bénéficiera d'un large service de communication et d'image.

Les métiers traditionnels de la Générale des eaux, ceux dont il se méfie, ont été confiés à deux anciens : Henri Proglio, pour les services collectifs, Antoine Zacharias, pour la construction et le bâtiment. Pour

---

1. Entretien avec l'un des auteurs.

l'aider, le nouveau P-DG a mis en place une équipe à lui, la *Dream Team* comme il l'a nommée dans *J6M.com*, censée incarner la jeunesse, le dynamisme, l'ambition. Ils sont une poignée à y être admis. On trouve Philippe Germond, venu de Hewlett-Packard, Agnès Touraine, débauchée de chez Hachette, tous deux membres du club des Quadras, Guillaume Hannezo, inspecteur des Finances, ancien conseiller à l'Élysée avant d'avoir assuré la direction financière des AGF, et surtout Éric Licoys, appelé du mystérieux Fonds Partenaires Gestion où ils ont travaillé ensemble, pour devenir le conseiller le plus proche. C'est la seule personne âgée que ce « séducteur de vieux » à l'extérieur supporte dans son entourage immédiat. Il sera associé de près à toutes les opérations d'acquisitions et de cessions du groupe Vivendi. Au siège, on regardera toujours avec étonnement le fonctionnement de ce curieux attelage, en se demandant quel lien unit les deux hommes. « C'était comme dans *Maître Puntila et son valet Matti*. Un jour, on voyait Éric Licoys sortir du bureau de Jean-Marie, les larmes aux yeux, annonçant qu'il était viré. Le lendemain, il avait retrouvé toute son assurance, contrant le président ouvertement, racontant des horreurs sur lui dans les dîners en ville et lui rapportant après les réactions des uns et des autres », témoigne un ancien dirigeant du groupe.

C'est avec ces quelques personnes que J2M veut construire son empire. À peine arrivé, il a d'ailleurs déjà commencé à en jeter les bases. Une de ses premières décisions consiste à réaffirmer les engagements du groupe dans le téléphone. Depuis 1987, la compagnie a une licence d'exploitation de téléphone mobile qu'elle gère mollement face à France Telecom. Messier tranche pour la poursuite et même pour

90

l'accélération du développement de cette activité si prometteuse. Mais il apparaît vite que le groupe, compte tenu de sa situation financière, n'a pas les moyens de soutenir seul l'effort d'équipement et de développement de SFR, sa filiale de téléphonie mobile, sur ce marché en croissance vertigineuse. Plutôt que se laisser distancer ou même étouffer par ses rivaux, il préfère s'associer.

En septembre 1996, trois mois après avoir pris les rênes, il annonce une alliance avec British Telecom pour développer ensemble Cegetel, le pôle de téléphonie de la compagnie. L'Allemand Mannesmann et l'Américain SBC sont associés au pacte. Les marchés saluent cet accord. Selon Messier, ce contrat est réalisé au seul bénéfice de la société française. British Telecom, l'opérateur européen le plus agressif à l'époque et qui aurait pu lui faire beaucoup de tort, ne renonce-t-il pas à tout développement autonome de son activité en France pour cette union ? Il accepte d'apporter ses actifs français et 2,28 milliards d'euros (15 milliards de francs) pour prendre 26 % de la société. Mais le pacte est moins déséquilibré que Vivendi n'a voulu le faire croire. Les autres actionnaires ont un droit de contrôle puissant sur la société de téléphone. En dehors des dividendes, la maison mère ne peut ni percevoir ni utiliser un centime de sa filiale, contrairement à l'illusion donnée dans les comptes du groupe. La société de téléphone se voit, en plus, interdire toute association et toute expansion à l'étranger, tandis que son développement dans des métiers proches est très encadré. SFR a sauvé le présent en obérant l'avenir ? Sans doute n'y avait-il pas d'autre choix pour assurer la survie de Cegetel. Mais Messier ne le dira jamais. De toute façon, un autre dossier lui importe plus désormais : Canal+. Avec, dans la ligne de mire, Havas, si tout se passe bien.

CHAPITRE V

Impasse

Pierre Lescure lui a donné rendez-vous sur la Côte d'Azur, à Gassin, près de Ramatuelle. Les deux hommes ont pris l'habitude, depuis que Messier est président de la Générale, de court-circuiter Pierre Dauzier, le patron d'Havas, le premier actionnaire de la chaîne payante, pour s'entretenir directement. En ce mois d'août 1996, le président de Canal+ veut lui parler d'un projet important. Il veut racheter Nethold, le numéro trois de la télévision payante en Europe, avec 1,5 million d'abonnés en Italie, en Scandinavie et en Belgique.

L'opération est lourde. Le propriétaire, le groupe sud-africain Richemont, exige d'importantes garanties. Mais Canal+ a besoin de cette acquisition. C'est la seule façon, selon Lescure, de se remettre dans la course. Le début de l'année a été ravageur pour la première chaîne européenne payante. Elle était en position de force pour jouer le rôle de fédérateur dans la télévision satellitaire. Par arrogance et par peur, elle a contribué à la création de TPS, concurrent direct de Canalsatellite, permettant du même coup à sa rivale TF1 de rebondir. En Europe, toutes les voies lui semblaient ouvertes. Elle était de taille à s'associer avec la CLT, le groupe audiovisuel luxembourgeois contrôlé par le financier belge Albert Frère, comme avec le Britannique Murdoch ou l'Allemand Bertelsmann. Mais, chaque fois, les négociations ont échoué, la chaîne française prenant toujours de très haut ses éventuels alliés. Désormais, Canal+ se retrouve isolé. Messier partage l'analyse de Lescure : la chaîne a besoin de Nethold pour se relancer et avoir la dimension européenne. Les deux hommes sont d'autant plus déterminés qu'ils savent que l'Américain Direct TV est aussi intéressé. Pour l'emporter, le groupe audiovisuel français fait une offre très généreuse. Il propose à Richemont de devenir actionnaire à hauteur de 15 % de la nouvelle société regroupant Nethold et Canal+. La négociation s'est faite sur la base de 1 600 dollars par abonné.

Jamais une telle valorisation n'avait été atteinte dans le monde audiovisuel européen. Ni les saltimbanques de la chaîne ni les financiers de la Générale ne discuteront le montant : c'est le prix à payer, disent-ils, pour revendiquer le titre de premier groupe audiovisuel européen.

Pour Canal+, ce rachat marque le début de ses déboires. Habitué à des bénéfices très confortables – les plus élevés du secteur en Europe (113 millions d'euros en 1996) –, il plonge dans le rouge, dès le rachat. Jamais il ne renouera avec sa situation antérieure. La chaîne italienne, Telepiù, héritage de Nethold, sera une préoccupation constante, avec ses milliers d'abonnés fraudeurs et ses centaines de millions de pertes. Malgré cela, l'équipe dirigeante de Canal+ continue de vivre sur un grand pied, distribue largement ses subsides au sport et au cinéma, ignore avec superbe tout ce qui pourrait ressembler à une forme de gestion.

Nethold, pour Messier, était l'opération nécessaire pour renforcer les liens entre Canal+ et le groupe, pour prendre Havas en étau. Il veut cette holding. Malgré son aspect vieillot, elle garde de nombreux attraits. D'abord, elle a beaucoup d'argent disponible, ce qui est un argument pour un groupe comme la Générale qui en manque toujours. Puis, elle est le premier actionnaire de Canal+ et le numéro un de l'édition française avec des joyaux comme Larousse, Le Robert, les éditions scolaires Nathan ou Bordas, les Éditions scientifiques et juridiques. Elle a le premier afficheur français, le premier groupe de régie publicitaire, le premier groupe d'agences publicitaires, la première société d'agences de voyages, et possède des participations dans de nombreux titres de presse. Un rachat d'Havas par Vivendi lui donnerait la base d'actifs pour lancer un grand groupe de communication. C'est dans ce secteur qu'il entend se développer, autant par goût que par calcul économique. Sur les marchés, les investisseurs commencent à parier sur cet eldorado financier créé par les nouvelles technologies.

Mais Havas reste un objet politique dangereux. Droite et gauche se sont disputées l'influence de la holding pendant des années. Il faut convaincre la classe politique de la laisser passer sous le contrôle de la Générale des eaux.

Messier a souvent brocardé les patrons français, allant quérir l'agrément des pouvoirs publics avant d'entreprendre la moindre action. À ses yeux, sa résistance ou au moins sa réticence à ménager les politiques est une des causes de sa chute : « Je n'ai pas pris la peine de cultiver le système bien français consistant à rendre mes hommages respectueux aux gouvernements qui se succèdent. J'ai eu tort. Quand les difficultés sont arrivées, "ils" me l'ont fait payer », souligne-t-il dans *Mon vrai journal*. En dépit de ces affirmations, cet adepte du capitalisme moderne n'a jamais été le dernier à faire sa cour. Rarement groupe français aura mené autant de recrutements calculés. « Jean-Marie Messier est en train d'inventer les économies d'échelle dans le jeu d'influence », s'amusent les mauvaises langues à Paris. En ces temps de cohabitation, tout est soigneusement pesé : un coup à droite, un coup à gauche. On voit ainsi arriver Fabrice Fries, ancien collaborateur de Jacques Delors lorsqu'il présidait la Commission européenne à Bruxelles, Stéphane Richard, ancien conseiller au cabinet de Dominique Strauss-Kahn lorsqu'il était au ministère de l'Industrie, Éric Besson, ami et député du PS, Thierry de Beaucé, ancien ambassadeur et conseiller des affaires étrangères de François Mitterrand, tandis que Jean-François Colin, proche de Martine Aubry (ex-ministre de l'Emploi), qui travaillait dans une petite filiale du groupe, devient directeur des ressources humaines de la compagnie.

Après la défaite de la droite aux élections législatives de 1997, le groupe devient la principale terre d'accueil des membres de l'ancienne majorité cherchant à se reconvertir dans le privé : Agnès Audier, ancienne directrice de cabinet de Jean-Pierre Raffarin, alors ex-ministre des PME et de l'Artisanat ; Alain Marsaud, ancien magistrat chargé de la lutte antiterroriste, député RPR battu en Haute-Vienne ; Olivier Grunberg, ancien directeur de cabinet d'Anne-Marie Idrac, ex-secrétaire d'État aux transports ; Cyril Roger-Lacan, ancien directeur de cabinet de Xavier Emmanuelli, à l'époque secrétaire d'État aux affaires sociales, ou Jean-Pierre Frémont, ancien conseiller de François Bayrou. Messier va jusqu'à débaucher, début

1998, le conseiller adjoint des affaires économiques de l'Élysée, Jean-Pierre Denis, en délicatesse alors avec Dominique de Villepin, le secrétaire général de l'Élysée, en lui faisant miroiter la direction d'Havas. Il ne l'aura jamais. Il héritera en compensation de la direction de la filiale chargée des services d'énergie et de chauffage urbain du groupe, nettement plus obscure. Il ne s'en remettra jamais.

Ces attentions ne suffisent pas pour se faire bien voir de Jacques Chirac. Le président de la République n'a pas oublié les amitiés balladuriennes de Messier. Pourtant, celui-ci fait tout pour les effacer. Lui qui n'arrêtait pas de mettre en avant ses relations avec Balladur lorsqu'il était banquier, n'en parle plus. Avant même les élections, il a commencé à prendre ses distances. Il a assisté à quelques réunions de réflexion puis on ne l'a plus vu. Après la défaite, silence. L'ancien Premier ministre tout comme son entourage ne lui pardonneront pas ce lâchage. L'homme politique et son ancien conseiller ne se verront que quelquefois par la suite et échangeront à peine quelques mots. Tout était consommé.

Pour rentrer en grâce à l'Élysée, il demande à Henri Lachmann, alors président de Strafor-Facom et très lié à l'ancien maire de Paris, de plaider sa cause. Ils vont jusqu'à signer ensemble dans *Le Monde* un plaidoyer pour la baisse des taux d'intérêt, thème qui tient alors à cœur à la présidence. Il tente d'établir un contact privilégié et naturellement entretient longuement et très en avance Jacques Chirac de son projet de reprise d'Havas. Connaissant de longue date les hommes et le pouvoir, le président de la République le regarde faire. « Et vous, que pensez-vous du projet de reprise d'Havas ? » demande-t-il l'air de rien à

96

Pierre Lescure, lors d'un voyage. Jacques Chirac aime bien Canal+. *Les Guignols* l'ont toujours ménagé au moment des élections. Il ne veut pas gêner le président de Canal+. Mais celui-ci ne pense rien de la reprise d'Havas. Ou plutôt si. La perspective d'être débarrassé de Pierre Dauzier, l'homme qui a voulu le « virer » pour le remplacer par un de ses copains, n'est pas pour lui déplaire. Après, il fera son affaire de Messier. Ils s'entendent bien. Et il ne le voit pas contester sa légitimité dans la chaîne.

Cette réponse, parmi d'autres, est de celles qui empêcheront un veto présidentiel. Dès lors, Jean-Marie Messier peut œuvrer pour qu'Havas tombe naturellement chez lui, comme un fruit mûr. Cela prend à peine deux mois. Du grand art.

Tout commence par l'annonce de la sortie d'Alcatel du tour de table d'Havas. Serge Tchuruk, le patron de la société d'équipements de télécommunications, a hérité de cette participation. Administrateur de la Générale des eaux, il connaît l'intérêt de Messier pour ses titres. Avec Marc Viénot, administrateur des deux groupes, tous trois montent l'opération de désengagement, dans la plus grande discrétion. Comme la compagnie n'a pas suffisamment d'argent à ce moment-là, Alcatel acceptera même de lui faire crédit et d'être payé des mois plus tard. Une fois le rachat bouclé, Messier propose à Dauzier de lui apporter sa participation dans Canal+ contre des actions Havas. Le 6 février 1997, il annonce qu'il contrôle 30 % de la holding de communication.

Il s'affirme déjà comme le patron. Les régies publicitaires ? À vendre. L'affichage ? À vendre. Les activités de voyage ? À vendre. Les agences de publicité ? À vendre. Une partie de la presse et de l'édition spéciali-sée ? À vendre. Lors de cette conférence de presse, il ne parle que de Canal+ et de la télévision. Constatant le pouvoir de fait de la Générale des eaux, qui détient, avec l'aide de Canal+, plus de 34 % d'Havas, Colette Neuville, la présidente de l'Association des actionnai-res minoritaires (Adam), demande une OPA, comme le prévoit la loi boursière dans ce cas. Messier ne veut pas en entendre parler : la défense de l'actionnariat populaire a des limites ! Une nouvelle fois, l'establish-ment le soutient. Personne ne souffle mot, même quand J2M va jusqu'à menacer la présidente de l'Adam de représailles musclées et onéreuses. Les autorités boursières puis les tribunaux repoussent la demande d'offre publique formulée par les actionnai-res minoritaires. Pour l'occasion, la justice trouve même une nouvelle notion dans le droit des sociétés : un pacte d'actionnaire n'a pas pour objet d'obtenir le pouvoir ou de l'influence dans une société !

La place se montre d'autant plus compréhensive à son égard que J2M a fait une ouverture. Il a promis qu'une fois la bataille juridique achevée, il lancerait non pas une OPA, mais une OPE, un rachat en papier, sur Havas. Il le fait en mars 1998. « Par chan-ce », l'action de la holding de communication a beau-coup baissé. Cela évitera d'émettre trop d'actions et de trop diluer les actionnaires de la compagnie.

Après, tout se passe très vite. Pierre Dauzier, empo-chant au passage 7,6 millions d'euros (50 millions de francs) d'indemnités, est remplacé par Éric Licoys, qui abandonne officiellement Lazard à cette date, pour prendre la présidence d'Havas. Tout l'argent de la hol-ding est remonté vers la maison mère. Les actifs qui n'intéressent pas le groupe sont vendus. La filiale est recentrée sur les seuls métiers de l'édition et de la presse. En quelques mois, elle passe de 7,6 à 3,04 milliards d'euros (50 à 20 milliards de francs) de chiffre d'affaires. La participation de Canal+ revient naturellement à la Générale des eaux. En position de faiblesse, le Sud-Africain Richemont jette le gant et lui vend sa participation, quelques mois plus tard. Après quatre années d'efforts, Messier est enfin arrivé au but qu'il s'était fixé : le groupe contrôle seul 49 % de la chaîne payante.

Il a le premier groupe de télévision payante d'Europe, il a le premier éditeur français, il a un petit groupe de presse magazine et spécialisée, il est présent dans le cinéma et le câble, il est le deuxième opérateur de téléphone en France. Plus de précautions à prendre. Il est désormais en position pour affirmer qu'il dirige un groupe de communication. C'en est fini de la Générale des eaux. Place à Vivendi. L'aventure commence.

Messier exulte. Il a le groupe qu'il voulait, dans les secteurs qu'il voulait. Même si la transformation de son entreprise est toute récente, il peut s'asseoir sans rougir à la table des plus grands en Europe – les Allemands Bertelsmann et Kirch, News Corp, les Britanniques Pearson, Reuters et Reed Elsevier, l'Italien Silvio Berlusconi, les Néerlandais VNU et Wolters Kluwer. Pour accompagner ce changement, il a recomposé son conseil d'administration. L'ancienne garde qui incarnait la vieille compagnie ou les opposants comme Jacques Calvet ont été poussés vers la sortie. Il a conservé ses « parrains », les présidents de banque ou leurs représentants, ceux qui tiennent le système et dont on a besoin pour progresser. À côté, il a fait entrer des amis : Henri Lachmann, connu du temps de Lazard,

Thomas Middelhoff, le président de Bertelsmann, son rival en affaires mais un proche en privé, qui partage la même vision des affaires et du monde, Philippe Foriel-Destezet (Adecco), qui le fascine tant par sa fortune faite avec un groupe de travail intérimaire, ou Bernard Arnault, devenu un des premiers actionnaires du groupe à la suite d'opérations immobilières [1]. Peu d'entre eux connaissent ses métiers. Mais tous font une confiance aveugle à son intuition, à son intelligence. L'avenir s'annonce radieux.

Pour construire Vivendi, plus de 10 milliards d'euros (150 milliards de francs) d'actifs ont été échangés en à peine quatre ans. Rien ne lui a été refusé. Chaque jour ou presque, il y a une vente. Ce sera le cas de Vinci (bâtiment et construction), de Nexity (immobilier), d'Elior (restauration collective), de la Générale de santé (hospitalisation privée). Des groupes qui figurent tous aujourd'hui comme des acteurs importants dans leur secteur. Dans le même temps, le groupe rachète à tour de bras : Havas, Canal+, mais aussi des sociétés de câble, de droits audiovisuels, des jeux, des sociétés internet, le réseau téléphonique de la SNCF.

Il se heurte à un seul obstacle dans cette transformation : lorsque, ce jour du début 1997, il veut faire main basse sur Suez. À l'époque, ce n'est qu'un groupe financier qui détient des participations dans de multiples sociétés françaises. Perclus de dettes immobilières, contesté par les marchés dans son rôle

---

1. Pour résoudre leurs problèmes dans la promotion immobilière, Jean-Marie Messier et Bernard Arnault ont décidé de faire cause commune en 1996. Le patron de LVMH a apporté, à l'époque, à la compagnie sa société de promotion George-V, et reçu en échange plus de 1 % du capital de la Générale.

d'investisseur professionnel jugé dépassé, le groupe se cherche un avenir. Deux ans plus tôt, la BNP et l'UAP ont manqué de peu le racheter. Pour éviter de voir son sort lui échapper, il a choisi de changer radicalement de cap et de fusionner avec une de ses plus grosses participations, la Lyonnaise des eaux.

Voir son rival direct rebondir en se forgeant une nouvelle identité et capter au passage toutes les richesses accumulées par Suez et qui contribueront à son développement futur énerve au plus haut point J2M. Il faut contre-attaquer. Son conseil l'approuve. Avec l'aide de la banque Lazard, il prépare une contre-offre pour racheter la compagnie financière. Une ligne de crédit de 4,5 milliards d'euros (30 milliards de francs) est mise à sa disposition à la BNP, qui semble intéressée pour reprendre les activités bancaires du groupe. Mais Paris est petit. L'affaire se sait vite. Pour une fois, une partie du monde des affaires est contre. Gérard Mestrallet, président de Suez qui prépare sa fusion avec la Lyonnaise, est furieux. Il téléphone lui même à Michel David-Weill, le patron de Lazard, pour lui dire son mécontentement. « Si vous poursuivez dans cette voie, je demande à notre filiale, la Générale de Belgique, de venir à notre secours », prévient-il. La menace suffit : le banquier de Lazard, comme tout le monde des affaires parisien, a en mémoire des épisodes d'enlisement de groupes français en Belgique et ne veut pas connaître pareille mésaventure. L'attaque ne sera pas lancée. « C'est sa seule faute. Il a tout réussi sauf d'empêcher la fusion Suez-Lyonnaise. Nous aurions pu avoir une petite chance de paralyser l'opération. Mais c'était politiquement délicat. Nous venions juste de faire Havas[1] », expliquera Ambroise Roux quelques mois

1. Entretien avec l'un des auteurs.

après, arrangeant déjà l'histoire. Jean-Marie Messier, lui, n'aimera jamais cette version. Il ne supporte pas l'idée d'avoir été un jour contraint de reculer. Il racontera les faits à sa manière dans *J6M.com* : « J'avais demandé à mes collaborateurs de regarder si nous ne devions pas lancer une OPA sur Suez pour empêcher ce rapprochement. (...) Le projet pouvait paraître intéressant sur le plan financier : avec Suez, on récupérait une cagnotte. Mais il était absurde sur le plan industriel. Pourtant, autour de la table, je n'ai été que faiblement contesté. (...) Du coup, c'est moi-même qui ai joué l'avocat du diable. J'ai conclu en disant : "Voilà ce que j'aurais aimé entendre pour enterrer cette idée." »

L'ombre portée de cette reculade n'est que dans l'esprit du président de Vivendi. Partout ailleurs, les grands patrons, les banquiers, la presse vantent la réussite totale de ce petit génie qui a su transformer radicalement la compagnie et faire d'un capharnaüm ingérable un groupe de services à l'environnement et de communication. Les assemblées générales sont des moments de triomphe. Mettant en marche « la machine à séduire les vieux », le président de la compagnie tient un numéro hors pair. On n'y parle pas de comptes mais du monde. On applaudit à tout, à sa vision d'un capitalisme moderne créateur de valeur et ouvert à tous, à son ambition de mondialisation, à son audace pour investir dans les hautes technologies et même à sa vitesse de réaction. N'a-t-il pas lancé en un week-end une opération de rachat sur le groupe de cinéma Pathé, bloquant l'offensive de TF1 et du groupe Bouygues sur cette société ? L'opération lui a coûté cher : alors que l'action était déjà en surchauffe dans la perspective d'une bataille boursière, il a dû offrir une prime de 19 % à Vincent Bolloré, entré subrepticement dans le capital, pour le convaincre de vendre son bloc et faire basculer le tour de table de Pathé en sa faveur. Cela se traduira par la suite par plusieurs centaines de millions d'euros de dépréciation de titre dans les comptes. Mais qu'importe ! Avec cette prise de contrôle, il a conforté son rôle dans Canalsatellite, la filiale de télévision par satellite de Canal+ dont Pathé détenait 20 % et qui aurait pu tomber dans les mains de son rival TF1. Il a aussi repris les 24 % que le groupe de cinéma, allié historique de Rupert Murdoch, possédait dans BSkyB, le bouquet de télévision satellite britannique. Il a désormais une position de force face à son rival britannique. La bataille pour le contrôle de l'audiovisuel européen peut commencer.

D'où vient pourtant que le marché reste insensible à ces succès ? Dans ce concert de louanges, il est le seul à se montrer réticent. Alors que l'Europe est en pleine reprise économique, que les marchés boursiers explosent, Vivendi, à partir de la mi-1998, fait moins bien que les indices. En 1999, la société accuse un retard de croissance de 30 % par rapport au CAC 40. Ni les rumeurs d'OPA, régulièrement lancées sur le groupe, ni les annonces de rachat de sociétés internet pourtant si appréciées par le marché, ne réussissent à doper le cours. Pour les professionnels, la transformation du groupe n'est pas aussi manifeste que cela. En dépit des discours, des changements de périmètre, de méthode comptable, Vivendi ressemble toujours étrangement à la Générale des eaux : c'est toujours une holding. Elle a juste fait tourner rapidement son portefeuille de participations pour les repositionner et les faire passer des services dans la communication. Pire : elle devient chaque jour plus complexe. Alors que le groupe comptait déjà 2 700 filiales en 1994 – chiffre mis en avant à l'époque par Messier pour illustrer la difficulté à gérer un tel ensemble –, il en détient en 1998 plus de 3 300.

Pris dans cette activité financière incessante, Vivendi n'a en réalité pas amélioré son bilan. Son endettement a même recommencé à croître. En 1999, ses dettes atteignent 22,8 milliards d'euros, soit plus du double de ses capitaux propres. Son résultat n'est fait que de bénéfices exceptionnels liés aux plus-values de cessions et aux crédits d'impôts issus des pertes de l'immobilier.

Le groupe, assurent les analystes, n'a pas les moyens de financer ses trop nombreux métiers. Il lui faut choisir. Mais aucune ligne de force ne se dégage. Un tiers des actifs est dans les services à l'environnement mais le groupe ne veut pas s'y développer. « Personne ne nous a proposé à l'époque ce retour aux métiers historiques. Aucun des membres du conseil, par la suite si attachés aux activités de la Générale, ne nous a conseillé, à l'époque, de choisir cet axe[1] », affirme aujourd'hui le directeur financier pour sa défense. Thèse que contestent plusieurs administrateurs. Un tiers est dans les télécommunications, mais le groupe ne peut sortir des frontières. Un tiers est dans la communication, mais il n'a pas la taille suffisante pour rivaliser avec ses grands concurrents américains et britanniques. Le brouillard est total. Tandis que J2M tient au-dehors des discours de victoire, le groupe à l'intérieur considère qu'il est « dans une impasse stratégique », selon l'aveu de son directeur financier.

---

1. Entretien avec l'un des auteurs.

CHAPITRE VI

Dans la folie d'internet

Rarement Jean-Marie Messier a connu une situation aussi frustrante qu'en cet été 1999. Chaque jour on se bat à coups de milliards de dollars sur tous les marchés de la planète. Les entreprises s'achètent, se vendent, s'allient, annoncent la formation de géants mondiaux. Et lui n'est pas de cette bataille-là. « Nous avions l'impression depuis quelques semaines de regarder passer les trains : les grandes manœuvres se faisaient sans nous[1] », avoue-t-il. Un vrai cri du cœur.

Au début de l'année, il a pourtant lancé aussi sa grande opération, le rachat de US Filter. Une acquisition de 7 milliards d'euros (6,2 milliards de dollars). Le plus important achat jamais réalisé par une entreprise française aux États-Unis. Mais la société d'eau américaine est bien moins belle que prévu. Il a engagé l'essentiel des disponibilités financières de Vivendi dans cette opération payée cash. Après coup, J2M commence à avoir des regrets. Ne s'est-il pas trompé de cible ? N'était-ce pas plutôt vers les télécoms qu'il aurait fallu regarder ?

Le secteur est en pleine ébullition en Europe. La

---

1. Jean-Marie Messier, *J6M.com, op. cit.*

105

téléphonie mobile a pris un essor spectaculaire au cours de la dernière décennie. C'est l'un des rares exemples où l'Europe devance les États-Unis dans un secteur de haute technologie. Jusque-là, cette industrie s'était développée sur des bases strictement nationales. Mais au cours de cette année 1999, tout est bouleversé. Des opérations de plusieurs dizaines de milliards de dollars sont lancées. L'Allemand Mannesmann a repris l'Italien Omnitel ; le Britannique Vodafone s'est emparé d'AirTouch, un groupe américain détenant d'importants intérêts en Europe. Dans le même temps, Deutsche Telekom a posé le pied en Grande-Bretagne en acquérant One-to-One, tandis que l'opérateur hollandais KPN a racheté l'Allemand E-Plus. La reconfiguration s'opère à toute vitesse en Europe. Les rumeurs vont bon train. Pas un jour où les marchés ne spéculent sur la prochaine opération. Tous les groupes cherchent des alliances, des proies.

Dans cette bagarre, SFR, la filiale de Cegetel, numéro deux de la téléphonie mobile en France, commence à relever de plus en plus de cette dernière catégorie. Pour les marchés, elle prend du retard face à ses concurrents. Messier partage l'analyse. « Dans les télécoms comme dans la plupart des grands métiers, impossible aujourd'hui de n'être qu'un acteur national. Il faut au moins être européen et si possible mondial. Indéniablement, nous étions loin d'avoir atteint la taille critique », reconnaîtra-t-il dans *J6M.com*.

« Le marché semblait considérer Vivendi comme une "espèce de Mannesmann français" et s'attendait à ce qu'il joue le rôle de consolidateur dans l'industrie des télécommunications européenne, ce qui, assez ironiquement là encore, aurait été une stratégie bien pire que celle finalement retenue », écrit de son côté Guillaume Hannezo dans son long mémoire de défense sur la chute de Vivendi Universal. « Nous avons pourtant tenté de jouer cette carte-là, poursuit-il. Nous avons successivement envisagé d'acheter Orange, E-Plus et KPN, et de lancer une enchère sur les licences d'UMTS... Mais sans succès parce que notre analyse du cash-flow nous amenait toujours à des évaluations 50 % moins cher que les prix payés. En outre, le cours de nos actions ne bénéficiant pas d'un classement purement télécoms, nous avons compris que nous n'avions pas les moyens d'imposer à nos actionnaires la dilution importante qui accompagnerait immanquablement une stratégie d'achat offensive dans le secteur des télécoms. » Cette préoccupation des actionnaires et de la création de valeur est sans doute réelle mais incomplète. Vivendi ne pose pas tout en termes de rendement, de retour sur bénéfices et dilution, en dépit des apparences.

Le groupe aimerait participer à ces grandes manœuvres. Mais le pacte d'actionnaire signé en 1996 avec les autres partenaires condamne Cegetel à l'immobilisme. En dehors du développement de son activité opérationnelle, impossible d'envisager la moindre fusion, la moindre alliance, la moindre expansion à l'étranger : le contrat l'interdit. Vivendi ne peut pas prendre le relais de sa filiale. Sa petite société Télécom Développement a les ressources pour prendre des participations à Monaco, au Kenya, à La Réunion ou en Pologne. Mais elle n'est pas de taille à soutenir un combat européen. Sa maison mère ne dispose pas des fonds nécessaires. Celle-ci est handicapée par son statut de conglomérat, qui, du fait d'une mauvaise valorisation, lui interdit d'envisager des opérations payables en actions. Elles se feraient avec des parités trop défavorables. Le groupe semble englué dans ses métiers.

En octobre 1999, brusquement, une éclaircie se dessine. Mannesmann décide de lancer une OPA sur Orange, quatrième réseau britannique de téléphonie mobile. Klaus Esser, le président du conglomérat allemand, a osé cette opération sans prendre la peine d'en informer Chris Gent, le patron du groupe britannique Vodafone avec lequel il est supposé entretenir de bonnes relations. « L'affront ne va pas rester impuni. Chris Gent ne va pas laisser le groupe allemand venir le narguer sur son propre marché, sans répliquer », prédisent Jean-Marie Messier et Philippe Germond, le patron de Cegetel. Les deux dirigeants français ont raison. L'audace de Klaus Esser ne reste pas sans réponse. En novembre, le géant anglais Vodafone lance, à son tour, son offensive sur Mannesmann lui-même ! Le pari financier est énorme : 175 milliards d'euros, la plus grosse opération jamais réalisée en Europe. Si Chris Gent réussit, la société de Reading deviendra le premier opérateur de téléphonie mobile avec une large emprise paneuropéenne. Le nouveau groupe se retrouverait en position forte sur pratiquement tous les marchés européens, aux États-Unis et dans quelques pays asiatiques.

Une fusion Vodafone-Mannesmann deviendrait « l'opération de référence sur le marché mondial des prises de contrôle », écrit le *Financial Times* avant d'ajouter : « Jusqu'à récemment, il aurait été impensable pour un groupe anglo-saxon de lancer un raid sur un géant allemand. » Pour beaucoup d'Allemands, cette OPA hostile constitue un véritable assaut contre leur tradition consensuelle. À l'extérieur du pays, les investisseurs internationaux sont aux aguets. Quelle va être l'attitude de Klaus Esser ? Tentera-t-il d'influer sur la prise de contrôle en faisant appel à une protection

gouvernementale ? « La lutte pour le contrôle de Mannesmann sera un test de la maturité des marchés allemands », soutient le journal *Frankfurter Allgemeine
Zeitung*. Et de poursuivre : « Du point de vue des investisseurs, il importe peu que la société soit dirigée par
un Anglais ou un Allemand. » En fait, Esser n'a jamais
sérieusement envisagé de réveiller le sentiment protectionniste des Allemands pour contrecarrer Vodafone.
C'était « une ligne de défense extrême qui n'existait
que dans l'imagination des journaux anglais », expli-
quera-t-il tout en rejetant les louanges reçues pour
avoir respecté les règles du marché. « Il est inutile de
se féliciter d'avoir tué le monstre du Loch Ness. Si ça
se trouve, il n'existe même pas. »

Au milieu de ces turbulences qui perturbent toute
l'Europe, il y a un coup à jouer, Messier en est persuadé. « Il nous fallait trouver un moyen d'exploiter
toutes ces grandes manœuvres de nos concurrents,
chercher la risée, comme disent les régatiers, qui allait
nous permettre de regagner des places sur nos
concurrents. Nous l'avons sentie arriver dès l'annonce
de l'attaque de Vodafone sur Mannesmann. Ce petit
vent délicieux qui vous fait sentir que vous êtes de
nouveau dans la course[1] », raconte-t-il, lyrique. Il est
d'autant plus dans la course qu'Esser cherche son
appui pour contrecarrer le prédateur anglo-saxon.
L'Allemand lui propose une fusion totale entre Mannesmann et Vivendi. Un vrai saut dans l'inconnu. Les
deux hommes avaient déjà envisagé cette éventualité
un an plus tôt. Mais les pourparlers s'étaient rapidement enlisés quand Messier avait compris qu'Esser
songeait non pas à une fusion « entre égaux » mais à

---

1. Jean-Marie Messier, *J6M.com, op. cit.*

une prise de contrôle qui ne laisserait que peu de place à Vivendi. Après tout, Mannesmann valait près de deux fois le groupe français. « Quelle que soit la structure de l'actionnariat, je voulais qu'au niveau du management on aboutisse à un mariage d'égaux », soutiendra le P-DG de Vivendi dans *J6M.com*. Klaus Esser, qui avait reconverti son groupe de mécanique lourde en un des premiers opérateurs européens de téléphonie mobile, rejeta froidement cette demande.

Mais deux mois après l'attaque de Vodafone, il est soudain beaucoup plus compréhensif. Messier doit être son « chevalier blanc ». « Pendant plusieurs semaines, nous avons pensé que l'opération était sur les rails », expliquera le patron français. Le rapprochement des deux empires industriels pouvait donner naissance à un géant européen des télécoms susceptible de tenir tête aux titans américains du secteur. « Elle aurait donné naissance, écrit J6M, à une magnifique entreprise collectionnant les places de numéro un en Europe : dans la téléphonie mobile, avec des parts de marché très fortes en France, en Allemagne, en Grande-Bretagne, en Autriche, en Belgique et en Italie, mais aussi dans le téléphone fixe, la télévision à péage et les services internet. »

« Tout était décidé : la parité des échanges d'actions entre Vivendi et Mannesmann ; la structure de direction partagée à égalité entre les deux équipes, Klaus Esser et moi assurant une coprésidence, avec chacun ses responsabilités respectives, les télécoms pour lui, les contenus et internet pour moi. » La nouvelle entreprise serait une société de droit français, mais toutes ses opérations de télécommunications seraient basées à Düsseldorf. Messier resterait à Paris d'où il superviserait le développement des activités médias et des services internet, ainsi que, au moins pour un temps, les activités d'eau, de propreté, d'énergie et de transports.

Une fois la taille critique atteinte dans les télécoms, Mannesmann et Vivendi pourraient alors se rassurer et accélérer leurs plans pour se défaire de leurs héritages industriels. La fusion permettrait de faire taire les critiques. Durant toute l'année 1999, l'un et l'autre ont subi les attaques des investisseurs. Tous les deux sont alors sommés de choisir un métier, l'eau, les médias ou les télécoms pour Vivendi, la mécanique ou les télécoms pour Mannesmann. Mais en aucun cas le tout. Esser a même demandé à des banques d'affaires d'étudier la vente ou une première émission d'actions de la branche mécanique de Mannesmann.

C'est ainsi, en tout cas, que le projet est présenté aux administrateurs de Vivendi. L'idée de ce mariage franco-allemand n'est pas pour leur déplaire. La majorité du conseil est très favorable à cet axe de développement, un des seuls susceptibles, à leurs yeux, de créer des groupes à la taille de l'Union européenne. Aérospatiale, Matra et l'Allemand Dasa ne sont-ils pas en train de fusionner pour créer EADS, qui doit servir de socle à l'industrie européenne de défense ? Rhône-Poulenc a tenté la même aventure avec son concurrent Hoechst pour créer le groupe de pharmacie Aventis. Autour de la table, les administrateurs mettent, cependant, une condition expresse : s'assurer du sort réservé aux anciens métiers de la Générale des eaux. Même s'ils quittent à terme le nouveau groupe, ceux-ci doivent rester sous domination française.

Pourtant, alors que la bataille entre Vodafone et Mannesmann s'intensifie, l'accord entre les Français et les Allemands piétine. « L'équipe n'a pas réussi à négocier, dit aujourd'hui le directeur financier dans son plaidoyer. Elle s'est enlisée dans des problèmes d'évaluation (le prix de l'action Mannesmann avait monté du fait du raid de Vodafone) et de contrôle (Klaus Esser ne pouvait pas envisager l'idée d'une fusion à parts égales). » À ce moment-là, Messier dit pressentir l'échec. Il lui faut trouver une alternative. Face à Klaus Esser, il y a Chris Gent. Ce partenaire-là mérite aussi d'être pris en considération. On peut toujours parler pour voir.

Le problème est qu'Esser et Messier ne considèrent pas les pourparlers entre hommes d'affaires de la même façon. « Dans une guerre industrielle, écrit le Français, comme dans toutes les guerres, il est toujours délicat de négocier en même temps avec les deux camps. Bien sûr, Chris Gent et Klaus Esser savaient que nous parlions à l'un et à l'autre. » Réfléchissant aux dernières semaines de négociations avec J2M dans son bureau au sixième étage d'un immeuble surplombant Königsallee, l'artère principale de Düsseldorf, l'Allemand racontera plus tard : « Nous étions en discussions pour la fusion avec Vivendi depuis janvier 1999. Quand Vodafone a lancé son offre en octobre 1999, je savais que Chris Gent tenterait d'approcher Vivendi. J'ai donc dit à Messier qu'il avait toute liberté pour parler avec d'autres groupes mais pas avec lui. Il a admis que c'était une requête raisonnable[1]. » Esser reconnaîtra qu'il s'attendait à ce que Messier discute avec Vodafone pour récolter des informations. Mais il n'a jamais imaginé que J2M puisse considérer le groupe britannique comme un associé possible. « Une façon de faire tout à

---

1. *Financial Times*, entretien réalisé par Bertrand Benoit, 4 avril 2001.

fait inconvenante et malhonnête », insistera-t-il. Il ne pardonnera jamais cette trahison.

De ses discussions avec Gent, le patron de Vivendi acquiert vite la certitude qu'il a peu de chances de signer un accord suffisamment imposant avec le patron allemand pour arrêter le très déterminé Anglais. Pour certains, le style agressif de Gent s'expliquait par des années de brimades au lycée. Pendant des mois, ses camarades de classe l'avaient ignoré après l'avoir accusé, à tort, de les espionner pendant qu'ils vandalisaient un train. En tout cas, pendant la bataille contre Mannesmann, Gent se montre un tacticien éprouvé.

Convaincu que Vivendi peut l'aider dans sa lutte contre l'opérateur allemand, il accepte de discuter de la situation avec le groupe français. Pour Gent, la question est simple : qu'offrir à Messier pour le convaincre d'abandonner la fusion franco-allemande avec Mannesmann ? Une fusion franco-anglaise ? Impossible. Finalement, Gent peut promettre trois choses : l'assurance que Vodafone ne lancera pas de raid sur Vivendi au cours des quatre prochaines années ; la cession à Vivendi des 15 % que Mannesmann détenait dans Cegetel[1] ; et la création d'une alliance internet entre les deux sociétés pour développer ce que Messier a appelé un « Yahoo ! européen » capable de défier les Américains.

Le projet de portail avec Vodafone a un certain attrait. Aux yeux de toute l'équipe française, toutefois, il ne constitue qu'une solution de rechange, un pis-aller. La préférence de Messier va sans hésiter à une fusion avec Mannesmann. Mais les difficultés soule-

---

1. Cette clause ne pourra jamais être honorée, le pacte d'actionnaire interdisant toute modification substantielle du capital.

vées par Esser n'augurent rien de bon. Et puis, entre-temps, l'esprit du président de Vivendi a recommencé à galoper. Il est déjà ailleurs, à réfléchir à un autre deal possible. N'est-il pas en train de se tromper de projet, en voulant se marier à toute force avec le groupe allemand ? Ce n'est après tout qu'une fusion classique. Mais maintenant, d'autres voies semblent s'ouvrir, qu'il n'avait jamais imaginées auparavant.

« Jean-Marie, tu le sais peut-être, AOL et Time Warner vont fusionner. Pas s'allier. Fusionner. » L'appel téléphonique de Thomas Middelhoff, le président de Bertelsmann, le cueille à froid, en cette fin d'après-midi de début janvier 2000. Les deux hommes qui incarnent la nouvelle génération de dirigeants européens dynamiques et américanophiles se parlent très souvent. Ils vont même skier ensemble avec leur famille de temps en temps. Ils ont la même vision des choses et de l'avenir. Middelhoff est administrateur de Vivendi et aussi d'America Online (AOL). Ils ont l'impression d'être tous deux les débroussailleurs des chemins du futur. Mais cette fois, ils sont stupéfaits. « Le 10 janvier fut une date historique, racontera plus tard Alex Berger, un ex-dirigeant de Canal+ qui participa au développement de la stratégie internet de Vivendi. Une journée très forte, très importante, un accélérateur pour tout ce qui arriva par la suite[1]. »

Qui aurait imaginé un tel scénario dix-huit mois plus tôt ? AOL va se payer l'empire mondial de la communication, Time Warner, au terme de la plus grosse offre publique de l'histoire : 165 milliards de dollars. Ils vont former le quatrième groupe des États-

1. Extrait de l'article de Frank Rose, « *High wireless Act* », dans le magazine *Wired*.

ses chaînes (Pathfinder) a également coûté des millions de dollars avant d'être abandonnée en 1999. Ces essais infructueux, qui auraient été considérés auparavant comme un apprentissage normal d'une nouvelle technologie, sont vus comme une véritable faiblesse par les marchés. Alors que la fièvre spéculative a saisi tous les investisseurs, aucun groupe, selon eux, ne peut rester en dehors d'internet, sous peine d'être marginalisé. Cynique, un brin désabusé, le chroniqueur Dan Okrent écrira l'épitaphe du géant la semaine suivant l'annonce du mariage, dans *Time* : « Time Warner, l'immense conglomérat de la communication issu des entrailles de ce magazine même que vous êtes en train de lire, ayant échoué à battre les start-up d'internet avec ses seules ressources, a décidé de capituler au meilleur prix possible, soit plus de 165 milliards de dollars en actions AOL. Les deux sociétés estiment la valeur du nouveau groupe à près de 350 milliards de dollars. »

Lors de la présentation de la fusion, les deux protagonistes s'essaient à rendre tangible la notion de « convergence ». Levin a rasé sa moustache et ôté sa cravate, Case a enfilé un costume. L'« intégration verticale » du réseau d'abonnés d'AOL avec les produits de Time Warner va, assurent-ils, créer des synergies considérables et leur permettre de réaliser des bénéfices substantiels que ni l'un ni l'autre, individuellement, n'auraient pu espérer. Deux ans plus tard, lorsque la bulle internet aura totalement éclaté, les dirigeants de Time Warner se demanderont ce qu'ils avaient pu boire ce jour-là pour accepter une telle opération [1]. Mais, en attendant, l'effet est immédiat. Les « vieux » dinosaures des médias ont l'impression de sentir le sol trembler sous leurs pieds.

---

1. *Business Week*, 2002.

CHAPITRE VII

Les trente deniers de Judas

Le cœur n'y est plus. Après le tremblement de terre provoqué par l'annonce de la fusion entre AOL et Time Warner, Jean-Marie Messier n'a plus tellement envie d'un accord avec Mannesmann. Pourtant, les négociations continuent, s'accélèrent même. Si accord il doit y avoir, il faut qu'il soit signé avant le 7 février 2000, date limite de l'offre de Vodafone sur le conglomérat allemand. Les échéances approchent.

Tandis que la fièvre gagne au siège allemand, le président français, lui, est plus serein. Il a deux options et le sentiment d'avoir agi de la meilleure façon possible pour préserver les intérêts de ses actionnaires. « Nous étions à J–7 et mes administrateurs avaient tous les éléments en main pour décider. La fusion avec Mannesmann correspondait à une logique d'industriel qui crée de la valeur, surtout par un effet de taille. L'alliance avec Vodafone répondait à une logique beaucoup plus entrepreneuriale misant à fond sur le développement interne de nouveaux métiers. Avec le premier, Vivendi axait sa stratégie sur les télécommunications. Avec le second, elle devenait une entreprise de médias et d'internet[1] », racontera-t-il plus tard.

---

1. Jean-Marie Messier, *J6M.com*, op. cit.

Mais, dans les faits, il est déjà – intentionnellement ou non ? – en train de choisir pour tout le monde. Deux semaines avant la date fatidique, les relations entre Messier et Esser ont commencé à se dégrader. Le premier, qui revient de New York où il a parlé pour la première fois d'une possible alliance avec la famille Bronfman, a quitté Paris avec sa famille pour passer le week-end du 22 janvier dans sa maison près de Rambouillet. Ce samedi matin, il reçoit un fax de Düsseldorf. Selon sa version, Klaus Esser entend revoir la répartition des postes au sein du conseil de la nouvelle société. Au lieu de cinq représentants par groupe, comme cela avait été convenu, le président allemand suggère que Mannesmann en ait six. Pour Messier, cette demande est inacceptable. Elle remet en cause tout l'équilibre des pouvoirs qui avait été négocié dans l'accord : il avait été admis entre les deux partenaires que le groupe allemand aurait plus de poids dans l'actionnariat, compte tenu de sa valeur par rapport au français, mais il avait été aussi convenu que la parité régnerait au niveau de la direction. Là, la proposition d'Esser bouleverse l'esprit même de la fusion. Il ne s'agit plus d'une union équilibrée mais d'une prise de contrôle de fait de Vivendi. On revient au schéma refusé presque un an auparavant par le Français.

Quelques heures plus tard, le président de Vivendi renvoie sa réponse : c'est non. Les négociations sont rompues. Le conseil d'administration de Vivendi n'étudierait pas le projet d'une éventuelle fusion avec Mannesmann. « Tout était fini entre nous. Klaus Esser avait rompu le pacte de confiance », écrira J6M.

Esser rappelle le dimanche pour s'expliquer. Il cherchait seulement à trouver un siège au conseil

119

d'administration pour Hans Snook, le très charismatique fondateur hollandais d'Orange. Après tout, lui et Messier s'étaient entendus pour adopter le nom de la compagnie de téléphone britannique comme marque de la nouvelle société née de leur fusion[1]. On pouvait bien en compensation donner une place à son créateur. « C'était l'un des cinq points sur lesquels nous devions encore trouver un accord, y compris le ratio d'échange des actions », expliquera Esser. Le joueur d'échecs allemand acceptera finalement de s'en tenir au contrat initial et de ne pas imposer Snook au conseil. Mais Messier n'y croit plus ou n'a plus envie d'y croire. La fusion AOL-Time Warner comme les conversations avec Bronfman le hantent. Il reproche aussi à Esser d'avoir détruit le climat de confiance des négociations : « Cet homme était en proie au doute. Il cherchait à échapper à Vodafone, pas à construire une alliance avec Vivendi... Je ne comprenais plus Klaus Esser. Il y avait quelque chose de shakespearien dans ce personnage de plus en plus hésitant, inquiet, isolé de son état-major. Très introverti, solitaire, déchiré entre sa volonté de rester indépendant et son souci de respecter l'intérêt de ses actionnaires, il n'arrivait plus à se conduire en chef[2]. »

Malgré une méfiance de plus en plus grande de part et d'autre, les discussions reprennent à nouveau. Jeudi 27 janvier, une heure du matin. Messier est encore dans son bureau quand le téléphone sonne. Le patron de Mannesmann est au bout du fil : « Une

---

1. Après le rachat de Mannesmann par Vodafone, ce dernier vendra l'opérateur britannique à France Telecom qui reprendra la marque Orange pour toutes ses activités de téléphonie mobile.
2. Jean-Marie Messier, *J6M.com, op. cit.*

fois encore, dira Messier, alors que nous n'étions plus qu'à deux jours du conseil de Vivendi, Klaus Esser était hésitant. Je le sentais épuisé, aux abois. À la fin de l'entretien, il me dit : "Il faut que je dorme. Je vous rappellerai peut-être demain" ! » Ces propos prêtent-ils à confusion ? Messier cherche-t-il à saisir le moindre prétexte pour faire échouer un projet qui ne le tente plus ? Il dira avoir compris qu'il n'y aura pas de fusion avec Mannesmann. Il descend rejoindre son équipe qui l'attend dans la salle à manger. « Ils avaient travaillé des jours et des nuits sur cet accord... Ils y avaient réfléchi dans les moindres détails. Je les ai remerciés, aussi chaleureusement que possible. Et chacun est rentré chez soi en se disant qu'il allait sans doute falloir jouer une autre carte. Le pire dans ce type de situation est de se bloquer dans un sentiment d'échec. Heureusement, dans le même temps, les négociations avec Vodafone avaient progressé. L'opérateur britannique s'était en particulier engagé à nous céder tout de suite, en cas de victoire sur Mannesmann, la moitié des actions que l'opérateur allemand détenait dans Cegetel. Pour Vivendi, c'était un point clé : cela lui donnerait la majorité dans sa filiale télécoms[1]. » Esser aura une tout autre lecture de la conversation du 27 janvier avec Messier. Il ne garde pas le souvenir d'avoir eu des propos ambigus : « Je n'imaginais certainement pas que les négociations étaient rompues. » À cette date, le patron allemand croit toujours à la fusion.

Comme toute bataille boursière, celle qui oppose Vodafone à Mannesmann a un retentissement énorme sur les marchés et dans la presse. Mais l'arri-

---

1. Voir note p. 113, chapitre VI.

vée du président de Vivendi, accompagnée d'une solide mise en scène, fait encore monter la pression. La tension médiatique est à son comble alors que le conseil d'administration de Vivendi doit se réunir pour décider du sort du groupe. « Chacun des dirigeants avait fait un pari sur notre décision : Esser était persuadé que Vivendi n'aurait pas d'autre solution que de basculer dans son camp. Du coup, il se permettait de tergiverser. Gent, en revanche, était déterminé à nous attirer de son côté. Le business est beaucoup plus qu'on ne le croit affaire de psychologie », écrira J6M qui dit souffrir d'un « stress force 10 ». Dans les faits, il savoure son rôle. Lui qui avait le sentiment d'être hors jeu, il y a quelques mois, est redevenu le centre de toutes les attentions. Indirectement, il a l'issue de la bataille boursière entre Vodafone et Mannesmann entre les mains. Cela peut donner un certain sentiment de puissance. Il redoute une seule chose : que son conseil, effrayé par cette responsabilité, choisisse de s'abstenir et le prive de son pouvoir d'arbitre. « Le pire aurait été de ne rien faire ! Les marchés auraient condamné notre immobilisme avec le risque que Vivendi devienne alors une proie facile pour ses concurrents », notera-t-il plus tard dans *J6M.com*.

Depuis plusieurs jours, il a régulièrement parlé avec ses administrateurs, au moins les plus importants. Il les a tenus informés des atermoiements de l'Allemand, de ses tentatives pour revenir sur les accords passés, et de la détermination de Chris Gent à l'emporter coûte que coûte. Quand les administrateurs se retrouvent le vendredi 28 janvier, ils connaissent les grandes lignes des deux projets.

Pour faire bonne mesure, le président de Vivendi

leur présente, à côté des solutions Mannesmann et Vodafone, des opérations éventuelles avec le Néerlandais KPN et BT. Les administrateurs sont assez tentés, malgré les obstacles, par un mariage avec l'Allemand qui s'inscrit dans une logique industrielle classique et une tradition de coopération bien établie. Messier, lui, préfère la proposition Vodafone qui lui laisse les mains libres pour l'avenir. On parle, on échange des arguments. On décide de prendre un peu de temps. Un deuxième conseil d'administration se réunit le samedi pour arrêter la décision finale. Face à un conseil partagé, Messier finit par faire primer son point de vue : sa préférence va nettement à Vodafone et il ne s'en cache pas. Les administrateurs, qui lui font entière confiance, se rallient à son jugement. « Dans cette affaire Mannesmann, tout a capoté pour un conflit de personnes et de pouvoir », raconte aujourd'hui un autre administrateur, qui regrette, avec le recul, la décision prise. Guillaume Hannezo résume la situation, sans précaution oratoire, dans son long plaidoyer envoyé à la COB pour expliquer la chute de Vivendi Universal : « À défaut, nous avons donc décidé de nous allier avec Vodafone et d'accepter comme Judas nos trente pièces d'argent. »

Messier appelle Chris Gent dès la sortie du conseil pour lui faire part de la nouvelle. Ils décident d'annoncer leur accord le lendemain au cours d'une conférence de presse. Mais il faut aussi informer Klaus Esser ; pour cela, Messier préfère attendre le dimanche matin. Esser découvre le message sur son répondeur, alors qu'il se rend à Paris pour rencontrer Chris Gent. « Tu vas perdre la partie », lui annonce ce dernier dès son arrivée.

Esser a déjà compris. Il est lâché par Vivendi. Le

patron de Vodafone est désormais en position de force. Il refuse de discuter d'une éventuelle surenchère. « Gent ne souhaitait pas discuter de quoi que ce soit ce jour-là parce qu'il espérait que les actions Vodafone allaient grimper après sa conférence de presse avec Vivendi », racontera Esser après coup. « Je savais que j'allais devoir transiger. L'ambiance n'avait rien d'amical. À aucun moment, il ne fut question d'indemnités ou quoi que ce soit me concernant[1]. » Selon Messier, Klaus Esser aurait toutefois demandé à Chris Gent d'abandonner son accord avec Vivendi : « Il proposa aussitôt à Chris Gent de se rallier à son offre. À une condition : que Vodafone renonce à son alliance avec Vivendi ! En clair, il demandait à Gent de nous trahir. Certains l'auraient fait. Pas Gent. Nous avions eu raison de lui faire confiance[2] », se félicitera Messier.

Comme l'avait espéré le président français, sa décision marque un tournant dans la bataille boursière. Il est vraiment un patron qui compte dans le monde. Le jeudi 3 février, en échange d'une légère hausse de l'offre de Vodafone, Esser accepte l'offre britannique. Son long combat pour l'indépendance ne reste pas sans récompense : le lendemain, le conseil de Mannesmann lui accorde une prime de départ de 30 millions d'euros en reconnaissance de son travail et de son souci des actionnaires : l'action a augmenté de 176 % au cours des douze derniers mois. Une somme de 85 millions d'euros est aussi votée pour différents cadres supérieurs du conglomérat.

---

1. Entretien avec l'un des auteurs.
2. Jean-Marie Messier, *J6M.com, op. cit.*

Mais Esser ne pardonnera jamais à Messier ce qu'il qualifie de double jeu. Son amertume apparaîtra au grand jour quand il accusera publiquement le patron français de mentir, au cours de l'enquête ouverte, en mars 2001, par le procureur de Düsseldorf pour déterminer si les « parachutes en or » autorisés dans les derniers jours de l'offre britannique avaient pu influencer l'issue des négociations. Les commentaires dans le livre de Messier, *J6M.com,* avaient convaincu le procureur que Klaus Esser avait peut-être saboté la fusion envisagée avec Vivendi contre le paiement de ces 30 millions d'euros. « Évidemment, Messier n'a pas écrit explicitement que j'ai accepté un paiement en échange de mon soutien à l'offre de Vodafone, dira le patron allemand à cette époque. Mais les autorités considèrent ce livre comme une preuve parce qu'il suggère que j'ai agi de façon irrationnelle en sabotant la fusion Mannesmann-Vivendi. Ce qui est un mensonge : Messier a raconté une histoire fausse et le procureur l'a mal interprétée[1]. »

L'exercice pouvait être périlleux. Messier en était conscient. Il allait devoir expliquer à la presse et aux marchés qu'il avait tenus en haleine depuis plusieurs semaines les raisons pour lesquelles il avait préféré un petit accord de coopération avec Vodafone plutôt qu'une grande alliance industrielle avec Mannesmann. La seule promesse d'obtenir la majorité dans Cegetel passerait pour dérisoire à côté. Évoquer la liberté que lui laisse cet accord pour marcher sur les

---

1. D'autres personnes firent l'objet d'investigations, y compris Chris Gent, Joseph Ackermann, président de la Deutsche Bank, la plus grande banque allemande, et Klaus Zwickel, patron d'IG-Metall, le syndicat ouvrier le plus puissant du pays.

traces d'AOL et Time Warner est tout aussi préma-
turé. Pourtant, c'est tout à fait souriant et décontracté
que J2M apparaît ce dimanche après-midi 30 janvier
2000, aux côtés de Chris Gent, dans la salle de conférences.

Tous les deux ont un discours prêt : ils célèbrent
leur alliance dans le monde d'internet. Ils vont créer
ensemble un portail multiaccès – le nom de Vizzavi
sera donné quelques mois plus tard. L'association du
« numéro un européen des fournisseurs d'accès internet et du numéro un de la téléphonie mobile pour
créer un accès internet à travers la télévision, les téléphones portables et les ordinateurs ne peut être
qu'un succès, selon J2M. Nous allons battre tous les
Yahoo ! de la terre », affirme-t-il, sans se démonter.
Avant que son portail existe, il est déjà en concurrence avec la première société mondiale internet qui
pèse deux fois plus que Vivendi dans son ensemble !
Soucieux de faire oublier son échec avec Mannesmann, il excite les convoitises, dessinant en creux une
esquisse qui ressemble étrangement au projet AOL-
Time Warner. Avec une audace incroyable, il égrène
les chiffres comme si le portail allait être lancé dès le
lendemain, alors que l'idée n'a pas un mois : Vizzavi
allait devenir la page d'accès par défaut de tous les
abonnés de Vodafone et de Vivendi. Cela lui assurait
70 millions de clients potentiels, pas moins ! Les
55 millions d'abonnés de Vodafone, les 14 millions de
Canal+ et les 6 millions de SFR, plus tous ceux qui
le souhaiteraient, pourraient l'utiliser comme plate-
forme pour accéder aux contenus de Vivendi grâce à
leurs téléphones mobiles, leurs agendas ou leurs ordinateurs connectés à internet. On pourrait même avoir
des jeux venant de chez Havas, du sport et des films

provenant de l'immense bibliothèque de Canal+. Le futur à la maison !

Pour prouver leur confiance dans ce projet, les deux dirigeants affirment être prêts à y investir beaucoup. Rien ne sera épargné pour son développement, assurent-ils. Ce portail allait devenir le Taj Mahal des start-up internet. Avec un budget de 1,6 milliard d'euros, partagé à parité entre les deux groupes, Vizzavi sera la société la plus dotée de l'histoire de l'internet européen. Et aussi l'une des plus grandes déceptions.

Le brouhaha autour de ce projet internet dans la communauté financière est assourdissant. Vizzavi produit l'effet magique escompté sur les actions de Vivendi. Même dans ses rêves les plus fous, J6M n'aurait pas osé imaginer un tel impact. Les cours s'envolent dès l'ouverture des marchés, le lundi matin. « La réaction du marché à cet accord dépassa tout ce qu'on avait imaginé, raconte aujourd'hui l'ancien directeur financier de Vivendi. Le prix des actions monta de 30 % dans les jours qui suivirent l'accord quand les analystes produisirent des études estimant Vizzavi, qui n'était alors qu'une ébauche sur un carnet, un simple concept d'Orwell, à plus de 30 milliards d'euros. »

Les analyses se multiplient. Personne ne s'avise de remarquer que la technique du haut débit nécessaire pour cette stratégie n'est pas prête, que les équipements ne sont pas installés, que les contenus existent peu ou pas et que les consommateurs ne sont peut-être pas décidés à payer 150 ou 200 euros par mois comme le prédisent certaines études. Au simple mot internet, le délire devient collectif. Avant même d'avoir commencé, d'avoir fait la première opération, eu le premier client, Vizzavi, aux yeux des experts du marché, est estimé entre 20 et 40 milliards d'euros. Soit plus que la valeur de toute l'industrie aéronautique !

Seul Hans Snook, le patron d'Orange, exprime des doutes : « Cela ressemble à un ersatz de Yahoo ! Un ersatz ne suffit pas pour gagner. » Les successeurs de Messier tireront le bilan de l'aventure internet. En trois ans, le groupe aura englouti plus de 2 milliards d'euros dans ce secteur, pour un résultat plus que décevant. Le portail n'aura réussi à capter que 5,7 millions d'abonnés au lieu des 70 escomptés. Il sera cédé en août 2002 à Vodafone pour 146 millions d'euros !

En attendant, Messier surfe sur la vague internet sans complexe. Il promet 70 puis 80 puis 100 millions d'abonnés. Ne reculant devant aucun argument, il se fait prophète : « Vizzavi utilise la technologie pour rendre la vie meilleure. Il permet d'affronter l'inévitable et de profiter de l'agréable. Il vous met en position de gérer votre temps. Il vous inspire et vous permet d'obtenir plus de la vie. Vizzavi, c'est une vie sans limites. » Optimisme naïf ou cynisme consommé ?

Mais les marchés sont sous hypnose. En deux mois, l'action Vivendi grimpe de 130 %, à 141,6 euros le 10 mars 2000. En moins de quatre mois, la capitalisation boursière du groupe augmente de près de 50 milliards d'euros, à 83,7 milliards d'euros. Le groupe se hisse ainsi en un clin d'œil au troisième rang français derrière France Telecom et TotalFinaElf.

Pour évaluer le prix de l'action, les analystes ignorent maintenant complètement les métiers traditionnels de la société : l'eau, les déchets, l'énergie, les transports. De Vivendi, il ne reste, pour eux, que les télécommunications, les médias et l'internet. Des activités qui ne rapportent aucun bénéfice. Alors que Vizzavi est évalué entre 20 et 30 milliards d'euros, les métiers traditionnels, ceux qui rapportent un cash-flow important, comme les services collectifs et Havas, sont estimés à 10 milliards chacun à peine. « En surfant sur la vague internet, Vivendi a laissé le marché faire pour lui les choix stratégiques, constate Hannezo. Au printemps 2000, Vivendi était devenue une société de médias et de télécommunications. » Cette transformation optique a un effet extraordinaire pour le président de Vivendi : le groupe est riche. Grâce à l'envolée de son action, sa capacité financière a considérablement augmenté. Il peut envisager des opérations qui auraient été impossibles auparavant sous peine de perdre le contrôle, comme il en était menacé dans la fusion avec Mannesmann. Maintenant, tout est possible et même, pourquoi pas, une opération qui se lancerait sur les traces d'AOL-Time Warner. Il a même, peut-être, le candidat potentiel qui pourrait accepter de passer un accord avec lui : Seagram.

Mais il faut faire vite, profiter de l'hystérie qui entoure Vizzavi pour intégrer le peloton de tête de l'industrie mondiale des médias. Comme le racontera un des banquiers qui a conseillé Messier : « Si vous doublez la valeur de la monnaie d'échange, il n'existe aucun inconvénient à payer plus. Vous devez garder à l'esprit que Messier offrait de payer avec des actions qui étaient fondamentalement surévaluées en raison de l'effervescence qui régnait autour de Vizzavi. Or, dans le prix des actions Vivendi, il fallait compter au moins 20 milliards d'euros de Vizzavi. »

Messier saisit l'occasion qui lui est offerte avec un timing impeccable. L'accord sera conclu avec les

Bronfman alors que les actions Vivendi cotent juste au-dessus de leur plus haut niveau, atteint en mars 2000. « Pourquoi avons-nous vendu à Messier ? Parce qu'il s'est montré le plus déterminé, reconnaîtra Edgar Bronfman Jr. Il payait plus cher que les autres. » Trompé comme beaucoup par une illusion d'optique qui coûtera très cher à tous les actionnaires.

CHAPITRE VIII

Une famille en or

Vendredi 9 juin 2000. Toute la famille Bronfman est dans le bureau d'Edgar Jr, sur Park Avenue. Aux murs, des œuvres de Picasso, l'*Étude en marron* de Rothko. Près de la fenêtre, une œuvre d'Henry Moore, grande figure de la sculpture britannique du xxᵉ siècle, posée sur un socle. Le fruit de trois générations de bénéfices dans le commerce de l'alcool.

Que connaissent alors les Français de ce clan richissime ? Peu de choses. Rien en vérité. De ses origines pourtant modestes dans la contrebande d'alcool pendant la prohibition, cette famille canadienne d'origine juive s'est hissée jusqu'au rang de membre à part entière de la haute société new-yorkaise, soutien politique recherché à Washington, champion de la cause sioniste et mécène des arts dans tout le pays. Son empire a alimenté les bars du monde entier en rhum Captain Morgan, vodka Absolut, whisky Chivas Regal et cognac Martell. Quant à Universal, la société produit quelques-unes des œuvres cinématographiques et musicales inoubliables du xxᵉ siècle : *Beau Geste, Frankenstein, Vertigo, Spartacus, E.T...*

La matinée est déterminante. La famille vient de décider de tirer un trait sur l'histoire de Seagram

pour se lancer dans une fusion avec Vivendi. Sa destinée va désormais être en partie aux mains de Jean-
Marie Messier. Alors que les patriarches de la famille
– Edgar Bronfman Sr, soixante et onze ans, et oncle
Charles, soixante-neuf ans – se rassurent mutuellement d'avoir pris la bonne décision, le téléphone
sonne. Jean-Marie demande à parler à Edgar Sr. Le
Français a quitté leur bureau moins d'une heure
auparavant, après trois jours de négociations. Appelant de sa voiture sur le chemin de l'aéroport, il a
quelque chose à rajouter : « Je voulais que vous
sachiez que j'ai énormément de respect et d'admiration pour vous, pour votre famille. » « Vous n'êtes pas
américain, mais vous mériteriez de l'être », lui avait
déclaré Edgar Sr, auparavant, à l'issue des longues discussions sur leur projet d'alliance. Puis il s'était
tourné vers son fils, Edgar Jr, qui avait mené toute
l'opération : « Mon fils, je ne te donne pas mon
accord, je te donne mes félicitations. » Le « séducteur
de vieux » est au mieux de sa forme.

À ce moment-là, il sait qu'il a gagné. Les Bronfman
acceptent de lui confier la conduite de l'empire familial, avec la richesse et le pouvoir qui l'accompagnent.
Il approche de l'apogée de sa carrière : la création
d'une société française capable de rivaliser avec les
géants américains de l'industrie du divertissement.

Il a vendu aux Bronfman une vision de rêve. La
fusion de Vivendi et de Seagram va être la réponse
la plus appropriée au bouleversement apporté par le
mariage d'AOL-Time Warner. L'opération sera même
plus ambitieuse que l'alliance qui fait couler tant
d'encre depuis cinq mois. Les deux groupes américains veulent réunir internet et l'écrit, l'âge numérique et l'époque industrielle, la nouvelle et l'ancienne

économie. Vivendi et Seagram vont se positionner un cran au-dessus. Ils vont marier les productions traditionnelles : le cinéma, la télévision, la musique, l'édition, avec les outils de demain : l'ordinateur, le téléphone portable, la télévision interactive. Mieux encore, en cette année de millénaire, ils donnent corps au principe de la mondialisation, en promulguant un mariage autant géographique et culturel que technologique. Par leur union transatlantique, ils vont devenir plus gros que Yahoo !, plus international qu'AOL-Time Warner. Vivendi et Seagram vont prendre la tête de la révolution numérique. « Nous allons faire valser internet », a promis le Français.

« Donne-moi un peu de temps. Vendre son entreprise, c'est une décision que l'on ne prend qu'une fois dans sa vie. Je veux dormir sur ce projet », lui a dit, la veille de l'accord, Edgar Jr. Il tremble de mettre fin à cette saga familiale dans les spiritueux et les alcools, commencée par son grand-père Samuel et ses frères pendant la Première Guerre mondiale, et d'en finir avec cet empire qui, à son âge d'or, dans les années cinquante, vendait aux États-Unis un verre d'alcool sur trois.

Tout est parti d'un bar avec salle de billard, à Winnipeg, dans la province du Manitoba au Canada. Samuel Bronfman et ses frères se sont installés comme tenanciers de débit de boisson, au début du siècle, vers 1910. Mais quelques années plus tard, la prohibition est là, autorisant les provinces à fermer tous les détaillants de boissons alcoolisées. La famille Bronfman décide alors – en toute légalité – de vendre l'alcool par correspondance. En 1922, comme le gouvernement met également les grossistes à l'index, les

133

Bronfman choisissent alors de quitter Winnipeg pour Montréal. Le Québec est la seule province canadienne à ne pas exercer de contrôle sur le commerce de l'alcool. Pour Samuel et ses frères, c'est l'endroit idéal pour poursuivre leurs aventures. Ils ont repéré une société, Bonaventure Liquor Store, qu'ils achètent. Mais en 1924 le Québec tombe à son tour sous les assauts prohibitionnistes. Sans trop de scrupules, les frères Bronfman abandonnent le commerce de gros pour la distillerie et entrent dans cette confrérie un peu particulière des bootleggers qui fait fortune en utilisant toutes les protections d'une zone frontalière. Samuel met sur pied un commerce lucratif de whisky avec les États-Unis. Puis, prévoyant la fin de la prohibition américaine, il commence à entasser les réserves de whisky et, dès 1933, se retrouve à la tête du plus gros stock du monde.

« J'ignore dans quelle mesure Père et ses frères travaillèrent avec les contrebandiers, mais il a toujours affirmé avoir agi dans la légalité », expliquera Edgar Sr par la suite. Pourtant, quand la prohibition américaine a été levée, le nom de Bronfman a été éclaboussé par les poursuites judiciaires entamées par le gouvernement américain contre les sociétés canadiennes soupçonnées de s'être livrées à la contrebande d'alcool. « Père resta profondément et à jamais blessé par les attaques contre sa réputation [1] », dit son fils Edgar Sr. Après avoir ouvert une distillerie à Ville-LaSalle, dans la banlieue de Montréal, le fondateur de la dynastie et l'oncle Allan prennent le bateau pour l'Angleterre où ils parviennent à convaincre la Distil-

---

1. Edgar M. Bronfman, *Good Spirits. The Making of a Businessman*, Putnam, 1998.

lers Corporation de s'associer avec eux. Quatre ans plus tard, Samuel Bronfman et ses frères ajoutent une seconde distillerie à la famille Seagram. La Distillers Corporation-Seagram Ltd est née[1].

À la différence du Montréal d'aujourd'hui, les Canadiens francophones ont très peu d'influence dans la ville dominée par les Wasp[2]. Les Bronfman, la famille juive la plus en vue, y jouissent d'un style de vie prestigieux. « Sur le plan matériel, nous ne manquions de rien », raconte Edgar Sr. La maison familiale, au 15 Belvedere Road, dans la banlieue de Westmount, compte un personnel impressionnant : un majordome, une cuisinière, une fille de cuisine, une bonne, une femme de chambre, une lingère, un jardinier, un chauffeur, une « mademoiselle » pour les filles, une nurse pour les garçons. « Mais l'amour ne figurait pas dans le tableau. Je n'éprouve aucune nostalgie pour cet endroit ou pour Montréal », se souvient le patriarche.

Alors que Charles, son frère, reste au Canada, Edgar Sr part très vite s'installer à New York. Il rencontre et épouse une jeune héritière de l'aristocratie juive de Wall Street, Ann Loeb, la fille de John Loeb, riche banquier, mécène, descendant de la dynastie bancaire, qui fut partie prenante à la constitution du groupe Shearson-American Express. Ils auront trois

---

1. Bronfman acheta trois distilleries américaines. Dans les années trente, il élargit la ligne de produits de Seagram. En 1942, il acheta des distilleries de rhum aux Antilles et après la Seconde Guerre mondiale acquit Mumm et Perrier-Jouët (champagne), Barton & Guestier et Augier Frères (vins), et Chivas Regal (scotch).
2. Les Wasp (Blancs anglo-saxons et protestants) symbolisent le pouvoir aux États-Unis.

enfants : Sam II, Edgar Jr, et Holly. Edgar Sr, devenu citoyen américain, ne retournera à Montréal que pour les conseils d'administration de Seagram.

Celui-ci reprochera toujours à son père – « un homme obsédé, anxieux » – leur pathétique vie familiale : « Sa seule ambition était de "devenir quelqu'un". » Troisième fils d'une famille de huit enfants, Samuel Bronfman – qui tenta à une époque de changer son nom de famille en Seagram-Bronfman – affirmait être né au Canada. Pourtant, un passeport découvert par son fils après sa mort prouvera ses origines russes. Par peur du sentiment antisoviétique de l'époque, raconte Edgar Sr, il a toujours caché la vérité sur sa naissance. « À six ans, Père portait des vêtements troués pour aller à l'école. Il en conserva une honte indélébile et une féroce aversion pour la pauvreté. Par réaction contre les épreuves de son enfance, il s'est lancé dans une quête acharnée de fortune et de reconnaissance sociale. »

De fait, le fondateur de la dynastie a sa philosophie de la vie en famille : il exacerbe en permanence les rivalités entre ses quatre enfants. La sœur d'Edgar Sr, Minda, de quatre ans son aînée, développe une jalousie maladive à la naissance de son frère, le « prince ». « Même sans moi, ce n'était pas une sinécure d'être le premier enfant de mon père, la fille d'un homme auprès duquel la reine Victoria serait passée pour une danseuse », raconte-t-il. Alors qu'Edgar Sr déclare qu'il était « probablement plus proche du chauffeur de la famille que de son père ou de sa mère », il reconnaît que son frère Charles, son cadet de deux ans plus jeune, est traité comme un « objet d'amour ». « Dieu merci, nous n'avons jamais été en conflit sur Seagram. Il a toujours été admis que je dirigerai. » Charles abandonne l'université McGill, l'établissement de référence des Wasp à Montréal, dès sa première année d'études pour venir travailler chez Seagram. Il prend finalement la responsabilité de la branche canadienne. « Père croyait en la vieille règle : diviser pour régner. Charles était au Canada et moi aux États-Unis. Il nous racontera à chacun des choses déplaisantes sur l'autre et nous tiendra délibérément éloignés. Son manque de confiance en lui était tel qu'il craignait que nous ne nous entendions entre nous pour le jeter dehors. Dieu merci, notre affection a survécu. »

Dès qu'il succède à son père en 1959, Edgar Sr entreprend de diversifier les activités de Seagram. Il achète des champs pétrolifères au Texas et des super-marchés. Charles, nommé vice-président, participe aux grandes décisions. L'une des plus importantes est de surenchérir, en 1981, sur E.I. Du Pont de Nemours pour le contrôle de la société pétrolière Conoco. Mais, face au géant de la chimie, Seagram doit vite s'incliner. Par esprit de revanche, le président du groupe de spiritueux décide de proposer aux action-naires de Conoco, payés en actions, de leur racheter leurs titres. Il possède bientôt 20 % du capital de l'une des plus puissantes entreprises américaines[1], mais cela ne lui donne aucun pouvoir. Il n'obtient que deux sièges sur trente au conseil de la firme Du Pont. La famille ne renouvellera plus jamais cette erreur, négociant avant chaque investissement son influence dans les conseils. Bien que les relations avec Du Pont soient tendues, la diversification de Seagram

1. Seagram portera sa participation jusqu'à 24,2 % dans Du Pont de Nemours.

est un excellent placement financier. D'autres opérations suivent, qui élargissent encore le champ d'activité de la société. Le groupe rachète notamment, en 1988, Tropicana, pour 1,2 milliard de dollars. Mais l'alcool reste le cœur du groupe.

Le changement radical d'orientation survient au milieu des années quatre-vingt-dix. C'est le fils, Edgar Bronfman Jr, qui donne l'impulsion. Né en 1955, un an et demi après Sam II, il est destiné depuis son plus jeune âge à prendre la tête de la troisième génération de Bronfman. Grand, très droit, s'exprimant d'une voix douce, Edgar Jr a perdu toute trace de ses années de rébellion contre un père envahissant. Il arbore au contraire cette tranquille assurance de quelqu'un qui n'éprouve aucune gêne à reconnaître n'avoir jamais voyagé qu'en avion privé. À douze ans, il traversa la Nouvelle-Angleterre dans l'avion de la société pour visiter sur place un collège. « Vous êtes venu avec votre père ? » lui demanda un des directeurs. « Non, avec mon pilote », répliqua le garçon.

À la fin des années soixante, Edgar Sr, alors président de Seagram, a commencé à investir dans le cinéma et le théâtre, et créé une petite société, Sagittarius Productions. Edgar Jr a hérité de son père cet intérêt pour le cinéma. Il feuillette les scénarios qui s'entassent dans l'appartement familial. Quand il a quinze ans, il persuade son père de mettre 450 000 dollars pour produire une comédie intitulée *Melody*. Pendant ses vacances d'été, le fils va à Londres pour travailler avec le cinéaste anglais, David Puttnam, futur producteur de *Midnight Express*. Pendant sa première année d'école préparatoire, il s'échappe deux mois pour participer au tournage de *The Blockhouse*, un film sinistre sur la Seconde Guerre mondiale qu'il a coproduit avec Puttnam. Au grand dam de son père, Edgar Jr abandonne ses études pour devenir producteur. « Je n'ai jamais aimé l'école », dira-t-il plus tard. Il commence à écrire des chansons dans le style Simon et Garfunkel. En 1979, il a vingt-trois ans et s'enfuit avec l'actrice noire Sherry Brewer. Edgar Sr ne voit pas du tout d'un bon œil le mariage de son fils. « Je voulais vraiment qu'il sorte de cette relation parce que les mariages sont déjà suffisamment difficiles sans y ajouter le problème d'une culture différente. Ses enfants vont avoir des problèmes pour se faire accepter à la fois des Blancs et des Noirs. » Le père et le fils ne se parlent pas pendant un an et ne se réconcilient qu'en 1982 quand Edgar Sr demande à son fils d'entrer chez Seagram. Même si le fils aîné Sam travaille dans le groupe, c'est Edgar Jr qui devient son bras droit, après l'échec de son deuxième film, *The Border*, avec Jack Nicholson et Harvey Keitel.

Avec ses deux fils en compétition pour la présidence, Edgar Senior a finalement recréé la même situation destructrice que son père. « C'était une chose que je ne pouvais accepter. Dans une entreprise non familiale, la compétition est une bonne chose. Le gagnant prend le contrôle, le perdant se trouve un autre emploi et les équipes se rallient, expliquera Edgar Sr. Il en va tout autrement dans une société comme Seagram. Que mes deux fils en soient réduits à faire campagne comme pour une élection ne pouvait rien apporter de bon, que ce soit pour eux, pour la société, pour la famille ou pour moi. » Contrarié par cette bataille imminente, Edgard Sr, lors d'une interview dans *Fortune*, donne son choix : c'est Edgar Jr qui doit lui succéder. « Évidemment, j'aurais d'abord dû en parler avant avec mon frère Charles, puis avec Efer [Edgar Jr] et Sam. Ce dernier a mis beaucoup de temps à surmonter la peine que je lui avais causée, se justifiera-t-il par la suite. Depuis notre enfance, il était évident que l'homme d'affaires de notre famille, l'esprit brillant et retors, c'était Efer. » Une opinion pourtant peu partagée à l'intérieur comme à l'extérieur du cercle familial.

Edgar Jr prend donc la responsabilité des opérations américaines de Seagram en 1988 et, onze mois plus tard, devient P-DG de cette partie du groupe. Après avoir divorcé de Sherry Brewer en 1991, il se remarie trois ans plus tard avec Clarissa Alcock, fille d'un des directeurs d'une société pétrolière vénézuélienne. Une nouvelle fois, les origines de la mariée heurtent les convictions du père, mais moins profondément qu'en 1979. « De nouveau, nos choix différaient, mais il y avait de l'espoir », soulignera-t-il.

Nommé vice-président de Seagram en juin 1994, à l'âge de trente-huit ans, Edgar Jr explique ainsi sa nomination devant un parterre de cadres new-yorkais : « Il suffit d'être extrêmement intelligent et de choisir le bon père. » Certains rient jaune dans l'assemblée. Il ne tarde pas à imprimer sa marque dans le groupe. Lors d'un conseil d'administration, le 15 mars 1995, il propose, sur les conseils de Goldman Sachs et du Boston Consulting Group, la vente de la participation de Seagram dans Du Pont. En dépit de ses résultats record, il estime que la croissance du groupe est limitée par la nature même de ses activités. « Efer et moi pensions que Du Pont représentait un investissement ennuyeux », se souvient le père. L'oncle Charles voit les choses différemment. Pour lui, Du Pont est un investissement sûr et sans risque, une sécurité financière en cas de coup dur. Mais sa prudence n'est pas suivie. La famille opte pour le risque.

La cession des actions Du Pont rapporte à Seagram près de 7,7 milliards de dollars après impôts[1]. La vente a un impact énorme dans les comptes du groupe : à elle seule, cette participation contribuait à hauteur de 40 % aux résultats de Seagram en 1994-95. Mais Edgar Jr ne veut pas s'embarrasser du passé.

L'héritier a un rêve : Hollywood. À défaut d'y avoir rencontré le succès, il pourrait peut-être acheter un morceau de l'industrie locale. Edgar Sr ne s'oppose pas à ces ambitions. Il a eu les mêmes, après tout. En 1968, il avait cédé aux sirènes du show-biz, en prenant une participation de 15 % dans la MGM, pour 56 millions de dollars. « Peu après, Père vint dans mon bureau et ferma la porte, une chose qu'il faisait rarement, racontera Edgar Senior en parlant de Samuel Bronfman. Il me demanda pourquoi *nous* – sous-entendu la famille – avions investi tout cet argent dans MGM. Ma réponse ne l'a pas entièrement convaincu. Il voulait surtout savoir si nous achetions toutes ces actions uniquement pour me permettre de rencontrer ces filles, les actrices. "Père, ai-je répondu, personne n'a jamais dépensé 56 millions de dollars pour tirer un coup !" Ce qui eut pour effet de le calmer, au moins dans l'immédiat. Le naturel victorien de mon père le conduisait à considérer Hollywood comme l'antre du péché. »

Le petit-fils, lui, a déjà tenté une première approche du monde des studios dès 1993. À l'époque, il commence discrètement à acheter des actions Time

---

1. Seagram avait acheté les actions pour la somme de 3,28 milliards de dollars en 1981.

Warner, allant jusqu'à dépenser 2,1 milliards de dollars pour en acquérir 15 %. Mais le président de Time Warner, Gerald Levin, lui a refusé un siège au conseil d'administration. Les investisseurs émettent alors des doutes sur la capacité d'Edgar Jr à diriger une grande entreprise. En 1994, lors de l'assemblée générale annuelle de Seagram à Montréal, il doit affronter les critiques qualifiant l'investissement dans Time Warner de caprice d'enfant gâté. Juste avant la réunion, son père lui offre un soutien ambigu : « Pour un jeune homme de trente-neuf ans, il fait preuve d'une grande sagesse. »

Au moment où Seagram vend ses parts dans Du Pont de Nemours, des opportunités sont en train d'apparaître dans le secteur qui attire tant les deux Edgar : les groupes japonais, qui ont massivement investi à la fin des années quatre-vingt dans les studios d'Hollywood, commencent à s'alarmer des pertes. Si Sony est décidé à tenir coûte que coûte[1], Matsushita veut jeter l'éponge. Peu après l'acquisition de MCA (Music Corp. of America), l'énorme bulle spéculative qui s'était développée dans toute l'économie japonaise a explosé, mettant à mal des secteurs entiers. Matsushita est durement frappé.

« Nous pensions qu'ils apporteraient des fonds, confiera un jour avec cynisme Sheinberg, responsable de MCA. Il n'en a rien été[2]. » Les disparités culturelles compliquent encore la situation. Les dirigeants de Matsushita parlent mal ou pas du tout l'anglais, sont rarement aux États-Unis et ont peu de contacts avec

---

1. Il ne commence à rentabiliser son investissement qu'à la fin des années quatre-vingt-dix.
2. « *Hollywood 1, Japanese 0* », *New York Times*, 16 avril 1995.

les dirigeants de MCA sinon pour leur refuser de l'argent. Les Américains font l'expérience du « Japon qui peut dire non[1] » : ils n'apprécient pas du tout. Les difficultés culminent en octobre 1994. Le président de MCA, Lew Wasserman, alors âgé de quatre-vingt-un ans, l'un des noms les plus respectés d'Hollywood, avertit alors Matsushita de son intention de démissionner si le groupe n'apporte pas un contrôle de gestion plus efficace et surtout, surtout, des capitaux frais. La rumeur d'un exode des talents s'empare du studio. Plus inquiétant encore : Steven Spielberg, qui vient de réaliser un formidable succès, *Jurassic Park,* a récemment annoncé son départ des studios pour la nouvelle société, DreamWorks, qu'il vient de créer avec David Geffen, le responsable de l'activité musicale, et l'ancien dirigeant des studios Disney, Jeffrey Katzenberg. Le rêve tourne au cauchemar.

En décembre 1994, Matsushita tente de sauver ce qui peut l'être encore : les Japonais embauchent Michael Ovitz. Dirigeant de l'agence Creative Artists Associates (CAA), cet homme est au cœur du star-system hollywoodien. C'est son agence – et quelques autres –, et non plus les studios, qui négocient les contrats de stars, les productions, qui discutent les scénarios et les noms des réalisateurs. Il a sous contrat les plus grands noms du cinéma du moment – Tom Cruise, Demi Moore, Sylvester Stallone, Kevin Cost-

---

1. Titre d'un livre très controversé de Akio Morita, président de Sony, et Shintaro Ishihara, membre du parti libéral démocratique japonais au pouvoir. Publié au moment de l'achat de Columbia par Sony, sa couverture représentait un panneau « À vendre » planté sur une carte des États-Unis avec en toile de fond le Soleil levant.

ner – ou des réalisateurs tels que Martin Scorsese ou Barry Levinson. Avec l'aide de la banque Allen & Co, très influente dans le monde des médias, Ovitz va organiser la vente de MCA. À qui va-t-il d'abord en parler ? À Seagram.

Le 6 mars 1995, Edgar Jr s'envole à Osaka pour rencontrer le président de Matsushita, Yoichi Morishita, et obtient l'exclusivité de la négociation. Edgar Sr se heurte, lui, à l'opposition de son frère. Charles est férocement opposé au rachat de MCA. Habitué aux bénéfices réguliers de l'alcool, il n'aime pas du tout cette industrie du cinéma où il faut rejouer la banque à chaque film. Des dizaines de financiers se sont ruinés à ce jeu-là. « Je lui ai dit que rien n'était fait, et que, si nous aboutissions, il fallait penser à l'exemple de Coca-Cola. Il avait fait une fortune en revendant Columbia », expliquera plus tard Edgar Sr. Charles n'est absolument pas convaincu. Pour Edgar Sr, acheter le studio représente, au contraire, une opportunité unique pour son fils de développer les intérêts de la famille dans un domaine à croissance rapide.

Le 6 avril 1995, un mois après la visite d'Edgar Jr à Osaka, le conseil d'administration de Seagram se réunit à New York pour approuver le désengagement du groupe dans le géant de la chimie. Leur investissement a triplé de valeur depuis 1981. Charles ne s'oppose plus formellement à l'achat de MCA, mais personne autour de la table, ce jour-là, ne peut ignorer sa profonde inquiétude. « Mon frère est très conservateur, racontera Edgar Sr, jugeant son frère un peu comme son père. L'idée de dépenser autant d'argent l'inquiétait. La réputation sulfureuse d'Hollywood – les ego démesurés, les stars capricieuses, la publicité tapageuse – peut déranger. Mais quand on sait gérer ces problèmes, cela devient une activité intéressante », soutient-il. Le lendemain, Edgar Jr accepte de payer 5,7 milliards de dollars pour acquérir 80 % de MCA.

Quand la nouvelle est connue, Edgar Jr est d'emblée crucifié par la presse et l'ensemble des investisseurs. L'action Seagram perd 20 % dans la semaine qui suit l'annonce de la transaction. Si Coca-Cola n'avait pas réussi à appliquer ses techniques commerciales à Hollywood, quelle chance avait Seagram ? « Absurde et plus absurde encore », titre le *Wall Street Journal*. Sous le titre les « *Bronfman Follies* », Floyd Norris, dans un article du *New York Times,* commente : « On dirait que M. Bronfman Jr a hérité de la volonté de son père de dépenser des milliards pour suivre la dernière marotte de Wall Street. »

Mais Edgar Jr reste inébranlable : « Les gens ont tendance à se montrer plus sceptiques sur les capacités d'une personne, quand elle est née riche », explique-t-il à *Vanity Fair* peu après l'acquisition. Il a trouvé le refrain pour justifier son achat : « Il n'y a que six sièges au royaume de la production [1]. Pas un seul studio important n'a été créé au cours des cinquante dernières années. Et nous avons eu la chance d'acheter MCA, l'un des plus prospères de l'industrie cinématographique, qui s'avère être le cinquième secteur le plus rentable de l'économie américaine. » Ces déclarations sont loin de calmer les tensions familia-

---

1. L'industrie hollywoodienne du cinéma compte en fait sept grands studios : Warner Bros, Walt Disney, Twentieth Century Fox, Metro Goldwyn Mayer-United Artists, Columbia et MCA, devenu Universal Studios.

les. Au contraire, Charles s'inquiète de plus en plus des expériences de son neveu. Avec son talent habituel pour les euphémismes, Edgar Sr racontera ainsi la scène :

« Un jour, il vint dans mon bureau et s'assit.

— Je croyais qu'en vieillissant on était supposé se rapprocher et s'entendre mieux, commença-t-il.

— En effet, c'est ce qui se passe, lui ai-je répondu.

— C'est faux.

— De quoi parles-tu ?

— MCA.

— O.K., Charles. La règle a toujours été que si tu dis "non", nous ne le faisons pas. Avais-tu dit non ?

— Eh bien, non, mais...

— Charles, avais-tu dit non ?

— Non. Je ne voulais pas être à l'origine d'une querelle familiale.

— Il y en aurait probablement eu une. Mais si tu avais dit non, nous aurions renoncé à cette acquisition. Alors, maintenant, oublie ça. L'affaire a été conclue, prends-en ton parti. »

CHAPITRE IX

Écran noir

Ce devait être le début d'une histoire d'amour. Mais dès le départ, cela accroche. « Les relations entre les Bronfman et Hollywood ont toujours été tendues. Difficile de savoir pourquoi », notera par la suite Peter Bart, l'influent rédacteur en chef de *Variety*, le plus important magazine américain de l'industrie du spectacle. Cette figure du show-biz sur la Côte ouest ajoutait : « Non que l'on puisse leur reprocher quoi que ce soit. En achetant un géant de la musique, ils avaient conclu une transaction astucieuse. Mais de toute évidence, un conflit existait entre les membres du clan sur le bien-fondé de leur investissement dans ce secteur. »

À peine propriétaire, Edgar Jr décide de mettre un terme au tandem Wasserman-Sheinberg qui dirigeait MCA depuis vingt-deux ans. La société, rebaptisée Universal, est décapitée. Pour trouver une nouvelle direction, le président de Seagram prend contact avec l'incontournable Ovitz. Mais les prétentions financières de ce dernier sont telles que l'oncle Charles met son veto. En juillet 1995, Edgar Jr demande alors au bras droit d'Ovitz, Ron Meyer, de prendre la direction. Ancien marine, modéré, amical, Meyer, cinquante ans, se glorifie d'un puissant réseau de relations dans le milieu des stars, des écrivains et des réalisateurs. Cofondateur de Creative Artists Agency, il a géré les affaires de la société. Il représente également des stars comme Michael Douglas, Tom Cruise ou Demi Moore. Il vient notamment de négocier pour cette dernière un contrat de 12,5 millions de dollars pour son rôle dans *Strip-tease,* l'un des plus gros cachets jamais versés pour un rôle féminin.

Mais l'héritier des Bronfman veut avoir son mot à dire sur la direction et même sur la gestion au jour le jour des studios. Il prend alors en 1997 la décision la plus controversée de sa carrière dans l'audiovisuel. Il décide de vendre la production télévisuelle et les chaînes câblées qui, à l'époque, ne touchent pas moins de 85 millions de foyers.

Les critiques fusent. Les uns font remarquer qu'Universal va être désavantagé dans le combat pour la distribution des programmes télévisés par rapport à ses concurrents intégrés. Les autres que le groupe se prive de l'activité production qui rapporte plus que les studios eux-mêmes. Les propos sont d'autant plus acerbes que tous s'inquiètent en apprenant le nom de l'acheteur.

À qui Edgar Jr a-t-il donc vendu ? À Barry Diller, « Killer Diller » comme l'ont surnommé les milieux californiens. À cinquante ans, il a tout fait dans le métier. Après avoir commencé sa carrière comme coursier et appris les ficelles en lisant les contrats des stars qui appartenaient à l'agence où il travaillait, il est allé chez ABC, une des trois grandes chaînes nationales américaines. Avec l'aide de Michael Eisner, futur P-DG de Disney, il transforme la chaîne. Au début des années soixante-dix, ses programmes sont devenus des références à la télévision. C'est à ce moment-là qu'il est débauché par la Paramount pour redresser le studio en perdition. Avec l'aide d'Eisner toujours, une reprise en main sérieuse et quelques très grands succès commerciaux comme *Les Aventuriers de l'Arche perdue,* il fait de la Paramount le premier studio d'Hollywood. Puis il passe à la Fox, peu de temps avant son rachat par Rupert Murdoch. Le magnat australien le confirme à son poste et lui donne carte blanche pour lancer un quatrième réseau de télévision, Fox TV. Personne n'y croit. Sauf les deux hommes. Par un astucieux mélange de séries, de films, de sports, Diller réussit à nouveau. Sa réputation est définitivement assise. Il est l'un des magiciens de l'audiovisuel. Mais il y a un revers à la médaille. Dur, cassant, n'aimant pas les gens, vraiment très âpre au gain, il ne partage son pouvoir avec personne. Même Rupert Murdoch, peu connu pour sa souplesse, est obligé de transiger. À la fin, les deux hommes se sépareront fâchés. « Je ne travaillerai jamais plus pour personne », jure alors Diller.

C'est avec cet homme, qui aura plus tard un grand rôle dans la crise de Vivendi, qu'Edgar Jr s'associe. Le contrat est totalement déséquilibré. En dépit d'une participation de 43 % dans USA Networks, la société de Barry Diller qui reprend les actifs audiovisuels d'Universal, Seagram a des droits de vote limités à 2 % ! Le groupe n'a aucun pouvoir sur la gestion et les décisions stratégiques. Il dispose juste d'un droit de veto sur les investissements importants. Barry Diller trouvera à l'usage que ce contrat léonin pour la famille Bronfman est encore trop contraignant : Seagram, à sa grande fureur, s'est opposé au rachat de NBC, autre chaîne de télévision.

L'arrivée de Diller ne manque pas de déstabiliser l'équipe en place. Il fait une première victime : Frank Biondi, un des directeurs des studios. Ancien dirigeant du groupe de communication Viacom, il s'était opposé à Diller pour le contrôle de la Paramount en 1993. Estimant la cohabitation impossible avec cet ancien rival, il part. Sheinberg, l'ancien patron, en profite pour régler quelques comptes : « On n'engage pas un homme comme directeur général en racontant au monde entier que c'est lui qui dirige la société pour ensuite lui couper l'herbe sous le pied. »

La réputation d'Edgar Jr est faite. Il devient la risée d'Hollywood, une position dangereuse dans une ville qui ne supporte pas les perdants. D'ailleurs, rien ne tourne rond chez Universal. Le studio enchaîne une série d'échecs retentissants. Il est descendu à la neuvième place au box-office national. Il a perdu Steven Spielberg qui ne pense plus qu'à développer sa société, DreamWorks SKG, même s'il conserve un contrat de distribution avec Universal. Pour compliquer encore la situation, Edgar Jr partage son temps entre une maison louée à Malibu et son hôtel particulier de New York, entre les studios et les alcools.

De ce côté-là non plus, rien n'est simple. Le monde des alcools et spiritueux n'est plus ce secteur tranquille où il suffisait de concevoir les campagnes de marketing, de surveiller gentiment les ventes et d'empocher les dividendes à la fin de l'année. La crise asiatique a déstabilisé le secteur. Les géants ont vu s'effondrer leur principal marché. Seagram est particulièrement touché. Dans le même temps, ses concurrents s'activent. En mai 1997, Guinness et Grand Metropolitan annoncent leur projet de fusionner pour former Diageo, la plus grosse entreprise de boissons du monde. Seagram devient d'un coup tout petit. Et Edgar Jr paraît incapable d'avoir une vision claire sur l'avenir des deux branches de la société familiale.

En avril 1998, Peter Bart lui adresse un avertissement particulièrement sévère dans *Variety* : « Avez-vous remarqué ce bruissement qui semble s'amplifier, Edgar ? Peut-être ne comprenez-vous pas de quoi il s'agit, mais les habitués d'Hollywood connaissent bien ce bruit qui s'élève quand la cité du cinéma fait bloc contre quelqu'un. Vous, en l'occurrence. C'est un phénomène remarquable quand vous y réfléchissez. Un instant, vous êtes le héros, et la minute suivante, l'homme à abattre. »

La seule bonne surprise, à ce moment-là, c'est Universal Music. L'activité, qualifiée par dérision de « cimetière musical de l'Amérique[1] », se révèle une étonnante réussite. Son réveil est venu avec le rachat, en 1996, de la moitié d'Interscope Records, un label de « rap gangster », pour 200 millions de dollars. Sous la direction de Doug Morris, ancien compositeur qui a travaillé par la suite dix-sept ans chez Warner Music, la société renaissante a lancé une série de tubes et s'impose, au dire d'un concurrent, comme l'« une des plus belles réussites à une époque où la croissance stagne dans le monde du disque ». Cependant, il reste de loin le plus petit des « six gros » groupes mondiaux d'édition musicale et représente seulement 15 % du cash-flow de Seagram. Edgar Jr avait maintes fois évoqué le rachat du groupe britannique EMI pour permettre à Universal Music de grandir. Mais rien ne se

1. En anglais *Musical Cemetery of America,* acronyme de MCA.

concrétise. « Universal a fait de grands pas dans ce domaine, c'est certain, poursuit Peter Bart dans son article vengeur, mais cette grande nouvelle que tout le monde attendait n'est jamais arrivée. Ce qui ne signifie pas que tout est perdu, Edgar. Votre règne chez Universal ne fait que commencer. »

Ce papier violent signé par l'un des experts du secteur est une gifle pour Edgar Jr. Blessé par les critiques, il décide de changer de stratégie. Un mois après la publication de l'article, en mai 1998, il annonce une augmentation des engagements financiers de Seagram dans le cinéma. Mais dans le même temps, il prend ses distances avec Hollywood, « une ville d'idiots », commence-t-il à expliquer. Il s'est brouillé avec ses différents « amis ». D'abord avec Michael Ovitz, dont les exigences financières ont été jugées exorbitantes pour diriger les studios ; ensuite avec David Geffen, un des fondateurs de DreamWorks à qui il a fait miroiter la possibilité de lui vendre les studios avant de se rétracter ; enfin Barry Diller, qui supporte mal le contrôle pourtant limité de la famille Bronfman sur sa gestion. Pour couronner le tout, Edgar Jr s'est ridiculisé, lors d'une conférence de presse, en suggérant une adaptation du prix des places de cinéma en fonction des budgets des films. Hollywood, qui peut se transformer en petit village à ses heures, en a fait des gorges chaudes.

Edgar Jr veut donc faire une opération d'envergure pour retrouver une crédibilité perdue auprès d'une partie de sa famille. L'oncle Charles et quelques autres se posent ouvertement des questions sur ses choix stratégiques. Quant à la communauté financière, elle ne cesse de considérer le président de Seagram comme un héritier gâté. Conseillé par Morgan

Stanley, la banque de la famille, il jette son dévolu sur Polygram, une des plus grandes sociétés d'éditions musicales du monde, détenteur d'un impressionnant catalogue. Les négociations sont menées tambour battant. Cor Boonstra, président de Philips, le groupe électronique hollandais en pleine restructuration industrielle, accepte sans grande difficulté de lui céder sa filiale pour 10,4 milliards de dollars[1].

Tandis qu'oncle Charles frémit, la presse salue la performance. Grâce à cette opération, la branche musicale se hisse de la sixième à la première place. Sa part de marché passe de 6 à 24 % et bientôt à 30 %. Universal vend un disque sur trois dans le monde. Surtout, son activité devient beaucoup plus internationale.

L'opération, malgré tout, est risquée. Il faut la rentabiliser et rien n'est moins évident. L'euphorie des années quatre-vingt est bien achevée pour l'industrie du disque. Celle-ci ne peut plus compter sur une croissance à deux chiffres générée par des consommateurs épris de changement, qui remplaçaient leurs vieux 33 tours en vinyle par des CD. Si la musique est partout, les achats stagnent. Le marché est considéré comme mûr par les spécialistes. La croissance ne dépassera pas les 1 ou 2 % par an, pronostiquent-ils. Certains anticipent même des baisses importantes avec le piratage et internet. La Toile devient le princi-

---

1. Le 10 décembre 1998, Seagram conclut l'acquisition de Polygram, détenu à 75 % par Philips, pour 10,4 milliards de dollars : 8,6 milliards en cash et la différence en actions Seagram. Avec 10,8 % du capital, le groupe électronique hollandais devient le deuxième plus gros actionnaire de Seagram après les Bronfman et par la suite le deuxième actionnaire institutionnel de Vivendi Universal.

pal ennemi de la musique. On trouve un titre, on charge, on grave, on l'écoute, le tout sans rien payer, grâce à des sites comme MP3. Pour les majors, le risque est mortel. Malgré cet environnement compliqué, Seagram affiche des perspectives optimistes au moment du rachat.

Ce changement de taille d'Universal Music se répercute dans toute l'organisation de Seagram. Il y avait déjà d'un côté les alcools et les boissons, de l'autre les divertissements. Cette branche est désormais structurée en deux grands pôles : la musique et le cinéma. Doug Morris est nommé à la tête du nouveau et gigantesque groupe Universal Music. Ron Meyer devient le patron d'Universal Studios, qui regroupe le studio Universal Pictures, maintenant confié à la direction de Stacey Snider, les parcs à thèmes Universal et la participation de 43 % dans la société de télévision de Barry Diller, USA Network. Sur le papier, l'édifice a fière allure.

Après le rachat de Polygram, la première tâche d'Edgar Jr est pourtant ailleurs : éviter le conflit avec Moody's. L'agence de notation s'inquiète de l'endettement du groupe et de « sa réorientation dans le secteur plus volatil du divertissement ». En une seule fois, elle a abaissé sa note, la rétrogradant de A2, note d'un groupe solide, à Baa3, qui frise presque le niveau des *junk bonds*. Rarement une dégradation a été aussi rapide. Seagram doit retrouver un peu d'air. Il faut céder des actifs rapidement pour assurer la solvabilité du groupe. Très vite, le groupe vend la société de jus de fruits Tropicana à Pepsi pour la somme de 3,3 milliards de dollars[1],

---

1. La société avait été achetée 1,2 milliard de dollars dix ans plus tôt.

ses marques de champagne, Mumm et Perrier-Jouët, à la société texane Hicks, Muse, Tate & Furst, pour 310 millions de dollars. Il se débarrasse aussi de sa participation résiduelle dans Time Warner, mettant fin à la position compliquée de Seagram, premier actionnaire de son premier concurrent. Les actionnaires regardent un peu perplexes ces cessions de beaux actifs et cette reconversion de Seagram dans les métiers impalpables du divertissement.

Est-ce le dernier avertissement de Moody's ? Est-ce la voix de Charles qui a fini par être entendue ? Est-ce la lassitude des dissensions familiales ? Quelques mois après le rachat de Polygram, la famille Bronfman, au cours du printemps 1999, s'est en tout cas mise d'accord : il est temps de vendre.

Le moment semble des plus opportuns. L'activité musicale détient désormais la première place sur le plan mondial et assure des rentrées régulières au groupe. Les studios, qui effraient tant, sont en train de se redresser de façon spectaculaire sous la conduite de Ron Meyer et Stacey Snider. « Vous avez peut-être en tête les pertes historiques. Tout cela c'est du passé. Nous pensons qu'une gestion sérieuse est réalisable », a assuré cette dernière aux investisseurs. Universal Studios prévoit désormais de réaliser quatorze à seize films par an, le temps de production est raccourci à vingt-quatre mois. Il a plusieurs titres sur lesquels il fonde de grands espoirs comme *La Momie, Erin Brockovic, Gladiator.* Quant aux alcools de Seagram, même s'ils sont devancés par Diageo, ils détiennent encore de très fortes positions.

Les résultats ne sont cependant pas exactement à la hauteur. En 1999, Seagram accuse une perte de

383 millions de dollars[1]. Emporté par la folie internet et des médias, le marché n'y voit que du feu. En six mois, les actions du groupe ont grimpé de 35 % et la participation de 24 % de la famille s'évalue à 7,5 milliards de dollars. Oui, décidément, il est vraiment temps de vendre. « Avant même l'annonce de la fusion AOL-Time Warner, il m'avait semblé évident que, pour satisfaire notre actionnariat, nous devions rechercher de nouvelles opportunités – un associé, un joint-venture, une alliance ou une fusion », racontera Edgar Jr. À la question sur d'éventuelles tensions familiales sur les engagements du groupe dans les médias, l'héritier niera en bloc : « Toutes les familles connaissent des dissensions internes. Mais je peux vous assurer qu'aucune décision chez Seagram n'est prise sans l'accord unanime de trois personnes – mon père, mon oncle et moi-même – puis du conseil d'administration. »

La famille a des exigences très précises sur la vente de sa participation historique dans Seagram. Elle en veut un prix élevé sans payer trop d'impôts sur les plus-values. Elle entend demeurer un actionnaire actif mais ne sait pas dans quoi. La meilleure solution, préconisée par les banquiers, paraît être d'étudier une fusion payée en actions. Cela permettrait de rendre liquide la participation de 24 % dans un ensemble plus grand, d'y rester un actionnaire important ou de vendre peu à peu, selon les désirs de chaque membre du clan, le tout sans avoir à payer trop d'impôts.

John Weinberg, un associé de Goldman Sachs et

---

1. Le groupe affichera, malgré tout, un bénéfice de 686 millions de dollars, grâce aux cessions et à un changement de convention comptable.

membre du conseil d'administration de Seagram, est chargé de prendre contact avec des acheteurs potentiels. Yahoo !, News Corp, Disney, Sony et Bertelsmann se penchent tous sur le dossier. L'un après l'autre, les candidats se retirent de la course. L'équipe de Yahoo ! se méfie des hommes en costume-cravate, Rupert Murdoch recule devant le prix. Sony a déjà Columbia. Thomas Middelhoff a les mains liées par la fondation familiale de Bertelsmann et l'absence de cotation du groupe. « Moi, je ne peux pas y aller. Je ne peux pas payer en actions. Mais vas-y, toi. Ce deal est pour toi », lâche-t-il à Jean-Marie Messier. Le P-DG de Vivendi ne sait jamais résister à de telles sollicitations.

CHAPITRE X

Le mythe de la convergence

Il l'a dit d'une voix étouffée. Comme s'il se parlait tout haut à lui-même, tant c'est difficile à admettre. « Canal+ doit être entièrement dedans », murmure Pierre Lescure à Jean-Marie Messier. Tous les deux sont à New York ce 20 janvier 2000. Ils sortent d'une rencontre avec Rupert Murdoch. On y a discuté de tout, de rien, mais surtout du sort de la participation de 24 % que détient Vivendi dans BSkyB. Messier a utilisé la menace, la séduction, la patience, depuis des mois. Mais rien n'y fait. L'homme d'affaires australien ne veut accorder aucune place au Français. Celui-ci a beau avoir un quart du capital de la société satellite, acquis au moment du rachat de Pathé, il est bloqué. Cet après-midi, ils ont à peine entendu ce que disait Murdoch. Les deux Français pensaient à autre chose. À la conversation qu'ils ont eue le matin même avec Edgar Bronfman Jr. L'héritier leur a parlé de son désir de vendre Seagram. Mais Canal+, à ses yeux, n'est pas un partenaire de taille suffisante. C'est avec Vivendi qu'il veut conclure l'affaire.

Lescure n'est pas d'accord. Que la famille Bronfman préfère négocier avec Vivendi, il peut le comprendre. Mais qu'on le laisse sur le bord de la

158

route, il ne peut l'accepter. Il n'est pas question qu'il soit exclu de cette affaire. S'il doit y avoir une fusion entre Vivendi et Seagram, le président de Canal+ veut en être. « Faisons la fusion à trois ! » propose-t-il à Jean-Marie Messier.

C'est lui qui a introduit Edgar Bronfman chez Vivendi et a organisé en octobre 1999 la première rencontre entre les deux hommes. Cela fait long-temps que le groupe de télévision payante, qui a fait ses premiers pas à Hollywood il y a une dizaine d'an-nées, entretient des relations avec Universal Studios. Les deux équipes négocient depuis des mois un éven-tuel rapprochement. Mais, chaque fois, elles se sont heurtées au même obstacle : Canal+ n'a pas les moyens d'absorber Universal Studios et encore moins Seagram.

« Pierre était le seul à Canal à soutenir le projet de fusion », se souviennent plusieurs anciens dirigeants de la chaîne. Les uns après les autres, les membres de l'état-major, le directeur général Denis Olivennes en tête, essaient de le faire changer d'avis. Tous insistent sur l'importance du virage, la fin de l'indépendance de la chaîne, la mort d'une aventure audiovisuelle vieille de quinze ans. C'est la victoire des énarques et des financiers sur les créateurs, disent-ils. D'ordinaire, cet argument est un chiffon rouge à Canal+. Mais cette fois, il ne porte pas. Dans son entourage proche, certains pensent que J2M, profitant de son rôle de premier actionnaire, lui force la main. D'autres se demandent si le patron de Canal+ n'est pas en train d'être ébloui par les sirènes d'Hollywood, sa grande passion.

Rares sont ceux qui imaginent qu'il n'a simplement pas le choix. « Si nous ne faisions rien, le groupe allait à sa perte », avouera plus tard Denis Olivennes. Un constat d'échec pour cet énarque nommé secrétaire général en juin 1999 puis directeur général de la chaîne début 2000, avec mission de redresser les comptes. Il a écarté tous les barons – Michel Thoulouze, Alain de Greef, Alex Berger – fondateurs de la chaîne et amis de Pierre Lescure, qui avaient fini par se constituer des fiefs incontrôlables. Mais il n'a pas réussi pour autant à endiguer toutes les voies d'eau du navire.

La chaîne n'arrive pas à venir à bout de ses déficits à l'étranger, notamment en Italie. Sans parler des engagements hors-bilan démesurés qu'elle a contractés. La sachant dépendante du sport et du cinéma pour assurer ses programmes et son succès, chaque confrérie a exigé sa dîme. Le football a renégocié les droits de retransmission des matchs pour 274 millions d'euros. Mais parallèlement, les six premiers clubs de France [1], appuyés par la société Jean-Claude Darmon, grand intermédiaire dans le monde sportif, ont obtenu de recevoir sur sept ans 250 millions d'euros pour des droits télévisés qu'ils ne possèdent pas ! Le contrat est si curieux qu'il est stipulé dans un des articles qu'il ne « doit pas être rendu public sans l'accord de tous les intéressés, même après son expiration ». « Ces montants n'ont aucune justification économique », affirmera une note interne de Vivendi Universal. Il en va de même avec la Formule 1 à qui la chaîne doit payer 500 millions de dollars sur dix ans pour avoir le droit de retransmettre quelques images de l'intérieur des voitures, sans oublier le rugby, qui

----

1. Monaco, Marseille, Lyon, Lens, Bordeaux et Paris Saint-Germain.

obtient 80 millions d'euros par an, la boxe ou le cinéma. Le groupe verse à ce dernier 20 % de son chiffre d'affaires par an auxquels s'ajoutent, semble-t-il, parfois des à-côtés, les sommes se négociant contrat par contrat. Sans contrôle, Canal+ s'est même acheté un bateau brise-glace et deux sous-marins de poche pour les besoins d'une émission. Trop d'engagements ont été pris, trop de décisions ont été passées sous silence, trop d'intérêts sont en jeu pour oser arrêter ou même renégocier. Vivendi fait des notes d'avertissement mais se garde bien d'intervenir. « Canal+ ne peut se réformer seul, de l'intérieur », dira plus tard Denis Olivennes.

Pour tenter de sortir de l'impasse, des négociations ont été engagées à nouveau, selon plusieurs témoignages, avec le Sud-Africain Richemont, l'ancien propriétaire de Nethold, le conglomérat racheté malencontreusement en 1996. Les conditions d'un rapprochement étaient-elles trop dures ? La direction a-t-elle considéré que Messier n'accepterait jamais de lâcher cette filiale, si importante dans son dispositif de conquête du monde ? L'affaire en resta là. Mais pour se sauver, au moins à court terme, Canal+ n'a pas d'autre choix que de suivre au plus près son actionnaire majoritaire.

Messier est ravi par la phrase de Lescure. Une fusion à trois, il en rêve depuis longtemps. Mais jamais il n'aurait osé la proposer de lui-même ! Il a trop peur de la réaction épidermique des salariés de la chaîne, des quolibets quotidiens sur son compte des *Guignols*. Mais si c'est Pierre qui propose la fusion, personne n'ira contre. Le président de Vivendi a-t-il alors conscience de l'état de la chaîne ? Sans doute pas dans toute son ampleur. « C'était une occasion stratégique qui ne se représenterait peut-être jamais. Il fallait la saisir », commente aujourd'hui Guillaume Hannezo. Messier est d'autant plus tenté que l'apport de Canal+ est un argument supplémentaire pour emporter l'adhésion des Bronfman. Jamais les studios américains n'ont pu prendre pied directement en Europe. La chaîne incarne la plate-forme de distribution qu'ils recherchent pour leurs films. Et puis, une fusion à trois, cela aurait vraiment de l'allure. AOL-Time Warner serait enfoncé.

À la mi-février, Jean-Marie Messier et Pierre Lescure rencontrent le clan Bronfman à New York pour discuter d'un éventuel rapprochement. Le Français se montre d'autant plus à l'aise que pour une fois il n'a pas trop de contraintes financières. Depuis l'annonce de la création du portail internet Vizzavi, son action a progressé de 40 % en six semaines. Tout va pour le mieux.

Lors de la première réunion formelle avec tout le clan à New York, le 22 mars 2000, Messier comprend que Vivendi est favori pour acheter non seulement la branche divertissement, mais Seagram tout entier, même les alcools[1]. Edgar Jr lui confirme qu'aucun autre acheteur n'a rencontré la famille. La vérité est qu'aucun autre investisseur potentiel n'a montré le

---

1. Aveuglée par les évaluations démentielles par la Bourse du secteur des médias, la famille, conseillée par des banquiers, a, semble-t-il, fait le calcul qu'il était plus intéressant pour elle de vendre tout plutôt que de conserver les alcools ou les vendre séparément, de façon à obtenir une plus grosse participation dans un échange. Charles aurait été à nouveau contre cette option et aurait souhaité garder les alcools à part. Les Bronfman regretteront amèrement ce choix par la suite.

même appétit que le Français. « Il était le plus enthou-siaste », se souviendra Edgar Jr.

Les discussions se poursuivent. Le 24 avril 2000, Messier présente une offre ferme : Vivendi propose la valeur de deux tiers d'une action Vivendi, alors à 112,5 euros, pour une action Seagram, ce qui valorise cette dernière autour de 75 euros (ou 72,1 dollars). Edgar veut un prix mais aussi des garanties. Il ne sou-haite pas que les actionnaires de Seagram connaissent la même mésaventure que ceux de Time Warner. Ceux-ci ont vu l'offre d'AOL se réduire considérable-ment après l'effondrement boursier du groupe inter-net, une fois l'opération annoncée. Edgar, pour sa famille comme pour ses actionnaires, exige donc des clauses de révision au cas où l'action Vivendi chute-rait. Messier refuse. Les négociations sont suspendues.

Mais il y a trop d'intérêts en jeu pour rester sur un échec. Les quatre banques impliquées dans la transac-tion[1] ont toutes de très bonnes raisons de tenter de renouer le dialogue entre le Français et l'Américain. Si la fusion envisagée entre Seagram, Vivendi et Canal+ se réalise, elle leur rapportera un véritable pactole : 110 millions de dollars au bas mot. Au cours des dix jours suivants, les banquiers se démènent donc pour relancer les négociations. Et réussissent. Messier revient à la table des discussions. Il accepte le principe de la clause de garantie demandée par Sea-gram et consent à revoir les parités d'échange. Le 8 juin, six semaines après la première offre, nouvelle tentative. Le Français offre 0,7 action Vivendi pour chaque action Seagram, soit une prime royale de

---

1. Lazard pour Vivendi, Merrill Lynch pour Canal+, Morgan Stanley et Goldman Sachs pour Seagram.

54 % par rapport au cours du moment de l'action. Une offre exceptionnellement généreuse.

Pourtant Edgar Jr a d'autres exigences. Refroidis par l'expérience Du Pont, les Bronfman demandent une présence substantielle au conseil. Messier leur accorde cinq postes d'administrateurs, dont trois réservés à la famille, sur dix-huit. En contrepartie, les Bronfman s'engagent à ne tenter aucune opération hostile contre la société, à ne pas chercher à éjecter J6M de son poste de P-DG, à ne présenter aucune résolution en assemblée générale, ni même à acheter plus de 10 % de ses actions. Un contrat très contraignant mais qu'une fois de plus le clan Bronfman accepte.

Il reste encore à s'accorder sur le prix. Les rumeurs d'un accord se répandent dans toute la presse. Au lieu de ne rien dire, Messier, avec son aplomb habituel, dément, sans s'attirer la moindre remarque des autorités boursières. Alors que des journalistes font le siège des deux groupes, les négociations continuent jusqu'au week-end des 17 et 18 juin 2000. Finalement, on tombe d'accord. Les Bronfman sont assurés de recevoir 8 % des actions de Vivendi contre leur participation dans Seagram. « Le meilleur moment quand on possède un studio de cinéma à Hollywood, c'est quand on le vend », déclarera Edgar Jr plus tard devant un Messier horrifié, avant de reconnaître : « Nous avons vendu Seagram pour une somme astronomique. » Mais sans toucher le moindre argent !

Le conseil de Vivendi, qui a été tenu informé depuis plusieurs semaines, approuve l'accord. Si Jean-Marie pense que l'avenir du groupe passe par les médias et la communication, pourquoi pas ? Les marchés eux-mêmes semblent pousser dans cette voie. Les industriels du conseil qui connaissent bien les États-Unis pour s'y développer eux-mêmes le mettent cependant en garde : l'Amérique est tout sauf un marché facile. Serge Tchuruk notamment l'avertit : « Tu ne réussiras à t'imposer là-bas comme patron que si tu crées un équilibre entre l'Europe et les États-Unis. Tu dois développer ici une base équivalente à celle qui est en Amérique. »

Côté Canal+, les surenchères aussi vont bon train. Vivendi doit inventer un montage qui permette de contourner la loi audiovisuelle française qui interdit un contrôle au-delà de 49 %. Mais tout grince, tout coince. Malgré l'engagement de Pierre Lescure en faveur du projet, les salariés sont très inquiets sur leur sort. Ils demandent des garanties. André Rousselet, figure du commandeur chez Canal+, n'est pas le dernier à dénoncer le détournement de la loi et la fin de la chaîne. Pour lui, écrit-il dans un article paru dans *Le Monde,* Canal+ est appelé à devenir un simple avant-poste provincial du nouvel empire américain : « Ne vous laissez pas entraîner dans cette fusion. Avant de vous y résigner, pesez bien ces mots : un groupe sans culture n'a pas d'avenir. » Lescure voit dans cet article comme un coup de poignard : l'identité de Canal+, c'est lui qui en est désormais l'héritier, qui en est responsable. Le lendemain, il réplique par la même voie : « Oui, Canal+ a changé (...). La télévision payante se trouve maintenant au cœur de cette mondialisation qui efface les frontières, aiguise la concurrence et impose la course à la taille et à la puissance (...). Nous ne pouvons pas défendre notre exception culturelle derrière la ligne Maginot. »

Mais la polémique enfle. La plupart des membres du CSA veulent s'opposer à ce projet qui leur paraît un détournement habile de la loi. J2M comprend vite le danger : l'autorité de contrôle risque de tout faire capoter. Il demande à rencontrer le président du CSA, Hervé Bourges. Le rendez-vous est fixé le 21 juillet chez Drouant, un des grands restaurants parisiens. À table, le président de Vivendi en fait tant qu'il convainc son interlocuteur. Il promet une charte pour garantir l'indépendance[1] des salariés de la chaîne et son contenu éditorial, annonce la création d'une nouvelle structure pour porter les 49 % et qui aura la propriété des fichiers d'abonnés. Des habillages cosmétiques qui ne compromettent en rien le projet. « Quelquefois, il faut aussi un peu de sémantique pour mettre tout le monde d'accord[2] », écrira J6M avec une tranquille désinvolture dans son livre, à la grande fureur des membres du CSA.

Pour construire son grand œuvre, Jean-Marie Messier est prêt à dépenser 60 milliards d'euros dans la création de Vivendi Universal : 37 milliards pour Seagram, auxquels il faut ajouter 7 milliards de dettes et 16 milliards pour Canal+. Une somme gigantesque, mais pour J6M comme pour toute son équipe, le chiffre n'a pas d'importance. Ce ne sont que des actions, du papier.

Aujourd'hui, Guillaume Hannezo, l'ex-directeur financier du groupe, justifie l'opération, ne serait-ce que dans une pure optique boursière : « Nous avons surpayé mais avec des actions surévaluées. Nous avons échangé contre des titres gonflés par la bulle internet

1. Celle-ci se révélera de peu d'effet au moment du conflit entre Lescure et Messier.
2. Jean-Marie Messier, *J6M.com*, *op. cit.*

de vrais actifs qui rapportaient de l'argent. Que serait devenu Vivendi si nous n'avions pas racheté Seagram ? La valeur liée à internet aurait totalement disparu, celle liée aux télécommunications comme celle liée à la télévision câblée auraient fondu de 80 % ou plus. Universal Music n'a perdu que la moitié de sa valeur environ, Universal Studios à peine 20 %. Notre seule vraie erreur est d'avoir racheté Canal+, surtout à ce prix-là. Nous nous sommes totalement trompés sur la chaîne. Mais sinon, nous avons valorisé les actions Vivendi [1]. » Cette valorisation se traduira par 15 milliards d'euros de dépréciations de sur-valeurs dans les comptes de 2001, et encore la somme faramineuse de 12 milliards d'euros dans les comptes du premier semestre 2002. Selon les estimations, le groupe pourrait être obligé de provisionner encore une dizaine de milliards sur les seuls actifs de Seagram et de Canal+.

La création de Vivendi Universal a beau être ambitieuse et le groupe implanté dans les secteurs d'avenir – tout ce que les investisseurs sont supposés apprécier –, le marché n'aime pas ce projet. Et le dit dès le lendemain. L'action perd près de 20 %, à 96 euros. « Un arbitrage classique », lance Messier, malgré tout dépité. Pour justifier la chute, il accuse le *flowback,* cette habitude des investisseurs américains de vendre les actions des groupes qui font les acquisitions, et déjà ces « parasites » de *hedge funds,* ces méchants fonds anglo-saxons, toujours là à spéculer pour faire baisser les actions. Mais d'après lui ce flot de ventes va se tarir.

Mais cela ne s'arrête pas. Pour les investisseurs, tout

---

1. Entretien avec l'un des auteurs.

semble trop compliqué, trop confus dans cette opération. Adeptes de l'ingénierie financière la plus alambiquée, les équipes de Vivendi, aidées par les banques conseils et les juristes, se sont déchaînées. Rien que la stricte opération financière de fusion est incompréhensible : on découvre des sociétés, Sofiée, Sig 40, qui n'existent que durant un instant, des actions démembrées avec des droits de vote isolés, des jeux fiscaux en France et au Canada à n'en plus finir. Les spécialistes des marchés passent des heures à essayer de démonter les mécanismes, sans être sûrs à la fin d'avoir tout compris. Le doute grandit encore quand ils regardent les comptes. Un vrai cauchemar. Personne n'est assez savant pour décrypter l'ensemble. Lehman Brothers, par exemple, dans sa première étude complète de Vivendi Universal, doit faire appel à dix spécialistes dans quatre secteurs différents – médias, télécommunications, alcools et services collectifs – pour parvenir à une estimation globale de la société. Sa conclusion est sans surprise : Vivendi Universal doit impérativement se simplifier s'il veut être un grand acteur dans la communication !

Sur le papier, Vivendi Universal a l'apparence d'un groupe superbe, parfaitement intégré, aussi présent en Europe qu'aux États-Unis. Il affiche 54 milliards de dollars de chiffre d'affaires. Même si la moitié provient de l'environnement, avec 24 milliards d'euros de revenus dans les médias, il arrive juste derrière Disney. Mais il fait le double de Bertelsmann, son premier concurrent européen, ou de News Corp, le groupe de Rupert Murdoch. Il possède toutes les techniques de communication : la télévision payante, le câble, le téléphone, des sociétés internet. Il a tous les contenus : l'édition, la presse, les films, la musique.

Au départ, J6M avait envisagé de vendre cette dernière activité après la fusion. « Mais, c'est là que sont les cash-flows du groupe », avaient fait remarquer les équipes de Vivendi et de Canal+. Convaincu depuis de la nécessité de garder cette activité, il la met en avant à tout moment, assurant que ce sera la branche qui profitera le plus de l'ère internet.

Le discours est parfaitement rodé. Mais l'euphorie internet touche à sa fin. Les questions dérangeantes ne manquent pas à chaque rencontre, venant interférer un peu sur la petite musique des lendemains qui chantent. Le coût de l'opération ? Les actionnaires ne le remarqueraient même pas puisque les cours allaient continuer à grimper plus vite qu'avant. Les dettes ? Une partie, celle en provenance de Seagram, allait être remboursée grâce à la vente de la branche historique des alcools et des spiritueux. L'autre part, les 20 milliards d'euros venant de Vivendi, allait être reprise par Vivendi Environnement, la filiale de services qui allait être cotée de façon indépendante en Bourse. Ce qui permet à Messier d'affirmer à chaque intervention : « Vivendi Universal est une société riche. Elle est sans dette[1]. » Les trop nombreux métiers ? Le groupe se désengagerait certainement de quelques activités mais il a une situation financière qui lui permet d'attendre pour obtenir les meilleures valorisations. Il n'est pas pressé. À la surprise de l'assistance, J6M réaffirme devant chaque auditoire que

---

1. En dépit de ces déclarations, y compris dans les communiqués boursiers, Vivendi Universal, même après avoir transféré l'essentiel de son endettement sur Vivendi Environnement, n'aura jamais un endettement zéro. Dans son bilan de création, le groupe affiche un endettement à long terme de 12 milliards d'euros, dont 7 en provenance de Seagram.

« le groupe gardera son activité dans les services collectifs ». Et d'expliquer : « J'ai refusé l'offre de 30 milliards d'euros que m'a présentée le groupe allemand
RWE parce que je crois à ces métiers. Vivendi Universal a deux pieds : la communication et l'environnement. Ce sont les deux secteurs porteurs du
XXIe siècle. Pourquoi se priver de l'un ? »

Le brusque attachement du président de Vivendi
Universal aux métiers de services collectifs relève en
réalité seulement de la nécessité. C'est la seule branche qui apporte alors des bénéfices importants et
réguliers au groupe. Toutes les autres sont en déficit[1],
et le résultat du groupe n'est dû qu'à des plus-values
exceptionnelles. La situation n'est guère plus bril-
lante chez les deux autres alliés. Chez Seagram, une
fois la division alcools vendue, il n'y a que les parcs
de loisirs (5 % du chiffre d'affaires) qui font des bénéfices. Chez Canal+, c'est le tonneau des Danaïdes. Le
deuxième groupe mondial de communication naît de
l'association de trois groupes en perte ! Dès sa naissance, Vivendi Universal est donc un énorme coffre-
fort vide. Tout le talent de Messier est de le cacher.

Les questions de rentabilité ont toujours ennuyé le
président de Vivendi Universal. Elles sont par trop tri-
viales. Cet été 2000, elles l'ennuient encore plus que
d'habitude. Des analystes s'inquiètent des profits
futurs du groupe, d'autres soulignent le faible bénéfice d'exploitation ; il balaie l'argument d'un geste.
S'agissant de Vivendi Universal, ce ne sont pas les

---

1. En 2000, Cegetel affiche un confortable bénéfice d'exploitation mais les frais financiers liés aux investissements initiaux
pèsent sur le résultat net. La société ne deviendra bénéficiaire
qu'en 2001.

bons critères financiers. Pour mesurer les performances de Vivendi Universal, le bon ratio, c'est l'ebitda[1], cette mesure qui s'est imposée dans le monde internet. L'instrument n'a que des avantages. Chaque groupe peut l'établir selon ses propres critères. Il permet de masquer le véritable coût d'une activité, en excluant les investissements, les frais financiers, bref tout ce qui coûte. « La fusion va nous offrir la possibilité de réaliser d'importantes synergies par la croissance : développement de nouveaux produits, services, activités. Grâce aux grands progrès réalisés par nos équipes, nous pouvons déjà estimer que ces synergies représenteront un ebidta additionnel de 220 millions d'euros en 2002 et plus de 400 millions en 2003. Nous parlons là grand et vite », martèle-t-il.

Pour arriver à ces résultats, Vivendi Universal doit réaliser un milliard d'euros de ventes supplémentaires, calcule le marché. Une croissance étonnante pour ses activités. Tout le monde se creuse la tête pour comprendre comment J6M envisage de procéder pour réaliser cette performance. Sa réponse tient en un mot : la convergence. Rien que le seul SFR et le portail Vizzavi vont offrir des perspectives formidables, soutient-il. Charger Shania Twain ou Johnny Hallyday sur son téléphone portable va devenir aussi simple que d'appeler sa mère, explique-t-il. L'ère de la communication sans fil à large bande va encore accroître les possibilités. On pourra suivre un match de foot sur son portable, consulter internet, écouter de la musique. Tous les savoirs du groupe seront mobilisés. Messier s'empresse d'expliquer, lors d'une

---

1. Ebitda : *earning before interests, taxes, depreciations and amortizations*. Résultats avant intérêts, impôts, amortissements et provisions.

réunion : « En offrant à nos consommateurs l'opportunité exclusive d'écouter la dernière chanson de Céline Dion, nous favorisons Universal Music, mais nous nous assurons également la fidélité et la loyauté des utilisateurs de Vizzavi. » Edgar l'interrompt : « Euh, Céline Dion n'est pas une de nos artistes. – Alors, il ne nous reste plus qu'à l'attirer chez nous », grommelle Messier entre ses dents.

S'adaptant vite aux modes de pensée de ses interlocuteurs, le président de Vivendi Universal finit par convaincre une grande majorité de ses auditoires. C'est lui le visionnaire, l'homme qui a compris la révolution technologique à venir et qui ose parier sur l'avenir. « La transformation de Seagram est un succès si on considère que d'une holding aux métiers bien rodés, ils ont créé une entreprise regroupant des activités très bien placées pour profiter de la convergence entre technologie et divertissement », explique Chris Dixon, l'analyste de PaineWebber.

Terry Smith, directeur du bureau de courtage indépendant Collin Stewart et auteur du best-seller *Creative Accounting,* est l'un des rares à oser affirmer dès le début que non seulement ces synergies sont utopiques, mais que la fusion va entraîner une énorme perte de valeur pour les actionnaires. Le 18 juin 2000, avant même l'annonce de la fusion, il adresse à ses clients une note de recherche décapante bien différente de la vision idyllique présentée par le groupe : « La fusion ne va rien redessiner du tout dans le monde des médias. En réalité, l'impact le plus important concernera plus vraisemblablement l'industrie mondiale des alcools », affirme-t-il. L'analyste devient carrément cruel quand il parle du développement de la musique, censée être, au moins à court terme, le secteur le plus porteur : « À l'évocation de Vizzavi, nous sommes tous supposés imaginer des tas de gens écoutant de la musique Polygram sur leur téléphone mobile. Il demeure difficile de croire qu'internet puisse devenir l'unique source de revenus de Polygram. En fait, nous pourrions bien nous retrouver [dans cette fusion] devant une situation potentielle si intolérable à contempler que le seul moyen de le supporter pour ces joueurs serait de vivre dans un déni total. » Vision prémonitoire.

Les actionnaires auraient sans doute aimé avoir connaissance de telles analyses. Mais les critiques restent jusqu'au bout ignorées. Le 5 décembre 2000, lorsque les actionnaires de Vivendi se retrouvent pour approuver la fusion, ils sont enthousiastes. Leur groupe a loué le Louvre pour organiser l'assemblée générale. Une grande tente a été montée dans la Cour carrée. On se presse dans les couloirs du musée où ont été organisées des visites guidées privées avant la réunion. Sous les applaudissements, Jean-Marie Messier tient la scène pendant plusieurs heures. C'est un avenir radieux qui s'annonce. Au premier rang, le conseil regarde et écoute, fasciné, ce spectacle son et lumière. Tout le monde semble avoir oublié la chute de plus de 30 % de l'action depuis l'annonce du mariage. Quand un petit porteur se hasarde finalement à parler chiffres et parités, la salle siffle : « On n'est pas là pour parler des comptes tout de même ! » crie-t-on dans l'auditoire.

À Montréal, l'atmosphère est plus nerveuse. Les actionnaires de Seagram pouvaient espérer toucher 77,35 dollars par action au moment de l'annonce. Ils n'en recevront que 57 dollars, compte tenu de la chute du cours. Mais les protestations restent de pure forme. À la fin, Edgar Jr se sent obligé de saluer la fin de l'ère Seagram. Il le fait en termes convenus : « Le cœur est plus têtu que l'esprit. Il n'est pas facile de se séparer de son passé et aucun de nous – moi, mon père, mon oncle Charles ou mon frère Sam – n'a pris cette décision de gaieté de cœur. Ni sans émotion de ma part, représentant la troisième génération des Bronfman à diriger l'entreprise. »

Du côté d'Hollywood, on a regardé toute l'opération sans manifester la moindre émotion. Contrairement à la pagaille qui avait marqué l'arrivée d'Edgar à MCA ou de Sony chez Columbia, l'annonce de la création de Vivendi Universal ne provoque aucune fuite des dirigeants. Jean-Marie Messier a eu un geste, comme nouveau dirigeant du groupe, qui peut guérir de nombreux états d'âme : il a accordé des contrats de cinq ans, payables en totalité si les personnes partent, à une vingtaine de dirigeants et versé 50 millions de dollars supplémentaires de bonus dans le fonds spécial qu'avait créé Edgar Jr à son arrivée. Celui-ci l'avait déjà abondé à hauteur de 40 millions de dollars. Une soixantaine de personnes d'Universal peuvent bénéficier de ces sommes. Rien n'est dit sur la répartition entre les différents dirigeants des studios : il faut rémunérer les talents.

À Canal+ aussi, les tensions se sont apaisées. Les salariés ont obtenu leur charte garantissant leur indépendance. L'équipe dirigeante a fini par se rallier à la fusion défendue par Pierre Lescure. Denis Olivennes, récalcitrant, a eu une longue conversation avec Messier dans sa maison de Rambouillet à l'automne. Les deux hommes – qui se connaissent depuis l'ENA, mais ne s'apprécient guère – ont eu une franche explication : « Pourquoi es-tu contre moi ? » a demandé J6M au directeur général de Canal+. Celui-ci n'a pas mâché ses mots. Pourtant Messier a réussi à le retourner. « À la fin, j'ai été séduit moi aussi. À partir de cette date, je regarderai Messier différemment. Ce n'est qu'en septembre 2001 que le charme se brisera, que tout se dégradera à nouveau », racontera-t-il plus tard. Il est vrai qu'à Canal+ aussi, le P-DG de Vivendi a eu des gestes de sympathie. Il a accepté le principe de « parachutes en or » en cas de départ, pour une quinzaine de membres de la direction de la chaîne [1].

---

1. Quatre personnes finalement bénéficieront de ces primes de départ : Denis Olivennes, directeur général de Canal+, Alain de Greef, directeur des programmes, Philippe Duranton, directeur des affaires générales et Sylvie Ruggieri, directrice de la communication. Ils ont respectivement touché en indemnités nettes : 3,2 millions d'euros, 2 millions, 1,6 million et 1,3 million. Pierre Lescure n'a pas touché de « golden parachute » mais ses seules indemnités légales, évaluées à 2,9 millions d'euros.

CHAPITRE XI

Bonjour Hollywood !

La fête est superbe au pied de la tour Eiffel. Il y a des éléphants, des singes, des clowns, du cirque : Vivendi fête en grande pompe, ce 19 juin 2000, le lancement de son portail Vizzavi. Il fallait bien cela pour annoncer l'existence de ce bébé coûteux mais tant attendu ! Où serait allé le groupe sans ce simple concept qui a électrisé les marchés ? Jamais il n'aurait eu un cours de Bourse assez élevé pour entreprendre une fusion avec Seagram. Le mariage doit être annoncé demain. Tout Paris en parle. Et tout Paris est venu ce soir assister à l'événement Vizzavi qui prend un peu des allures d'enterrement de la vie de garçon de Vivendi.

L'assistance regarde, légèrement incrédule, le spectacle : manifestement, on n'est plus dans le monde des affaires. Même les gens de Canal+ ont un petit pincement de jalousie au cœur. Eux qui ont la réputation depuis plus de dix ans de faire les soirées parisiennes les plus époustouflantes ne sont plus tout à fait les maîtres incontestés. Leur maison mère, qu'ils ne se privent jamais de brocarder, est capable de faire aussi bien qu'eux. Au milieu de la foule, le visionnaire de l'année exulte. Autour de lui, une nuée de photographes se presse : « Monsieur Messier, monsieur Messier ! » Vers minuit, des cadres du siège de Vivendi quittent la fête, vaguement déboussolés par tout ce qu'ils ont vu et entendu. En rentrant, l'un d'eux confie aux autres : « C'est la dernière fois que l'on voit Messier comme cela. On ne le reverra plus. »

J2M est déjà dans un autre monde. Il n'est plus J2M d'ailleurs, il est J6M. Il revendique ouvertement l'appellation que lui ont donnée *Les Guignols*. Par dérision, par souci de distance et de modernité, comme il l'explique à de nombreux interlocuteurs. Jusqu'où faut-il le croire ? se demandent-ils. En tout cas, il est désormais : Jean-Marie Messier, moi-même, maître du monde, président de la *World Company* Vivendi Universal. Et Hollywood l'attend.

C'est la troisième fois en dix ans que les Français assiègent la cité mondiale du cinéma. Les précédents essais n'ont rien d'encourageant. Six ans plus tôt, le Crédit lyonnais a été mis à genoux par une opération imprudente qui a coûté plusieurs milliards d'euros aux contribuables et a empêtré la banque dans des années de poursuites judiciaires et de scandales. Son erreur a été d'accompagner la société cinématographique Pathé, tombée à l'époque aux mains d'un ancien garçon de café italien, Giancarlo Parretti, dans le rachat de la MGM pour 1,3 milliard de dollars, en 1990. Après avoir engagé un professionnel du cinéma, Alan Ladd Jr, pour diriger le studio, Parretti informa de façon mémorable la presse du partage des responsabilités : « Le petit gars fait les affaires pendant que je baise les filles. » Quand il est devenu clair que Parretti n'était qu'un escroc accompli, la banque a été obligée de prendre en 1991 la propriété du studio déficitaire, et de commencer une longue décennie de batailles avec le ministère de la Justice américain qui avait engagé des poursuites contre les dirigeants pour fraude. La MGM a été revendue à un de ses anciens propriétaires, Kerk Kirkorian, en 1996. Mais la roue de l'expérience n'a pas encore eu le temps d'accomplir un tour complet : le Crédit lyonnais n'en a pas fini avec la justice américaine.

La deuxième tentative est à peine moins douloureuse. Canal+ a lui aussi tenté l'épreuve du feu hollywoodien en s'engageant dans Carolco. La société, dirigée à l'époque par Mario Kassar, est productrice de films « événements » et espère ainsi gagner ses galons au sein des grands studios hollywoodiens. Aujourd'hui encore, le studio est accusé d'avoir à lui seul cassé tous les standards financiers et pratiquement ruiné l'économie du cinéma à Hollywood. Carolco ne recule devant rien. Il produit les films à plus gros budget de la ville. Certains se classent parmi les plus profitables jamais tournés. *Terminator 2* rapportera ainsi 490 millions de dollars dans le monde, devenant le film le plus rentable de l'histoire, en 1991. L'année suivante, le duo Michael Douglas-Sharon Stone interprète *Basic Instinct* et réalise la même prouesse, avec un revenu mondial de 353 millions de dollars. Mais le succès s'évanouit. La période de basses eaux qui lui succède est incompatible avec les frais généraux de Carolco. Malgré de nombreux appels de fonds auprès de ses généreux partenaires étrangers – dont Canal+ et le Japonais Pioneer Electronics –, Carolco est mis en faillite en 1995.

Cette fois, pourtant, l'attaque française se présente sous un jour différent. Vivendi ne reprend pas un studio mais un géant américain. Voir une société française venir bousculer les bastions du divertissement populaire américain est une de ces situations étranges qui n'échappe pas aux experts hollywoodiens. « L'OPE de Vivendi sur Seagram révèle un curieux paradoxe, commente l'incontournable Peter Bart dans *Variety*, le jour où Messier et Bronfman signent l'acte de vente. Les Français sont ceux qui ont le plus protesté contre la domination hollywoodienne sur le marché mondial. Pourtant, l'acquisition de Vivendi, en plus de quelques autres initiatives européennes, souligne le fait que c'est l'euro qui finance de plus en plus cette domination. Alors, de quoi se plaignent-ils ? (...) En fait, les Européens feraient bien de reconnaître que ce sont eux qui se posent maintenant comme les impérialistes de la culture [1]. »

Hors des frontières, le discours pour présenter la fusion est volontairement œcuménique. À Paris, le projet prend un ton beaucoup plus nationaliste : « Je ramène Brassens, Brel et Ferré en France », clame Messier, en préambule de la présentation de la fusion. Avant de poursuivre, ému : « Une société française est sur le point de devenir le deuxième groupe mondial de communication, une industrie dans laquelle aucun groupe européen depuis des décennies n'a jamais réussi à atteindre un niveau susceptible d'inquiéter la domination américaine. Qui aurait cru ça possible : la création, grâce à une OPE amicale entre Vivendi, Seagram et Canal+, de Vivendi Universal qui pourra se mesurer à des géants de la communication », psalmodie-t-il. Et d'enchaîner : « Quel symbole pour nos futures ambitions ! Et quelle réponse aux sceptiques, aux défaitistes et à ceux qui préfèrent rester dans leur cour. À tous, Vivendi Universal démontrera qu'il est

---

1. Peter Bart, in *Variety*, 19 juin 2000.

179

possible d'être à la fois français et mondialiste, et que défendre la culture française demande parfois d'en sortir pour prendre un nouveau souffle ! »

Ce n'est ni la première ni la dernière fois qu'une entreprise française franchit l'Atlantique, rachète un concurrent américain et s'impose comme numéro un dans son secteur. Mais jamais une opération n'aura eu un tel retentissement. Dans les moments qui suivent la fusion, Jean-Marie Messier recevra suffisamment de compliments et de flatteries pour faire tourner la tête à une statue de l'île de Pâques. Le président de la République et le Premier ministre, mis dans la confidence dès le printemps, sont les premiers à se précipiter pour le féliciter. Les milieux politiques applaudissent à tout rompre. Même s'ils se posent des questions sur le sort réservé à Canal+ et au dispositif de financement du cinéma français, ils ne peuvent qu'approuver cette volonté de créer un géant français de la communication. Le monde des affaires regarde, un peu ébaubi, cette spectaculaire opération financière : décidément, « ce Jean-Marie, quelle audace ! » Même le philosophe Bernard-Henri Lévy s'en mêle, se sentant suffisamment touché par la grâce pour attaquer les sceptiques : « Je ne connais pas grand-chose à l'économie. Mais quand des patrons français comme Jean-Marie Messier et Pierre Lescure prennent le large parce qu'ils en ont assez de voir la culture et le cinéma français s'incliner devant les grandes entreprises américaines, quand, en un mot, ils contribuent à secouer la poussière du capitalisme national pour lui donner une destinée mondiale et quand le marché les punit si brutalement, qui a raison ? Eux ou le marché ? Leur incroyable courage ou la timidité franco-française des autres ? Ceux qui parient sur une France ouverte au monde ou sur une France éternellement mesquine et provinciale ? »

Le moment est délicieux pour Messier. Même si les marchés sifflent son projet, lui est consacré comme un héros. Il était depuis longtemps sur le devant de la scène française. On saluait son intelligence et ses capacités à diriger une des plus grandes sociétés françaises du secteur privé. Mais depuis l'annonce de la fusion, il transcende la place de Paris. Désormais c'est lui et non plus Pierre Lescure – comme il le lui a reproché à plusieurs reprises – qui fait la Une de la presse internationale. Son visage poupin s'étale en couverture de *Time, Newsweek, Fortune, Business Week.*

Pour beaucoup, il est le symbole de la transformation du capitalisme français, l'emblème d'un nouveau pays plus confiant, libéré de son fastidieux complexe d'infériorité. Messier incarne « la France qui gagne ». Il ne s'agit pas seulement d'un exercice de style pour les médias internationaux décidés à encenser l'homme miraculeux du jour de la « nouvelle économie ». Messier est une publicité vivante pour une France forte, prête à prendre la tête de l'Europe dans la course à la domination industrielle du nouveau millénaire. Lors de la cérémonie qui consacrera Messier comme la « Personnalité de l'année » à la chambre de commerce franco-américaine, en novembre 2000, l'ambassadeur de France aux États-Unis, François Bujon de L'Estang, résumera la légende naissante : « Jean-Marie Messier, vous avez fait la preuve de vos indéniables qualités de chef d'entreprise et de visionnaire à la tête de la prestigieuse mais vieillotte Générale des eaux, une grande entreprise française que vous avez su transformer en une société de services du XXIe siècle... Vous représentez l'archétype d'une nouvelle race de dirigeants qui efface les clichés traditionnels qui caractérisent la France. Vous avez concrétisé un nouveau modèle de gestion d'entreprise, plus conforme aux standards internationaux et, oui, américains, et plus en accord avec les attentes des investisseurs mondiaux... » Le milieu des affaires pouvait-il rêver plus belle consécration ? En propulsant Messier, six ans plus tôt, à la tête de la Générale des eaux, les Ambroise Roux, Guy Dejouany, Marc Viénot et autres membres de l'establishment lui avaient – mi-consciemment, mi-fortuitement – délégué cette mission de symboliser la France qui change, qui s'adapte et qui n'a pas peur du monde. Le message est passé au-delà de toutes leurs espérances !

Pour Philip H. Gordon, directeur du Brookings Centre For the US and France, les Français n'auraient pas trouvé l'impact de la mondialisation si problématique s'il n'avait été qu'économique. En d'autres termes, ce ne serait pas tant la lente disparition du dirigisme et du rôle de l'État dans l'économie qu'ils redouteraient que la disparition de la France elle-même : « De nombreux Français craignent qu'une mondialisation incontrôlée n'oblige la France à abandonner quelques-unes de ses chères valeurs traditionnelles dans le spectacle, les arts, les traditions culinaires ou la langue, en bref, toutes ces choses qui font la France. »

Intuitivement, les milieux culturels français connaissent toutes ces appréhensions. En s'appuyant sur un lobbying efficace et imposant, ils ont réussi à faire passer leurs convictions auprès des milieux politiques. C'est la France qui a défendu, au début des années quatre-vingt-dix, l'idée de l'exception culturelle auprès de l'Organisation mondiale du commerce, en prenant le risque de faire échouer toutes les négociations sur le libre-échange, soutenue par la suite par de nombreux pays européens et du tiers-monde. « Le désir de protéger la diversité culturelle dans le monde n'est en aucune façon un signe d'anti-américanisme mais d'anti-hégémonie. C'est un refus de l'appauvrissement », a déclaré Hubert Védrine, l'ancien ministre des Affaires étrangères de Lionel Jospin. Insistant sur le déséquilibre existant entre les États-Unis – qui bénéficient d'un vaste marché intégré où ils peuvent rentabiliser leurs produits culturels avant de partir à la conquête du monde – et les autres pays, la France a obtenu que la culture échappe aux règles du libre-échange et puisse bénéficier de tout un système dérogatoire au commerce international, avec subventions et quotas à la clé.

C'est tout cet arsenal protectionniste que les milieux du cinéma français craignent, en ce mois de juin 2000, de voir démanteler avec la création de Vivendi Universal. Que devient Canal+ dans cet ensemble ? Une petite entité noyée dans la masse ? La question n'est pas seulement théorique. Depuis sa création en 1984, la chaîne s'est engagée, en contrepartie de son monopole de télévision payante hertzienne en France, à consacrer 20 % de son chiffre d'affaires pour soutenir la création cinématographique. Avec les années, la machine s'est emballée : Canal+ dépense maintenant 145,5 millions d'euros par an pour le cinéma. Le groupe est devenu la pierre angulaire de tout le secteur en Europe. Il finance la quasi-totalité des films français, une grande majorité des films européens et même certains films d'auteur américains. Cela permet au secteur d'afficher une certaine résistance face aux films américains. La part de films français représente 41,5 % des entrées en 2001, contre 46,4 % pour les films américains. En Grande-Bretagne, les films britanniques ne représentent que 20 % des entrées, et en Allemagne les films nationaux n'obtiennent que 9 %. Un joli succès donc pour le système français. Mais aux États-Unis, les films français n'ont rapporté en 2001 que 7,5 millions d'euros. Une misère face à l'énorme puissance hollywoodienne qui monopolise 92 % de parts de marché chez elle.

Canal+ est au cœur de ce dispositif particulier. « Et si Vivendi Universal déprogrammait Canal+ ? » demandent dans une tribune du *Monde* plusieurs intellectuels, essayant déjà d'imaginer le scénario catastrophe. Messier a beau répéter : « J'aime les films hollywoodiens, mais j'adore le cinéma français », prendre des engagements sur le maintien de tout le système de financement du cinéma français, les réalisateurs français doutent de lui.

Messier en est vexé. Même s'il est puissant, surtout maintenant qu'il est si puissant, il souffre des sarcasmes et des quolibets quotidiens que lui infligent *Les Guignols,* des critiques incessantes des milieux culturels. Bruno Gaccio, l'auteur comique de l'émission satirique, qui n'a jamais caché son antipathie pour Messier, est un des plus virulents. Dans un article paru dans le *Time,* il attaque violemment le discours messianique de J6M : « Je veux profiter de cette opportunité, en toute modestie, pour rectifier un malentendu. Beaucoup d'entre vous, anglophones mal informés, pensez naïvement que Jean-Marie Messier est français. Faux. Il n'est pas non plus américain. Ou suisse, argentin, canadien ou quoi que ce soit d'autre. Jean-Marie Messier fait en réalité partie d'une communauté unique qui étend son empire à travers la planète tout entière : les "va chercher". Ces merveilleux hommes-machines sont ceux qui fabriquent les biens de consommation, qui exposent leurs certitudes sur la scène mondiale, engoncés dans leurs costumes sombres, admirés par les adulateurs. Je n'admire pas Jean-Marie Messier. Je ne le déteste pas non plus. Je me fous de Jean-Marie Messier. Je viens d'un petit pays exotique, la France, qui représente un peu moins de un pour cent de la population mondiale et dont la majorité des habitants n'a d'autre ambition que de mener une belle vie. Je suis moi-même comme ça. Les "va chercher" m'ennuient, la concurrence me fatigue et le succès professionnel me laisse de marbre. » J6M ne réagira pas à ces attaques. Comme il n'interviendra jamais sur un article le concernant, publié dans un des titres appartenant à Vivendi. Mais il n'oubliera pas.

Pendant cet automne 2000, il est d'ailleurs franchement exaspéré des querelles innombrables avec Canal+. Tout est matière à frictions : Canal+ doit-il ou non avoir une structure avec conseil de surveillance ? Peut-il ou non avoir la présidence de ce conseil ? Qui est responsable du cinéma ? Chaque fois, il se heurte à la chaîne et à Pierre Lescure qui menace à plusieurs reprises de démissionner. Ces questions paraissent subalternes pour J6M. N'a-t-il pas pourtant réussi à arracher dans les dernières vingt-quatre heures à la commission européenne de la concurrence à Bruxelles l'autorisation de fusionner avec Seagram et Canal+, contre la promesse de céder la participation du groupe dans BSkyB ? Lassé de ces ennuis, le président de Vivendi Universal décide de prendre du recul. Hollywood ou New York ne méritent-ils pas

185

autant d'attention que le quai André-Citroën ? Il est désormais le patron d'un groupe mondial.

Aidé par Christine Mital, une journaliste du *Nouvel Observateur*, Messier écrit son manifeste : *J6M.com.* C'est la réponse à *L'horreur économique*, l'essai de Viviane Forrester qui a rencontré un immense succès en France en 1996. Lui, il y croit, à la « nouvelle économie » et à l'âge internet. Après avoir été un des passeurs de l'économie administrée à l'économie ouverte, il se voit bien en démiurge du troisième millénaire et en chantre d'une mondialisation heureuse. Paru trois mois après la fusion, son livre s'impose comme une réponse au flot de diatribes anti-mondialisation. Il est de tous les combats. Contre José Bové, le leader paysan qui se bat contre les OGM et la logique des géants. Mais aussi contre le patronat, qui refuse les trente-cinq heures ou les pratiques du gouvernement d'entreprise. Cet exercice lui vaudra une solide réputation de donneur de leçons. « J'aurais dû être plus vigilant dès ce moment-là. Ce livre était un exercice indigne. Quand on est patron d'un grand groupe, on ne se lance pas dans la littérature de gare », dira en privé Guillaume Hannezo sans aménité.

Avec ce livre, Jean-Marie Messier acquiert un statut médiatique hors norme. Depuis Bernard Tapie, aucun dirigeant ne s'est ainsi exposé. Il est prêt à donner son avis sur tous les sujets du moment, à rencontrer tous les interlocuteurs possibles, à livrer à tout instant sa pensée. Tous les médias, français et internationaux, en redemandent. Il se montre à l'aise, vif et par-dessus tout accessible. Il débat en direct à la télévision avec José Bové, pose pour *Paris Match*, allongé sur son lit comme une starlette. Il encourage les producteurs à l'inviter dans les émissions françaises les plus populaires. Il est ainsi le premier dirigeant d'entreprise à apparaître dans *Vivement dimanche,* l'émission de Michel Drucker sur France 2. Il accepte de prendre cinq jours sur ses obligations de président pour la préparer avec une minutie inattendue. On l'y voit bondir, vêtu d'une veste de sport et d'une chemise ouverte, sans cravate, et pendant deux heures discuter en direct avec une pléiade de personnalités, allant de l'actrice Sophie Marceau à un jeune champion de ski. Là, il est dans son élément. « Pourquoi faites-vous ce genre d'émission ? » lui demandera plus tard l'épouse d'un de ses proches, un peu étonnée de le voir gesticuler de la sorte devant toutes les caméras du monde. « C'est mon plaisir. C'est ma seule détente », lui répondra la nouvelle star. Son parcours s'éloigne tellement du style de son milieu que même sa femme Antoinette avouera à un journaliste sur France 2 : « Jean-Marie nous étonne chaque jour. »

Que veut Messier ? Dans les cercles du pouvoir, on commence à regarder attentivement ses évolutions. « Il est au moins aussi puissant que le Président ou le Premier ministre français », constate Pierre Lellouche, membre important de l'ex-RPR. Il y a longtemps que certains prédisent qu'il finira par être tenté par une carrière politique. Cela n'a-t-il pas été le cheminement d'un Silvio Berlusconi, patron dans l'immobilier puis président d'un groupe de télévision et propriétaire d'un club de football, avant de devenir président du Conseil de l'Italie ? Ce dernier vient d'apporter un appui inattendu et probablement non désiré à J6M. Affirmant depuis longtemps que la France, tout comme l'Italie, a besoin d'être gouvernée par un homme d'affaires, il a déclaré que Messier ferait « un leader idéal ». L'intéressé, gêné pour une fois, a rejeté une telle éventualité, en déclarant qu'il aimait trop Vivendi pour faire de la politique. « Ma motivation n'est pas l'argent, déclare-t-il sans se démonter. Sinon je serais resté chez Lazard. Ni le pouvoir, ou je serais resté en politique avec Balladur. J'aime avoir des responsabilités et être récompensé pour ce que j'accomplis. En politique, la vie est trop courte : les politiciens prennent des décisions pour lesquelles ils ne sont pas responsables. Ils mènent aussi une vie trop nationale. Je suis un homme international[1]. » Il en profite pour annoncer qu'à l'avenir, il passera de moins en moins de temps en France. Il part en Amérique.

À Hollywood, on a regardé avec amusement et distance toutes ces gesticulations. La ville du cinéma est habituée de longue date à traiter avec ces financiers et ces maîtres du monde dont la tête tourne à la seule pensée d'approcher des studios. Le cérémonial est depuis longtemps rodé : on les éblouit, on leur fait investir tout l'argent possible puis on les chasse une fois qu'ils sont ruinés. La règle a fonctionné pour des dizaines de milliardaires. La tradition reprend avec Messier.

La première rencontre s'est faite avec tout le faste dont est capable la ville du cinéma. Visites des studios légendaires, discussions dans la villa de rêve de Ron Meyer à Malibu, rencontres avec des stars que les studios sortent pour impressionner... Pour sa première soirée, J6M dîne ainsi avec Pierce Brosnan, le nouveau James Bond, Kurt Russell et Warren Beatty.

Messier, cependant, a lu tous les avertissements concernant la nouvelle Babylone. Au départ, il se

---

1. Entretien avec l'un des auteurs.

garde bien d'y intervenir directement. La responsabilité des studios, c'est Pierre Lescure qui l'assume. Le président de Canal+ a obtenu cette fonction à l'automne, après d'âpres négociations : il était le seul à ne rien obtenir dans la fusion. C'est lui qui préside aux destinées d'Universal. Il est à Hollywood une fois par mois au moins. Pendant une semaine ou plus, il se tient au courant des projets, des négociations, des contrats, du budget. Il envisage même de louer une villa là-bas et d'y amener quelques collaborateurs.

Pour marquer son empreinte, il a pensé à un moment nommer Terry Semel, l'ancien président de la Warner, à la place de Ron Meyer. Mais son ami Jean-Marie a tout de suite arrêté le projet. Il ne veut pas chambouler la direction des studios. On ne change pas une équipe qui gagne. Les succès se suivent. En mars 2000, *Erin Brockovic* avait rapporté 255 millions de dollars et *Gladiator* 420 millions. Ron Meyer et Stacy Snider vont être élus l'homme et la femme de l'année par *Variety*.

Mais cette sagesse naissante ne dure pas longtemps. La deuxième phase du jeu hollywoodien a commencé : Messier appelle désormais régulièrement Stacy Snider pour s'informer des nouvelles d'Hollywood. Il exige la publication dès le premier soir des entrées des nouveaux films des studios, pour pouvoir afficher tout de suite les succès. Il a bien envie de regarder des scénarios.

Il amuse les tycoons et les stars avec son accent à couper au couteau, ses affirmations sur le fait qu'Universal sera dirigé par des Américains, ses louanges continuelles sur la direction du studio. En le voyant se précipiter dans les médias, faire la Une de tous les magazines, la ville a l'impression de connaître la fin de l'histoire. Ron Meyer le reconnaîtra avec une franchise déconcertante : « Les gens prennent-ils vraiment Jean-Marie Messier au sérieux ? Non. Mais nous sommes une ville cynique où de nombreuses personnes viennent et repartent. Parretti, Matsushita, Seagram. Cela prend du temps d'asseoir sa crédibilité à Hollywood. Le fait qu'il soit français représente-t-il un désavantage ? Probablement. » Pour les studios, il n'y a donc aucun doute : la malédiction qui s'abat sur tout étranger à la ville du cinéma frappera à son tour Vivendi Universal. Toute la question est de savoir quand.

CHAPITRE XII

Killer Diller

« Franchement, Jean-Marie, est-ce que cette acquisition est nécessaire ? » Jean-Marc Espalioux est l'un des administrateurs qui connaît le mieux Vivendi Universal. Avant d'être président du groupe Accor, il a été pendant sept ans le directeur financier de la Générale des eaux. Il en a suivi toutes les transformations. Mais cette fois, il est vraiment perplexe, comme un certain nombre de membres du conseil d'administration.

Messier a réuni ses administrateurs dans la précipitation, ce vendredi 14 décembre 2001. Tout est allé si vite que les membres du conseil sont éparpillés à travers le monde. Pierre Lescure est à Los Angeles, les administrateurs américains à New York, la majorité à Paris. À défaut de pouvoir réunir le conseil, le président de Vivendi Universal a décidé de le tenir par vidéoconférence. Il veut faire approuver au plus vite sa nouvelle acquisition. Après le rachat de l'éditeur américain Houghton Mifflin, il avait pourtant juré que le temps des achats était fini, que l'heure était à la gestion. Et voilà qu'il repart dans ses grandes manœuvres comme si l'euphorie de la croissance continuait, comme si les événements du 11 septembre ou le scandale Enron n'étaient pas arrivés, comme si

191

la prudence n'était pas de mise désormais. « Il n'a jamais réussi à faire la transition intellectuelle entre 2000 et 2002 », dira plus tard un administrateur.

Les Français du conseil ont appris le matin même, par les journaux une fois de plus, que Vivendi Universal allait prendre une participation de 10 % dans Echostar, un bouquet américain de chaînes par satellite. L'opération représente tout de même un investissement de 1,5 milliard de dollars. En cette fin d'après-midi à Paris, Jean-Marie leur propose en plus le rachat de la totalité de USA Networks dont le groupe détient déjà 43 % du capital. Une opération d'au moins 10,3 milliards de dollars, leur a-t-il expliqué brièvement. Les administrateurs n'en savent pas beaucoup plus. Tout s'est fait si vite qu'ils n'ont aucun document financier et juridique. La retransmission en vidéoconférence est si mauvaise que les interruptions sont incessantes entre un côté de l'Atlantique et l'autre.

En dépit de ces coupures, le Français perçoit les réticences de son conseil. Pour la première fois, certains membres hésitent, posent des questions. Ce n'est pas dans les habitudes. Un usage bien établi s'est instauré dans les entreprises françaises : on ne perturbe pas le conseil des autres par peur de voir gâcher le sien. Mais là, rien de tout cela. Le bateau tangue. Les Français s'inquiètent beaucoup du coût de l'opération. Les Américains, et pas seulement Edgar Jr, s'alarment de voir Barry Diller monter en puissance dans le groupe. Tous le connaissent bien, au moins de réputation. C'est un grand professionnel mais qui n'oublie jamais ses intérêts.

Mais le P-DG de Vivendi Universal n'est pas prêt à se faire voler sa victoire. La veille, il a fêté ses quarante-cinq ans. Il se sent au sommet de son pouvoir. Personne ne l'arrêtera. Depuis ce jour de juin 2000 où il a annoncé la fusion, il rêve de USA Networks. C'est la pièce qui manque à son puzzle. Avec Universal, il a les studios d'Hollywood et le deuxième catalogue mondial de films, un réseau de télévision en Europe. Avec USA Networks, la société de Diller, il ajoute des productions audiovisuelles, un réseau de chaînes câblées, sans parler d'un accès prioritaire sur le premier réseau américain audiovisuel par satellite, après son accord avec Echostar. Ces opérations portent en germe le développement futur du groupe. Il va réussir là où Rupert Murdoch a échoué : il va être associé à cette grande transformation de la télévision américaine.

En plus, il s'allie avec Barry Diller. Cet homme le fascine. Il est la référence redoutée et respectée du monde des médias américains. Il est aussi l'un des seuls qui réussissent dans internet. « À lui seul, il représente la moitié de l'actif », aurait déclaré Messier lors de la fusion. Les mois passant, la nécessité de s'attacher encore plus fermement cet homme s'est imposée. C'est le seul qui puisse l'aider à s'ancrer à Hollywood. Pierre Lescure est français, il ne pourra jamais prendre en main et contrôler les studios.

Un an après la fusion, le jeune P-DG vit déjà dans la crainte de se faire voler son empire. Face aux géants des médias comme Steve Case, le patron d'AOL-Time Warner, Bill Gates, le créateur de Microsoft, ou même Rupert Murdoch, il sait qu'il n'a pas la légitimité de ces entrepreneurs devenus milliardaires. Lui s'est juste contenté d'acheter des actifs dans des métiers qu'il ne connaît pas. Il entend les rumeurs qui circulent sur son compte. Au Four Seasons, un des restaurants huppés de New York où se retrouvent les financiers et les principaux responsables du monde audiovisuel, les spéculations vont bon train sur ses chances de se maintenir et de réussir.

Pour les faire taire, il est venu vivre avec sa famille à New York en septembre 2001. Méthodiquement, comme à son habitude, il a commencé à installer son règne. À un journaliste du *New York Times* qui relevait que, selon le code subtil du pouvoir, il était moins bien traité qu'Edgar Bronfman Jr parce qu'il disposait d'un bureau moins grand, le P-DG de Vivendi Universal répondit tout à trac : « Oui, mais le mien est un étage au-dessus. » Quelques jours plus tard, le 5 décembre, un an jour pour jour après la fusion entre Vivendi et Seagram, l'ancien complice, Edgar Jr, annonçait son départ de la vice-présidence du groupe pour ne garder qu'une place au conseil d'administration. Messier a été ravi que l'héritier renonce, contre 20 millions de dollars d'indemnités [1], à toute fonction opérationnelle : cela démontrait qui était désormais le vrai patron. Face à Edgar Jr, il a présenté un autre visage. « Il s'est mis à pleurer quand je lui ai annoncé mon intention de partir, raconte l'héritier de Seagram. "Je prends cela comme un échec personnel", m'a-t-il dit. Mais il avait cessé de m'écouter. Je lui ai dit : "La vérité est que je ne pense pas que tu as fait tout ce que tu aurais pu pour que cela marche à deux." Mais, en réalité, je ne pense pas que cela ait eu de l'importance. »

Mais il faut un autre signe fort pour s'imposer. Il a besoin d'un allié dans la place, un homme incontesta-

---

1. Ces indemnités avaient été négociées au moment de la fusion.

ble et incontesté dans les milieux audiovisuels américains qui l'aide à asseoir son pouvoir. Barry Diller est sans nul doute le meilleur. Avec lui, l'Amérique le reconnaîtra.

Mais à ses administrateurs, il tient un discours raisonnable reposant sur la seule logique financière. Le rachat de USA Networks, explique-t-il, est une opération de rationalisation de portefeuille. La participation que Vivendi Universal détient dans la société audiovisuelle ne lui donne aucun pouvoir de contrôle. L'opération va lui permettre, poursuit-il, de céder à Barry Diller toutes les activités internet, qui se révèlent très risquées. En contrepartie, le groupe récupère l'ensemble des actifs audiovisuels, très rentables. Une société unique, Vivendi Universal Entertainment, va être créée. Elle reprendra tous les actifs américains du groupe, à l'exception de la musique. Vivendi Universal y aura les pleins pouvoirs, le tout pour 10,3 milliards de dollars[1]. La somme laisse rêveurs les administrateurs de la famille Bronfman : quatre ans auparavant, Barry Diller leur avait acheté la même participation dans USA Networks pour 2,9 milliards de dollars en actions et 1,2 milliard en numéraire !

« Trop cher, beaucoup cher par rapport aux intérêts que l'on peut en attendre. » À plusieurs reprises, les équipes de Canal+, associées aux discussions à l'automne, ont fait connaître leur désaccord sur ce projet.

---

1. D'après les estimations d'Allen & Co, conseiller de USA Networks dans l'opération, publiées par les documents boursiers de la société pour l'approbation de la fusion, l'opération est évaluée entre 10,6 et 12,8 milliards de dollars.

Elles ont déconseillé aussi, en la qualifiant de « sans intérêt », la prise de participation dans Echostar. « Nous n'avons pas les moyens de nous payer une telle opération », a averti de son côté Guillaume Hannezo, le directeur financier. « Moody's est totalement hostile aux deux projets et risque d'abaisser sa notation si l'opération se réalise. »

« Vivendi peut-il se permettre une telle dépense ? Où en est son endettement ? » interroge à son tour, pendant ce conseil décisif, Jean-Louis Beffa, P-DG de Saint-Gobain et administrateur du groupe depuis près de quinze ans. Industriel et prudent, l'homme regarde avec circonspection la transformation du groupe dans les médias, une activité beaucoup trop éloignée de son monde. Il entretient aussi avec J6M une relation ambiguë : les deux hommes se sont retrouvés en rivalité feutrée en 1994 pour la présidence de la Générale des eaux. Depuis, rien n'est simple entre eux. Que cette question vienne du P-DG de Saint-Gobain n'étonne donc guère celui de Vivendi Universal. Il s'y attendait de toute façon. Sur les finances du groupe, il se fait extrêmement rassurant. L'endettement net atteint à peine 8,5 milliards d'euros, assure-t-il aux administrateurs. Un niveau plus qu'acceptable pour un groupe qui a 56 milliards d'euros de capitaux propres. De plus, cette opération ne va pas coûter très cher : l'essentiel va être payé en papier avec des actions Vivendi que le groupe détient déjà en autocontrôle, autrement dit des titres qu'il possède déjà. Le montage imaginé préserve tous les intérêts de la société.

Entre les actions A, les actions B, les obligations convertibles et les warrants, la direction a une fois de plus eu recours à un chef-d'œuvre de complexité.

Devant l'écheveau, les administrateurs, qui n'ont aucun document écrit à leur disposition, finissent par se perdre. Un détail, cependant, les choque : comment est-il possible que deux hommes d'affaires aussi avisés que Barry Diller et le milliardaire John Malone, qui est aussi actionnaire de USA Networks, acceptent d'être payés en actions, sans clause de révision ni garantie de cours, alors que les marchés sont en pleine tourmente et que le paiement aura lieu en avril ? La plupart des administrateurs sont des chefs d'entreprise. Ils n'ont jamais vu un avocat américain accepter un tel risque pour ses clients. Pourtant, Jean-Marie persiste : non, il n'y a aucune garantie de cours, aucun engagement. La seule promesse qu'a faite le groupe, déclare-t-il, est de racheter pour 275 millions de dollars la participation de 1,5 % que Barry Diller va détenir personnellement dans Vivendi Universal Entertainment. Mais le contrat, qu'il est en train de négocier avec Barry Diller et qui ne sera achevé que quelques semaines plus tard, n'est à aucun moment évoqué.

D'emblée, le patron de USA Networks a placé la barre très haut. Lui a repéré les bouleversements intervenus dans le monde financier depuis Enron. Il ne demande pas de garanties sur les actions mais sur le patrimoine de la société qu'il vend. Par un accord unique, il obtient que Vivendi Universal Entertainment prenne à sa charge tous les coûts fiscaux liés à la fusion. Il y en a pour 2 milliards de dollars. Il s'est assuré aussi qu'en cas de cession d'actifs appartenant à Universal, la moitié de l'argent de la vente sera bloquée et réinvestie dans la nouvelle structure. De même, la nouvelle structure ne pourra pas s'endetter au-delà de 800 millions de dollars. Le groupe perd, en fait, toute liberté de gestion sur ses studios et ses parcs de loisirs ! Barry Diller devient le cogérant des actifs américains de Vivendi Universal. Il obtient aussi la promesse de confortables stock-options.

Ni le conseil ni l'assemblée générale des actionnaires n'auront connaissance de cet accord. Il faudra attendre septembre 2002 pour en apprendre l'existence, lorsque Barry Diller rappellera à la nouvelle direction le contrat en or signé du temps de Messier. Tous découvriront qu'il est devenu le personnage clé de l'avenir du groupe aux États-Unis. Le calcul a été fait. Pour le désintéresser personnellement et fiscalement et retrouver une liberté de gestion dans Vivendi Universal Entertainement, Vivendi estime qu'il doit verser à l'Américain un milliard de dollars ! Un chiffre que conteste Diller qui campe sur une revendication de 2 milliards.

L'annonce de l'arrivée de Diller, par ailleurs, ne manque pas de créer des tensions internes. Comme chaque fois qu'il se trouve confronté à des difficultés, Messier sort son arme favorite : son chéquier. À Pierre Lescure, qui se voit priver de tout rôle aux États-Unis, il promet « un contrat américain », beaucoup plus avantageux fiscalement. Le président de Canal+ en verra une ébauche, sans plus. Avec Ron Meyer et Stacey Snider, responsables des studios Universal, l'affaire est plus délicate. Lorsqu'ils apprennent, lors d'une réunion interne, le 10 décembre, à Paris, la nomination prochaine de Barry, l'un et l'autre ne manquent pas de rappeler les promesses de Messier ; celui-ci les avait assurés qu'ils n'auraient jamais de supérieur hiérarchique. Tous les deux menacent de partir. À moins qu'on ne révise de façon substantielle leur contrat et leur plan de stock-options. Celui qu'ils ont ne vaut plus rien : l'action a tellement baissé ! Leurs revendications salariales seront entendues. Le premier obtiendra un salaire annuel de 13 millions de dollars, garanti sur sept ans, la seconde un salaire annuel de 2,5 millions de dollars, garanti sur cinq ans et assorti d'un bonus de 2 millions, sans oublier pour les deux Américains un nouveau plan de stock-options calculé sur les nouveaux cours de l'action[1].

De cela non plus, les administrateurs n'entendront pas parler lors de ce conseil du 14 décembre 2001 ni plus tard. Beaucoup d'ailleurs ont du mal à suivre les débats. Toute la réunion se tient en anglais, la traduction est monocorde. Les discussions sont sans cesse interrompues par des problèmes techniques. Au fur et à mesure que la réunion s'allonge, Messier s'impatiente. L'heure tourne, fait-il remarquer aux administrateurs qui posent des questions. Il a déjà dû reporter par deux fois une conversation avec John Malone. Barry Diller attend le résultat. Il est temps de passer au vote. On vient de retrouver les documents juridiques justement, à Paris. Ils vont être apportés. Mais les administrateurs n'ont pas le temps de les lire. Tout est déjà joué : le conseil approuve le rachat de USA Networks. Jean-Marie triomphe. Désormais, la conquête d'Hollywood peut commencer.

Salle Versailles, St. Regis Hotel à New York, lundi 17 décembre 2001. La salle est archicomble, les flashs

---

1. Lors de l'assemblée générale du groupe, en avril, J.-M. Messier demandera la possibilité de constituer un plan représentant 5 % du capital du groupe. 80 % de ce plan était réservé aux responsables américains et correspondait aux engagements pris lors de l'opération USA Networks. Mais ce projet sera repoussé par les actionnaires.

crépitent. Jean-Marie Messier exulte comme chaque fois qu'il se retrouve devant les caméras. Rien ne peut gâcher sa bonne humeur. Ni les petits contre-temps d'une conférence lancée à la hâte ni la panne d'électricité qui vient troubler la présentation. Grisé par l'ambiance, il se laisse aller au jeu des questions-réponses. « Que répondez-vous aux inquiétudes du cinéma français ? » lui demande soudain un journaliste français. Alors qu'il négocie un deal mondial, que vient-on le ramener à des contingences hexagonales, des problèmes de paroisse ? La réponse fuse, expression d'un non-dit mille fois remâché. Cette fois, pas de diplomatie : « En ce qui concerne votre question franco-française sur l'industrie française du cinéma, puis-je dire que, comme nous le savons et le comprenons tous, l'exception culturelle franco-française est morte, réplique Jean-Marie Messier en anglais. Nous vivons aujourd'hui une époque de diversité culturelle. Qu'est-ce que ça veut dire ? Ça veut dire qu'il nous faut être à la fois global et local. (...) Et pour moi, permettez-moi de le dire de manière peut-être trop agressive, ce genre de déclarations est un peu archaïque à l'époque où nous vivons et en ces temps de diversité culturelle, je crois que l'anxiété mise en lumière par cette question est totalement artificielle et sans fondement », ajoute-t-il.

« Vous l'avez dit ? Vous l'avez vraiment dit ? » Catherine Gros, la directrice de communication, piétine à la sortie de la salle. « Avez-vous vraiment dit que l'exception culturelle franco-française était morte ? » insiste Catherine Gros. « Je ne sais pas. Je ne sais plus. Ne m'ennuyez pas avec cela. De toute façon, cela aidera Pierre [Lescure] dans ses discussions avec le gouvernement et les cinéastes français », réplique le

P-DG de Vivendi Universal, balayant toute objection d'un geste de la main. « Si vous l'avez dit, alors je ne réponds plus de rien [1] », avait-elle conclu. Jean-Marie Messier a à peine entendu l'avertissement. C'est une autre phrase de la conférence de presse qui résonne à ses oreilles. Un journaliste a demandé à Barry Diller si, en tant que président de Vivendi Universal Entertainment, il aurait à rendre des comptes à quelqu'un. Dans la salle, tous les journalistes ont en mémoire le serment fait par le dirigeant de USA Networks de ne plus jamais dépendre d'un patron. Devant la presse, il a été obligé de revenir sur sa promesse : « Qui est le patron ? Moi ? Lui », a-t-il répondu, en désignant le P-DG de Vivendi Universal. « Jean-Marie Messier sera-t-il le prochain mogul des médias ? » interrogeait en couverture le magazine *Fortune,* en septembre. Trois mois plus tard, la réponse vient d'être donnée. Même si Barry Diller a adopté pendant toute la conférence une attitude extrêmement distante, même s'il a signé un pacte de non-concurrence de dix-huit mois seulement, J6M a été intronisé patron de médias américains, par le plus célèbre professionnel du secteur. Il est vraiment Maître du Monde.

---

1. Propos rapportés à l'un des auteurs le 21 décembre 2001. Une confirmation de ces paroles fut demandée en août 2002 à l'intéressée qui ne les a jamais démenties. Jean-Marie Messier, dans *Mon vrai journal,* nie que ces propos aient été tenus.

CHAPITRE XIII

Brouillage sur Canal+

« Peur sur le cinéma français. » Lorsque le président de Canal+, Pierre Lescure, et son directeur général, Denis Olivennes, découvrent la Une de *Libération* du 18 décembre 2001, ils sont atterrés. Ces dernières semaines, ils ont engagé des manœuvres d'approche auprès des milieux du cinéma français pour les acclimater à l'idée d'une renégociation du dispositif. Le système s'est emballé. Avec ses pertes, Canal+ n'arrive plus à faire face. La chaîne doit revoir ses engagements à la baisse. « Il faut passer en force », a plusieurs fois exigé Messier auprès de la direction de Canal+. « Moi je n'ai pas hésité à engager des épreuves de force quand il le fallait », a-t-il rappelé. « Oui, mais toi, tu ne risquais pas de voir Gérard Depardieu s'enchaîner aux grilles de Matignon », a rétorqué Denis Olivennes, agacé. À plusieurs reprises, les dirigeants de Canal+ ont renouvelé leurs avertissements : le cinéma est un sujet politiquement explosif en France. À force d'insister, ils pensaient avoir été entendus. Erreur. Le P-DG de Vivendi Universal les a placés dans une situation intenable. Les négociations avec le cinéma sont mortes avant d'avoir commencé. « Et maintenant, que veut-il que l'on fasse ? Il a tout saboté », s'énerve Denis Olivennes.

202

La polémique va dépasser toutes les craintes. La petite phrase est reprise, partout, en rafales. Les milieux culturels, qui n'ont jamais beaucoup aimé J6M, ce maître du monde qui leur dispute leur notoriété, se déchaînent. Marin Karmitz, ancien leader de Mai 68 devenu producteur, distributeur et soutien actif du cinéma d'auteur, Daniel Toscan du Plantier, autrefois responsable de la Gaumont, une des majors du cinéma français, devenu P-DG d'Unifrance, l'organisme chargé de la promotion du cinéma français à l'étranger, les membres du bureau de liaison des industries cinématographiques, puissant lobby français du secteur, les réalisateurs, des acteurs, rejoints par une poignée de cinéastes étrangers... tous crient à la trahison, dénoncent la pression croissante des enjeux financiers sur la culture. Voilà l'ancien roi des médias, le patron adulé, brusquement accusé de faire le jeu d'Hollywood et d'épouser les vues de Jack Valenti et de la Motion Pictures Association of America, puissant lobby du cinéma américain qui ne cesse de demander le démantèlement des aides au cinéma mises en place par la France depuis quarante ans. « C'est quelqu'un qui se fout du cinéma. Il se fout des problèmes des cinéastes, des créateurs. Ce sont des gens qui n'ont aucun rapport avec la création (...) sauf quand la création leur permet de s'afficher en première page, point à la ligne (...). La somme des images qu'il possède lui sert uniquement à lui acheter un appartement à Park Avenue. (...) L'ambition de Messier, elle est puérile », accuse le cinéaste Bertrand Tavernier, très en pointe dans ce combat, lors de l'émission télévisée sur M6, *Capital.* « Vous avez entendu cette haine ? Quand j'entends des propos comme ça, moi j'ai envie de lui répondre ce que mon fils de dix ans me dit tous les jours : face à la haine, le respect m'embrasse », réplique Messier en direct. Ému comme d'habitude.

Cette fois-ci, cependant, il est désarçonné par ce flot de critiques. Il tente de s'expliquer. On l'a mal compris. Il ne voulait pas remettre en cause la création française. Il est prêt à donner tous les moyens pour qu'elle puisse continuer.

Mais rien n'y fait. La petite phrase tourne. Les politiques s'en sont emparés. À cinq mois de l'élection présidentielle, le contexte est sensible, très sensible. La ministre de la Culture, Catherine Tasca, est la première à donner le ton. Très introduite dans les milieux culturels, réticente à la prise de pouvoir de Vivendi sur Canal+, elle garde aussi un souvenir mitigé de Jean-Marie Messier. Elle n'a pas oublié l'impair commis par ce dernier, lors d'une représentation du festival lyrique d'Aix-en-Provence : « Revenez quand vous voulez », lui avait-il dit, en tant que président de la manifestation, oubliant que le ministère de la Culture subventionnait, de longue date, le festival et que le ministre n'avait pas besoin d'une invitation d'un P-DG pour y assister. Depuis, Catherine Tasca a classé Messier dans la catégorie de ces financiers qui pensent qu'ils peuvent tout se payer, y compris la culture. Aussi sa réaction est-elle sans ménagement : « C'est le propos d'un homme d'affaires qui développe son groupe outre-Atlantique ; ce n'est pas une politique. Et ce n'est assurément pas celle de notre gouvernement. »

L'ensemble du monde politique lui emboîte le pas. Au ministère de l'Économie et des Finances, on n'a pas oublié les exemptions, les facilités, les multiples aménagements réglementaires et fiscaux qui ont été accordés à Vivendi pour aider à construire, comme le faisait miroiter Messier, un grand groupe de communication européen. À l'Élysée aussi, on s'énerve.

Jacques Chirac n'a jamais aimé ce Messier, ce balladurien trop lisse et trop poli. Il n'a pas oublié ses allers et retours auprès du pouvoir. Cela pouvait s'apparenter aux gesticulations habituelles. Mais voir ce freluquet s'arroger des prérogatives politiques et contester la position diplomatique de la France, voilà qui n'est pas acceptable. Lors de la présentation des vœux à la presse début 2002, la condamnation de Chirac tombe, féroce : « Considérer les œuvres d'art, les biens culturels comme des marchandises ordinaires est une profonde aberration mentale que rien ne peut justifier. » D'un mot, l'impudent est fusillé.

« Comment a-t-il pu commettre une telle bévue ? » Au dîner du Siècle, un club très chic où se retrouvent toutes les personnalités qui comptent, la conversation, en ce début janvier, roule sur le cas Messier. Comme souvent. Il y a ceux – encore rares – qui n'apprécient guère ce dirigeant, qu'ils jugent trop médiatique et donneur de leçons, et qui ne s'en cachent pas. Il y a ceux – beaucoup plus nombreux – qui sont agacés par sa façon de se mettre en avant mais qui n'osent pas le critiquer ouvertement et qui attendent dans l'ombre le moment des premières épreuves. Il y a ceux qui s'interrogent sur ses méthodes pour conduire les affaires mais s'inclinent devant sa réussite apparente. Il y a enfin les vrais amis – une poignée – qui ne cessent de le mettre en garde, lui recommandent la prudence, mais sont peu écoutés. Quel que soit leur jugement, tous lui reconnaissent une grande habileté. Jusqu'à présent ce quadragénaire a manœuvré sans commettre le moindre faux pas.

Mais aujourd'hui, il semble avoir perdu la main, constatent, surpris, ses pairs. Il commet erreur sur erreur. D'abord, il y a eu cette apparition ridicule, le 12 septembre, sur France 2, pour confirmer qu'il était bien en vie, comme si c'était la seule question qui importait au lendemain des attentats du World Trade Center ! Puis il s'est lancé dans un étonnant bras de fer avec le gouvernement pour ne pas payer les 619 millions d'euros, premier acompte de la licence UMTS de troisième génération de téléphonie mobile. Comme s'il était du pouvoir de J6M de rediscuter seul un contrat qu'il avait accepté et dont le montant avait été entériné dans le budget de l'État. L'affaire s'était terminée par une défaite cuisante : le gouvernement avait obligé le groupe à verser à dix heures du soir la somme due, sous peine de se voir imposer 10 % de pénalités de retard et de voir suspendre ses droits de diffusion. Il a continué à déraper en s'en prenant à Martin Bouygues, à la suite d'un article du *Nouvel Observateur* présentant le patron du groupe de BTP et de communication comme le véritable artisan du changement d'attitude du gouvernement sur l'UMTS. Messier avait alors écrit à son concurrent, en lui reprochant « une réécriture stalinienne de l'histoire ». Martin Bouygues lui avait répondu et terminait sa lettre en lui conseillant d'aller voir un psychiatre. La querelle épistolaire s'était sue et avait terminé à la Une du *Monde,* provoquant l'hilarité du monde des affaires, à la grande fureur de Messier.

Tout cela aurait pu s'oublier avec le temps. Mais il y a maintenant ce faux pas sur l'exception culturelle. En privé, de nombreux patrons ne sont pas loin de partager sa vision sur le sujet : à l'heure de la mondialisation, cette défense de la culture leur paraît soit très naïve, soit très hypocrite, de nombreux intérêts financiers inavoués se cachant, selon eux, derrière les grandes déclarations. Pourtant, tous jugent que le patron de Vivendi Universal a commis une faute impardonnable. Quel que soit le sujet, il existe un principe non écrit mais intangible, une règle d'airain à laquelle se soumettent tous les dirigeants : un patron s'interdit de critiquer publiquement une position diplomatique française, à l'étranger. « Comment a-t-il pu oublier cela ? » s'interroge le monde des affaires.

« Depuis qu'il s'est installé à New York, il semble ne plus comprendre la France », explique un banquier qui le connaît bien. Ils n'ignorent pas la fascination exercée depuis longtemps par les États-Unis sur le P-DG. L'Amérique, pour lui, est le pays de toutes les libertés, où l'audace n'est jamais bridée. C'est là, selon lui, que se jugent les vraies réussites, que se construisent les véritables empires. Les uns et les autres se sont amusés à différents moments à le voir jouer les patrons américains, en forçant sur le tutoiement et la convivialité.

Mais depuis son départ à New York, un changement plus profond semble s'être opéré. Ses pairs ont remarqué la transformation. Lui qui auparavant négligeait totalement son apparence, s'habillait sans goût, allant jusqu'à conserver des mocassins à la semelle bâillante parce qu'ils lui venaient du temps de ses études à Polytechnique, n'est plus le même homme. Il fait attention à son look ; il a considérablement maigri, il est toujours bronzé. Désormais, il s'habille chez les tailleurs les plus renommés et ses costumes sont soigneusement coupés. Son train de vie aussi n'est plus

207

celui d'un patron mais d'un milliardaire. Il ne voyage plus qu'en avion privé, avec un hélicoptère à l'arrivée, prend ses vacances aux Bahamas, sans parler des deux chauffeurs en permanence à sa disposition à New York. La table de Vivendi Universal est devenue l'une des meilleures de Paris. On y sert des mets très délicats accompagnés de grands crus exceptionnels. Et puis, il y a le duplex de 520 mètres carrés sur Park Avenue acheté par le groupe 17,5 millions de dollars. « C'est le mètre carré le plus cher du monde », s'étonna *Time Magazine* en relatant la nouvelle au printemps 2001. La décoration intérieure a été entièrement refaite par l'architecte Jean-Michel Wilmotte. « Combien tout cela va-t-il coûter ? » s'était inquiétée sa femme Antoinette. « Le même chiffre qu'en francs, mais en dollars », lui avait-on répondu. Entre les bois précieux pour l'escalier intérieur, les parquets, les meubles, les tentures[1], la facture s'était élevée à 2,7 millions de dollars.

À Paris, le P-DG de Vivendi Universal aimait jouer au cadre moyen, accompagnant ses enfants à l'école en Renault Espace. Mais à New York, on le voit plutôt fréquenter assidûment la haute société. Il côtoie le monde des affaires mais aussi beaucoup celui de la jet-set. En quelques mois, il est devenu un fidèle de

---

1. Ces dépenses de décoration n'auraient été autorisées qu'oralement par Edgar Bronfman Sr. Celui-ci aurait limité cependant la facture à 10 % du montant de l'achat. Les travaux ayant dépassé ce plafond, Jean-Marie Messier a payé 900 000 dollars de sa poche. Cet argent lui a été remboursé au moment de son départ. Lorsque le conseil a réexaminé la situation de l'ancien président en septembre, il a jugé que ce remboursement était indu et lui a réclamé la restitution de la somme. Au 31 décembre 2002, celle-ci n'avait toujours pas été rendue.

tous les grands banquets des fondations, de toutes les manifestations de mécénat. Il siège au conseil du Whitney Museum, est devenu vice-président du nouveau centre média du musée de la Télévision et de la Radio. Il est pressenti pour siéger au conseil du Metropolitan Opera tandis que sa femme a été invitée à rejoindre celui de l'Orchestre philharmonique de New York. « L'entrée en douceur de M. Messier dans New York est un des exemples les plus éclairants sur la manière dont un étranger avec des ressources financières, un statut et des relations peut pénétrer dans les premiers cercles de la culture et de la philanthropie de la cité », écrira le *New York Times* en juin 2002.

On l'y voit aussi fréquemment avec une femme qui attire tous les regards là où elle est. Claude Bébéar, président du conseil de surveillance d'Axa, rapportera, en plusieurs occasions et devant témoins, les confidences d'Éric Licoys sur cette relation qui aurait contribué à éloigner Jean-Marie Messier des affaires[1]. Fille de l'ancien ministre syrien de la défense Moustapha Tlass, veuve du milliardaire saoudien d'origine syrienne Akram Ojjeh, très liée aussi avec le Premier ministre libanais Rafik Hariri, Nahed Ojjeh s'est ins-

---

1. Ayant appris l'existence de ce passage alors que le livre n'en était qu'au stade du manuscrit, M. Éric Licoys est intervenu par l'intermédiaire d'un cabinet d'avocats, en contestant avoir tenu les propos qui lui étaient prêtés, et en exigeant, par un courrier recommandé du 12 février 2003, le retrait du texte de cette phrase, ajoutant : « De manière plus générale, il est bien évident que je vous interdis de me citer, d'aucune manière, sans mon autorisation préalable écrite. » Rappelons qu'Éric Licoys, à plusieurs reprises et par écrit, a formellement refusé de rencontrer les auteurs.

tallée en France depuis une dizaine d'années. Elle est devenue l'une des égéries des milieux parisiens huppés. Elle a notamment été très proche de Roland Dumas, alors ministre des Affaires étrangères, au début des années quatre-vingt-dix. À l'origine de plusieurs fondations, elle est une mécène importante, finançant les jeunes chanteurs lyriques français, des clubs d'échecs ou aidant, grâce à ses dons, la Bibliothèque nationale à acquérir aux enchères le manuscrit du *Voyage au bout de la nuit* de Céline pour 2 millions d'euros. Elle est peu à peu devenue très proche de la famille Messier. Aimant la décoration, elle a prodigué ses conseils pour l'aménagement de l'appartement à New York. Au point que la présence fréquente de cette milliardaire syrienne dans l'entourage du patron de Vivendi Universal aurait fini par inquiéter la famille Bronfman. Selon plusieurs témoignages, Edgar Bronfman Sr aurait fait des remontrances à ce sujet à Messier lors d'un voyage à Los Angeles. Ce dernier aurait très mal pris la remarque. Interrogé, Edgar Jr dit n'avoir jamais entendu parler de cette histoire. Pourtant, des proches du patron français disent qu'il a été frappé par cet incident qui aurait alimenté ses craintes d'un complot.

Tout à sa réussite new-yorkaise, le P-DG de Vivendi Universal n'a plus guère le temps de se préoccuper des problèmes à Paris. Même s'il vient une semaine sur deux en France, ses interlocuteurs ont le sentiment qu'il n'est plus accessible. Tout ce qui vient de ce « petit pays exotique », selon son expression, semble lui peser. « Dès qu'on ne parle pas de New York, on a l'impression qu'on lui vole son temps », confient alors plusieurs de ses proches. Certains lui ont conseillé de prendre un numéro deux à Paris. Il a refusé l'idée. J6M ne partage pas le pouvoir. Il se sent tout à fait capable de diriger seul Vivendi Universal. Il n'y a pas de difficulté : le siège du groupe est là où il est.

Avenue de Friedland à Paris, siège officiel du nouvel empire, les salariés, eux, vivent mal ce qu'ils ressentent comme un abandon. Auparavant, ils étaient dans un tourbillon permanent. Les opérations se succédaient à un rythme effréné. Mais tous savaient ce qui se préparait, les projets en cours, ceux à venir. Désormais, les couloirs sont silencieux. La holding ne s'anime que dans l'après-midi, à l'heure où New York se réveille. Les Parisiens apprennent tardivement ce que la direction étudie ou décide. Beaucoup ont l'impression d'être devenus des salariés de seconde zone. Pas un geste, pas un mot de la direction pour les rassurer. Alors que Messier multiplie les petits signes de reconnaissance et d'attention à l'égard des salariés américains, les salue, les invite, les réunit, il n'éprouve plus le besoin de parler à Paris. Le rapprochement tant promis entre les activités de part et d'autre de l'Atlantique n'a jamais eu lieu. Les fameuses « synergies » n'ont jamais été recherchées. Après une ou deux réunions, chacun est reparti de son côté.

Ayant pris l'habitude de décrypter les gestes de leur président, des cadres en ont vite tiré la conclusion : la France n'intéresse plus J6M. Des rumeurs commencent à circuler sur un possible déménagement du siège de Paris à New York. Certains disent même qu'il pourrait abandonner la nationalité française pour devenir américain. À chaque bruit, Messier dément mollement. Aux États-Unis, il se présente de plus en plus fréquemment comme le plus non-français (*unfrench*) des patrons français.

Un homme, à partir de l'automne, a particulièrement noté ce changement d'attitude : Pierre Lescure. Depuis six ans, le président de Canal+ entretient des relations très étroites avec Jean-Marie Messier. Entre eux, il y a eu des hauts et des bas. Des craintes de se voir trahir de part et d'autre, des petits complots suivis de grandes déclarations d'amitié. Mais il y a toujours eu cette fascination mutuelle. Les deux hommes sont tombés un moment sous le charme. Messier, l'enfant d'une famille catholique pratiquante, le premier de la classe qui s'est hissé au plus haut niveau de l'élite de la République, marié à une fille de général d'armée et père de cinq enfants, est séduit par ce fils d'intellectuels communistes, dilettante et drôle, longtemps noceur, amateur de rock et de cinéma, à la culture hollywoodienne encyclopédique, connaissant la terre entière dans le monde du cinéma et de la musique. Au début, il n'a cessé de mettre en avant le président de Canal+ auprès de ses interlocuteurs, de vanter ses qualités, de lui passer ses erreurs.

C'est toujours avec une pointe d'envie que le puissant patron regarde Johnny Hallyday sauter sur Lescure en l'appelant « mon Pierrot » ou Laetitia Casta se précipiter sur le patron de Canal+ au festival de Cannes en lui demandant de répéter les présentations – « Jean-Marie qui ? ». L'ancien journaliste de rock, lui, suit avec étonnement ce fort en thème, séducteur et menteur à ses heures, qui jongle avec les chiffres à la rapidité de l'éclair, qui a toutes les audaces, ose se poser en maître du monde. Entre les deux hommes s'est instauré un étrange jeu. Pierre Lescure semblait ouvrir à Jean-Marie Messier des portes de ce monde des médias qui l'attire. Le P-DG de Vivendi Universal paraissait lui promettre en retour d'entrer sur les terres hollywoodiennes, dont rêve le patron de Canal+.

Mais tout s'est arrêté depuis septembre 2001, depuis la vie à New York. Soudain, le temps où Messier confiait à ses proches : « Quand Pierre partira, je partirai aussi », semble très loin. Tout à coup, le patron de Canal+ n'est plus l'homme de la situation. Il lui a permis de prendre la totalité de Canal+. Maintenant, il ne peut pas lui ouvrir les portes de l'Amérique. Le jeune dirigeant a retrouvé ses vieilles habitudes : oublier les gens qui ne lui servent plus. Lescure commence à s'effacer de son univers.

C'est en novembre que Pierre Lescure a compris que quelque chose ne tournait vraiment plus rond. Au moment du budget 2002. À Canal+, cela tient toujours un peu de l'exercice de style. Enfant gâté de l'audiovisuel, laissant filer l'argent d'un quasi-monopole dans une ambiance de fêtes permanentes entre copains, la chaîne n'a jamais compté, même après avoir commencé à plonger dans le rouge. Sans trop se faire de souci, la direction générale transmet donc à la maison mère, en ce mois de novembre 2001, un document plus que succinct : l'ensemble des chiffres de 2001 ont été reportés pour 2002. La réponse de Messier revient par retour du courrier : ce budget est inacceptable.

Piteux, les responsables de Canal+ conviennent entre eux qu'ils ont exagéré. La chaîne est dans une situation difficile. Ils ne peuvent plus se contenter de gérer au jour le jour. Ils vont préparer un vrai budget. Pendant quinze jours, tous les responsables d'émission, tous les financiers sont mobilisés, examinent à la loupe les dépenses, traquent les économies. À la fin, pour la première fois à Canal+, ils ont le sentiment d'avoir préparé un budget dans les règles de l'art. Pourtant, l'accueil est tout aussi négatif. Une fois, deux fois, trois fois, Messier repousse les prévisions. Rien ne lui convient. Brusquement, il semble découvrir toutes les faiblesses de la chaîne cryptée : le prix du cinéma, le coût du sport, celui de l'expansion internationale, les engagements hors-bilan pris avec le football, la Formule 1, le rugby ou la boxe. Des sommes considérables qui s'envolent en fumée. La plupart de ces engagements ont été soumis et discutés en conseil et approuvés par le premier actionnaire. « Il faut tout renégocier », exige pourtant Messier, oubliant que tout cela ne peut se rompre sans dommage. Oubliant aussi que le cinéma et le sport sont la base du succès de Canal+ et qu'il faut du temps pour repenser de nouvelles grilles de programme. Ces diverses rebuffades sont un signal pour Pierre Lescure et Denis Olivennes. L'un comme l'autre se disent qu'ils pourraient bien être les victimes toutes désignées en cas de problème.

La deuxième alerte survient avec Telepiù, le bouquet italien de chaînes satellites à l'origine de plus de 1,1 milliard d'euros de pertes depuis son rachat. Celui-ci souffre d'un problème endémique de piratage et de coûts de programmes non contrôlés. Depuis fin 1999, Canal+ a commencé à reprendre sérieusement le dossier, a envoyé une nouvelle équipe, réécrit de nouveaux systèmes de cryptage et commence à gérer. Les dirigeants ont aussi entamé des discussions avec le concurrent Stream, détenu par Rupert Murdoch, encore plus déficitaire, pour étudier des remèdes et une éventuelle fusion. Mais tout cela ne va pas assez vite pour Messier. Il prend les choses en main et commence directement à négocier avec Tarek Ben Amar, l'émissaire de Rupert Murdoch. Début décembre 2001, à New York, il lui propose de racheter Stream pour 460 millions d'euros auxquels viennent s'ajouter 220 millions d'euros de dettes. Les équipes de Canal+ sont déconcertées : elles avaient commencé à discuter d'un rachat de Stream sur la base de 250 millions d'euros, trois fois moins que ce que propose le patron ! En ajoutant les pertes de la chaîne, ses dettes, les droits sportifs, la lutte contre le piratage, le projet de reprise négocié par J6M est estimé, en interne, à 1,7 milliard d'euros par Jean-Laurent Nabet, chargé au siège des investissements dans l'audiovisuel. Une somme énorme pour Canal+, qui va bien au-delà des moyens envisagés par Pierre Lescure et Denis Olivennes dans leurs études sur un possible rachat de Stream. « Jamais nous ne pourrons rentabiliser une telle acquisition », protestent-ils. « Nous retrouverons très vite l'investissement. Si le rachat est fait maintenant, nous fusionnons les deux chaînes, nous diminuons les dépenses, nous arrêtons les pertes et réglerons le problème du piratage », soutient au contraire Jean-Marie Messier. Pour lui, l'important c'est l'effet d'annonce. Le problème Telepiù est en passe d'être réglé. Il l'a dit au marché.

Mais il faut gérer la réalité, ce qui est plus difficile. Le chiffre de rachat a été lancé. Et rien ne se passe comme prévu. Les discussions traînent en longueur. Les autorités italiennes de la concurrence comme les pouvoirs publics s'inquiètent de la création de ce monopole dans les chaînes satellites. Murdoch ne semble pas pressé de conclure. Tout s'enlise. Pierre Lescure et Denis Olivennes ont le sentiment de voir le redressement de Telepiù leur échapper pour longtemps. « Tu veux un résultat rapidement. Vendons l'Italie », propose alors Olivennes à un Messier de plus en plus énervé par Canal+. « Jamais », répond-il, soutenu dans ce refus par Edgar Bronfman Jr. « Que deviendrait la stratégie de croissance de Canal+ ? » demande ce dernier. Paradoxe : Canal+ se voit ainsi reprocher chaque jour de ne pas faire aboutir une négociation qui lui a échappé.

Tout ce qui n'était que pressentiment devient conviction lorsque Pierre Lescure apprend le rachat de USA Networks et la nomination de Barry Diller. Quel va être son rôle maintenant ? Va-t-il être la première victime du Killer ? « Que devient Pierre Lescure ? » demande un journaliste, apercevant le président de Canal+ au premier rang de l'auditoire, lors de la conférence du 17 décembre. « Je vais répondre à sa place », réplique alors J6M, qui annonce que Pierre ne s'occupera désormais que de l'audiovisuel en Europe. Le lendemain, tous les amis de Lescure, ceux qui sont encore à Canal+ comme ceux qui sont déjà partis, lui adresseront des signes de réconfort. Mais les uns comme les autres ne pourront s'empêcher de lui rappeler leurs réticences à la fusion, au printemps 2000 : « Tu vois, on avait raison. Messier nous a trahis, t'a trahi. »

Dans son bureau, le Maître du Monde fulmine : « Toute cette histoire autour de l'exception culturelle est un coup monté », affirme-t-il à qui veut l'entendre. Ses soupçons se portent naturellement sur Pierre Lescure et ses amis. Le président de la chaîne cryptée ne dispose-t-il pas de tous les relais pour lancer une telle polémique et organiser sa défense ? « Et quelle hypocrisie chez ces cinéastes ! » ajoute-t-il en petit comité. Ils mettent en avant les problèmes culturels pour mieux défendre leurs petits intérêts financiers. Et que dire de ces hommes politiques ou de ces dirigeants de grands groupes qui s'empressent de le critiquer ?

Des envieux, sans audace, qui ne comprennent rien au monde d'aujourd'hui et qui jalousent son succès ! La France est décidément un tout « petit pays exotique », comme il le déclarera quelques jours plus tard à Los Angeles.

Personne dans son entourage ne dit mot. « Le danger est de se mettre hors la vie à force d'être persuadé d'avoir raison, à force de travailler avec des collaborateurs auxquels on aurait fait perdre le goût – ou le courage – de la contestation [1] », a-t-il pourtant insisté. Mais tous les importuns et les critiques ont depuis longtemps été exclus pour laisser la place aux courtisans, aux responsables toujours d'accord avec le président. Seule une petite garde rapprochée a encore un accès direct et permanent à Jean-Marie Messier. On y trouve Éric Licoys, Catherine Gros, Guillaume Hannezo, Agnès Touraine et Philippe Germond. Aucun d'entre eux ne semble trouver le courage, l'envie ou simplement la force d'arrêter leur patron.

On lui reproche de vivre à New York, de provoquer les élites culturelles et politiques, de trop s'exposer dans les médias, de bousculer les usages ? Ils vont voir, pense le président. Sa première réponse personnelle est adressée au monde des affaires parisien. Elle arrive début janvier 2002 sous la forme d'une carte hors norme, illustrée par deux dessins de Sempé. Sur l'un, un promeneur avec son vélo sur les quais de la Seine près du pont des Arts ; sur l'autre, deux amoureux se roulent dans l'herbe dans Central Park à New York. Avec les meilleurs vœux de Jean-Marie Messier...

Mais il veut une réplique plus magistrale. Il n'a qu'une obsession : trouver la meilleure façon de récu-

---

1. Jean-Marie Messier, *J6M.com, op. cit.*

pérer la main sur le débat culturel, prendre l'opinion à témoin, la retourner en sa faveur. « Le groupe a un problème de communication. Il faut s'expliquer, inverser l'image, passer outre les lobbies », tranche-t-il. Maurice Lévy, le président de Publicis, est appelé à la rescousse. Les deux hommes se sont connus au moment des premières opérations de privatisations en 1986. Ils ne se sont plus perdus de vue, surtout après l'accession de Messier à la présidence de la Générale des eaux. La compagnie est devenue au fil des ans un des plus gros clients de Publicis – son budget dépasse celui des constructeurs automobiles Peugeot ou Renault –, et Maurice Lévy un des plus proches conseillers du président. Lui aussi pense qu'il faut répondre, après la polémique sur l'exception culturelle. Une campagne de publicité est préparée par son agence : « Des exceptions culturelles ? Non, des hommes d'exception », clament les affiches sur fond de portrait de Picasso, Dalí, Louis Amstrong ou Mozart. Début janvier, l'état-major découvre le projet. Agnès Touraine approuve, Pierre Lescure ne dit rien, Denis Olivennes s'oppose. « Tu n'as vraiment rien compris à ce qu'était la culture. Tu ne peux pas faire cela. » Mais la voix du directeur général de Canal+ pèse peu. Plus tard, d'autres personnes influentes rejoindront le camp de l'opposition à cette campagne et réussiront à la faire enterrer in extremis.

S'il n'y a pas de campagne de publicité, il y aura au moins un entretien dans *Paris Match*. L'homme veut répondre à ses détracteurs, s'expliquer sur son installation à New York, ses opérations américaines, sa vision de la culture. Il veut en profiter pour régler ses comptes avec les milieux patronaux qui le critiquent, ceux qui doutent de son association avec Barry Diller.

Dans la foulée, il veut aussi répondre aux rumeurs qui courent tout Paris. On lui prête une liaison avec l'actrice Sophie Marceau ? Ce démenti public, flatteur pour son image mais préjudiciable pour la comédienne qui n'a rien à voir dans cette histoire, restera dans les mémoires comme d'une rare impudence.

Rendez-vous est donc pris avec les photographes de *Paris Match,* début janvier à New York. Le 8 janvier, alors que Vivendi Universal est en pleine tourmente boursière, Jean-Marie Messier passe son après-midi au bord de la patinoire. Il n'aime pas le patin à glace. Mais pour les besoins de la cause, il se plie à l'idée. Après avoir essayé de faire quelques prises de vue sur la patinoire du Rockefeller Center, les photographes et le P-DG se sont repliés sur celle de Central Park, plus grande. Mais le propriétaire des lieux exige une assurance avant d'autoriser les prises de vue. La requête est tout de suite transmise aux bureaux du groupe à New York puis au siège à Paris : il faut trouver une assurance pour le patron ! Quelques salariés de la direction générale sont réquisitionnés. Tout l'après-midi, les fax s'échangent entre Paris et New York sur un ton de plus en plus nerveux. Les employés sont sur les dents. Finalement, le précieux document est trouvé. Mais il est trop tard pour faire des photos. La patinoire sera relouée le lendemain au petit matin pour faire les prises de vue. Quinze jours plus tard, le monde parisien des affaires découvrira, ébahi, Messier virevoltant sur la glace, dans une lumière blafarde de petit jour. « Ça tourne rond à Manhattan », titre l'article.

« Jean-Marie, tu en fais trop. Il faut moins t'exposer, pour toi, pour ton groupe. Tu ne dois pas incarner seul Vivendi Universal, surtout en ce moment. Les marchés ont changé. Ils ne te suivent plus. » Une nouvelle fois, Georges Ralli, l'associé-gérant de Lazard – toujours si attentif à ce si grand client – l'a mis en garde. Cet entretien dans *Paris Match* risque de lui porter un tort considérable. Le petit monde parisien des affaires est vent debout, tandis que les marchés critiquent de plus en plus ouvertement son comportement. On parle désormais d'une « décote Messier ». Il ne peut plus continuer à provoquer ainsi tout le monde, lui répète-t-il. Aussi puissant soit-il, il a besoin de soutiens et d'appuis.

Mais Messier s'en moque. Depuis ses débuts, on ne cesse de lui répéter qu'il en fait trop. Il en a ri lui-même dans son livre *J6M.com*. Le conseil de Georges Ralli n'est donc qu'une mise en garde habituelle, sans plus. Les milieux d'affaires parisiens peuvent dire ce qu'ils veulent. Cela l'indiffère. Ils ont toujours peur de leur ombre, ils détestent tout ce qui tranche avec leur grisaille, tout ce qui a du panache, le succès, la réussite.

Il a d'autant moins envie de s'occuper de ces questions subalternes qu'il a d'autres préoccupations. Il lui faut veiller aux derniers préparatifs du forum économique mondial qui doit se réunir à la fin janvier 2002. Pour la première fois, le sommet a déserté les pentes de Davos en Suisse pour New York. Tous les grands chefs d'État, dirigeants économiques, penseurs doivent s'y retrouver pour échanger leurs vues sur le monde. Cette démarche exceptionnelle se veut un signe d'amitié à l'égard des New-Yorkais, éprouvés par les attentats du 11 septembre. Mais Jean-Marie Messier ne peut s'empêcher d'y voir une allusion personnelle à sa nouvelle vie américaine. Il a été nommé co-organisateur de la manifestation. Il est chargé de recevoir les plus grands de ce monde, d'animer des débats. Quel chemin parcouru depuis 1997, lorsqu'il s'était rendu, presque inconnu, pour la première fois à Davos !

Le 31 janvier 2002 en fin d'après-midi, le quartier autour du Waldorf Astoria, le palace new-yorkais, est totalement bouclé par les services de sécurité. Pas moins d'un policier tous les trois mètres. Tous ceux qui comptent dans le monde sont là : le vice-président et d'anciens présidents des États-Unis, le chancelier allemand, le secrétaire général des Nations unies, les plus grands banquiers de la planète, les plus grands dirigeants d'entreprise. Messier les connaît tous ou presque, les salue tous, en tutoie un grand nombre. Il se sent bien. Son groupe parraine la soirée d'ouverture. Il a invité des artistes européens, américains, asiatiques à se produire, les uns jouent du classique, d'autres du rock ou de la variété. Renée Fleming, Ravi Shankar, Herbie Hancoks, Phil Ramone, Peter Gabriel, Henri Salvador, Bono, Youssou N'dour sont invités au grand concert produit par Quincy Jones. « Cette soirée de *world music* a été conçue pour célébrer la diversité culturelle », a-t-il expliqué dans un communiqué commun avec Klaus Schwab, le fondateur de Davos. Il a même prévu le clou de la soirée : le chanteur algérien Khaled et la chanteuse israélienne Noa vont chanter ensemble sa chanson préférée, *Imagine*. Ce doit être le moment fort de la soirée, un symbole de sa vision du monde, de sa conception de la culture. Loin de tous ces petits cénacles parisiens.

CHAPITRE XIV

Dans le feu de l'action

C'est devenu une habitude, une drogue presque. Chaque jour, ou presque, Jean-Marie Messier s'installe devant son ordinateur et achète ou fait acheter des actions de Vivendi Universal par le groupe. Deux personnes dans le groupe sont au courant de ces achats quotidiens : le directeur financier et le trésorier. Le premier suit chaque mois le relevé des achats, le second intervient pour toutes les opérations, fournit l'argent, ou achète sur ordre. Au début, il avait justifié ses interventions par la nécessité de garantir les plans de stock-options des dirigeants : plutôt que de créer de nouveaux titres, n'était-il pas préférable de les racheter directement sur le marché ? L'assemblée générale du groupe en 1998 avait approuvé ce dispositif. Mais le groupe possède désormais largement assez de titres pour garantir les plans. Pourtant, les achats continuent de plus belle. J6M s'obstine à acquérir des titres pour redresser le cours, pour corriger un marché qui lui résiste de plus en plus.

Jean-Marie Messier est un homme d'actions. L'entreprise, pour lui, c'est avant tout un cours de Bourse. « C'est le bulletin de santé de Vivendi (...), une monnaie d'échange. La richesse d'une entreprise est indexée sur son cours de Bourse. Plus il est haut, plus elle a la capacité de se développer[1] », ne cesse-t-il de répéter. C'est aussi pour lui un vote quotidien sur son action, sa stratégie.

Pendant longtemps, il a été plébiscité par le marché. Entre son arrivée à la Générale des eaux en 1994 et le printemps 2000, le titre a été multiplié par plus de cinq, passant de 25 à 150 euros. Mais depuis la fusion avec Seagram, quelque chose s'est cassé. L'action ne cesse de tomber. Au-dessus des 110 euros à l'annonce de la fusion avec Seagram, à 75 euros lors du lancement de Vivendi Universal, elle est à 60 euros. La vente de grands fonds qui délaissent le groupe français parce qu'il ne figure pas dans les grands indices américains ne peut suffire à expliquer à elle seule cette chute. La vérité, c'est qu'avec l'explosion de la bulle internet le doute a commencé à s'insinuer chez les investisseurs sur la stratégie de Vivendi Universal.

Bon élève dans l'âme, le P-DG ne comprend pas ce brusque changement d'opinion. Il n'a jamais connu que la croissance. Toute sa vie de dirigeant s'est déroulée pendant l'exceptionnel boom économique qui a marqué les États-Unis et, à un moindre degré, l'Europe au milieu et à la fin des années quatre-vingt-dix. Il a participé avec délice à la fièvre de la spéculation autour des nouvelles technologies. Or tout cela a été balayé en quelques mois. Une nouvelle époque est en train de naître. Mais il ne sait comment s'y adapter. Les reproches qu'on lui adresse lui semblent injustifiés.

Jusqu'ici, il a toujours eu raison. Il a vu, avant les

---

1. Jean-Marie Messier, *J6M.com, op. cit.*

autres, l'ascension des médias, la révolution internet. Cette fois encore avec la convergence, il est persuadé d'avoir vu juste. Habitué à être le premier de la classe, il ne supporte pas la correction que lui inflige le marché. Il veut être le meilleur, retrouver le soutien des investisseurs. Avoir un cours élevé, c'est aussi sa matière première pour imaginer de futures opérations, continuer à grandir et construire son empire. Tout cela, le marché est en train de le lui refuser.

Dix fois par jour, il regarde les écrans Reuters pour savoir où en est son cours. De plus en plus obsédé, il ne cesse d'appeler le trésorier. Et il achète, en coulisse, sans le dire, toujours plus. En mai 2001, il passe à la vitesse supérieure. La famille Bronfman a décidé de profiter de la période de cession qui lui est ouverte contractuellement pour céder une partie de ses parts. Par peur de voir s'effondrer le cours sous un afflux de titres, Messier propose que le groupe rachète les 16,9 millions d'actions, soit 1,55 % du capital, sur la base de 75,1 euros par titre. Vivendi Universal engage 1,3 milliard d'euros dans l'opération. Mais les achats continuent après. À la fin juin, 2 % du capital détenu par le groupe ont été annulés, 1 % a été vendu, mais le groupe détient encore 6,4 % de ses titres en autocontrôle.

Au cours de l'été, une trêve s'instaure. Les attentats du 11 septembre et le scandale Enron mettent fin à ce répit. La banqueroute du courtier d'énergie texan, ancienne valeur star de Wall Street, jette une lumière crue sur certaines pratiques du capitalisme, reposant sur les manipulations comptables, le mensonge, l'enrichissement personnel. L'ère du soupçon s'installe sur les marchés. Les héros d'hier, toutes les valeurs des médias, des nouvelles technologies et d'internet, deviennent suspects. Symbole de l'époque, Messier figure en tête de liste, au côté d'AOL-Time Warner. En quelques jours, le titre décroche, perd plus du tiers de sa valeur pour tomber à 40 euros fin septembre.

Pour le groupe, c'est la cote d'alerte : persuadé d'un avenir toujours plus radieux, Vivendi Universal a accordé de nombreuses garanties liées au cours de son action. Si l'action continue de baisser et passe sous le seuil des 38 euros, il va devoir rembourser plus de 250 millions de dollars aux anciens propriétaires de la société californienne Rondor Music, un label de disques racheté en 2000. Il y a plus grave : il a vendu, sans le dire, auprès de banques des *puts*[1] autour de 68 euros en moyenne pour lever de l'argent afin de financer les indemnités des dirigeants. Si la baisse continue, le groupe va être condamné à payer la différence. L'addition peut dépasser le milliard d'euros. Enfin, il y a les stock-options pour les dirigeants, et les plans d'épargne d'entreprise.

« Je vous ferai riches », a promis J6M, la première fois que les équipes dirigeantes de Seagram et celles de Vivendi Universal se sont retrouvées ensemble à Orlando en Floride au printemps 2001. Quinze mois plus tard, tout le monde déchante.

Les salariés, attirés par les perspectives d'une hausse infinie, ont parfois investi toutes leurs économies dans les titres du groupe. Ils voient leur épargne diminuer chaque jour. Dans les couloirs de la holding ou des filiales, les récits se multiplient sur des cadres ou des employés qui comptaient sur leurs actions

---

1. Option d'achat ou de vente sur une action, soit à un cours, soit à une date déterminés.

pour acheter un appartement ou partir en retraite et qui se retrouvent en grande difficulté. Partout, l'ambiance devient pesante. L'équipe de direction, dont certains caressaient des projets d'achat de villa à Saint-Tropez, fait grise mine. Aux États-Unis, c'est pire : « Ils parlaient de cela toute la journée. Ils étaient très déprimés », racontera plus tard Barry Diller. Pour tous, c'est la fin de la fortune. Leurs stock-options sont devenues sans valeur : les cours d'attribution de la plupart des plans sont très au-dessus des prix du marché[1]. Messier lui-même est nerveux. Il a beaucoup investi dans les actions du groupe. Il a même emprunté pour acheter des titres. Il dit que sa fortune personnelle est menacée.

Il faut à tout prix enrayer cette chute. Deux semaines à peine après les attentats, le P-DG de Vivendi Universal annonce, le 25 septembre, que le groupe va acquérir, tout à fait officiellement cette fois-ci, 3 % de son capital pour l'annuler. Les investisseurs accueillent bien le projet. L'action commence à regagner du terrain, 45, 46 puis 50 euros. Mais le P-DG de Vivendi Universal veut beaucoup plus. Le groupe doit retrouver sa valeur d'antan.

Méconnu de la presse et des analystes américains, il entame une vaste campagne de séduction aux États-Unis. Il embauche une ancienne directrice de Credit

---

1. En mai 2000, un premier plan de 2,8 millions d'actions au prix de 111 euros fut décidé. En décembre 2000, un deuxième plan est voté, portant sur 10 millions d'actions à 78,6 euros, complété par un plan de 5,2 millions d'actions au prix de 78,6 euros réservé aux 91 principaux dirigeants. Enfin, un troisième plan de 13,3 millions d'actions au prix de 48,2 euros est voté en octobre 2001.

Suisse First Boston, Laura Martin, pour avoir une porte-parole américaine auprès des investisseurs outre-Atlantique. Lui-même rencontre systématiquement les journalistes, les analystes, les investisseurs qui comptent, et tente d'abattre toutes les réticences à l'égard de ce gros conglomérat jugé incompréhensible par la majorité des observateurs. Bientôt, les principaux intervenants à Wall Street n'ignorent plus rien de la transformation éclair de cette compagnie du xixᵉ siècle spécialisée dans la distribution d'eau en un géant hollywoodien des médias. Ils savent tout de la carrière météorite de ce capitaine d'industrie, « le Français le plus audacieux depuis Napoléon Bonaparte » comme il aime se présenter auprès des journaux anglo-saxons.

Mais dans le secret de son bureau, cet admirateur inconditionnel du marché continue chaque jour à travailler son titre, à intervenir dès que le cours donne des signes de faiblesse. Il ramasse bien au-delà des 3 % du capital qu'il avait annoncé vouloir racheter.

Guillaume Hannezo n'ignore rien de ces acquisitions incessantes. Au début, il interroge, puis il s'inquiète. Au fil des mois, les discussions s'enveniment, l'affrontement se profile entre les deux hommes. « Cela ne sert à rien. Ce sont des soutiens artificiels. On ne lutte pas contre le marché », insiste-t-il auprès de Messier à plusieurs reprises. Le directeur financier est d'autant plus inquiet que toute la trésorerie du groupe, les disponibilités financières, une partie des crédits à court terme du groupe sont mobilisées dans ces achats. Pour contourner l'hostilité de son directeur financier, Messier passe par deux salariés de la direction financière, Hubert Dupont-Lhotelain et François Blondet – pour acheter des titres. En décembre 2001, lassé de ne pas être entendu et désireux de protéger son avenir, Hannezo rédige une note destinée à l'ensemble de la direction et de la direction financière : « Désormais, indique-t-il, il est interdit d'acheter des actions du groupe sans un ordre écrit du président. » Jean-Marie Messier voit l'avertissement. Va-t-il s'arrêter ? Prendre conscience de ce qu'il fait ? Pas du tout. Au début de l'année, il continue à acheter. « Juste avant l'assemblée générale du 24 avril, il m'a dit qu'il voulait recommencer à racheter des titres. Il était persuadé qu'avec les résultats trimestriels que le groupe annonçait, l'action allait remonter[1] », racontera plus tard Guy Dejouany.

Au 31 décembre 2001, le groupe détient 9,9 % de son capital, juste en dessous du seuil des 10 % fixé par l'assemblée générale. Le titre est revenu entre 57 et 60 euros. Jean-Marie Messier, Guillaume Hannezo, ainsi qu'Agnès Touraine, Catherine Gros, et Micheline Clerc, assistante de M. Messier, profiteront de cette accalmie du mois de décembre pour exercer une partie de leurs plans de stock-options. Mme Touraine dit que cela s'est fait dans le cadre normal, au terme de cinq années de possession comme le veut la loi française. Les autres expliqueront cette levée de plan, par « souci d'optimisation fiscale ». L'opération, qui s'est faite sur la base de 50 euros par titre revendu par la suite à 60 euros, rapportera à Guillaume Hannezo, selon une note juridique de la nouvelle direction, 1,3 million d'euros. Le directeur financier semble avoir été le seul à revendre tous ses titres. Les autres intéressés disent les avoir conservés, étant manifestement suffisamment riches pour lever leurs

1. Entretien avec l'un des auteurs.

options sans avoir besoin de les revendre tout de suite après. « Y a-t-il un risque de délit d'initiés ? » s'interroge la note juridique soulignant la concomittance de la levée des plans avec la vente de l'autocontrôle du groupe négociée elle aussi fin décembre.

Le bilan de ces interventions, cependant, représente un fardeau financier colossal pour une société en formation. « Entre la fusion et les premiers mois de 2002, la société a acheté pour un total de 6,4 milliards d'euros d'actions », écrit Hannezo dans sa note aux autorités boursières. Les successeurs ont fait un calcul plus exhaustif encore. « En deux ans et demi, le groupe a engagé 11 milliards d'euros dans ses seuls rachats d'actions. Ces opérations se sont traduites par une destruction nette d'argent de 5,3 milliards d'euros pour le groupe », dit aujourd'hui Claude Bébéar, en tant que président du comité financier de Vivendi Universal. « Notre autocontrôle n'a pas pesé, en dehors des *puts,* sur la situation de trésorerie du groupe, rétorquera avec un aplomb rare Jean-Marie Messier dans *Mon vrai journal.* Il reste néanmoins de vraies questions. Ne faut-il pas revenir à une conception plus stricte, prévoyant que ce rachat soit accordé par exception et non par le biais d'une autorisation large et banale ? (...) La brutalité récente des mouvements de marché amènera peut-être, et sans doute est-ce souhaitable, à une révision des règles en vigueur. » Car cet adepte déclaré de la transparence et du gouvernement d'entreprise n'informera jamais le conseil ni de ces spéculations sur le titre ni des sommes engagées.

« Nous avons fait les déclarations obligatoires à la Commission des opérations de Bourse. Les administrateurs pouvaient en prendre connaissance. Ils ne l'ont pas fait. Cela pose un problème sur le fonctionnement du gouvernement d'entreprise. Peut-être faut-il considérer que la seule déclaration légale ne suffit pas ? Les administrateurs n'ont pas le temps de consulter toutes ces déclarations. Il faut sans doute le faire explicitement au conseil[1] », déclare, de son côté, Guillaume Hannezo. Assistant à toutes les réunions, celui-ci n'alertera pourtant jamais le conseil d'administration, en dépit des lourdes répercussions de ces achats massifs sur le groupe.

---

1. Entretien avec l'un des auteurs.

CHAPITRE XV

2001, l'année de toutes les erreurs

Les milliards jetés en pure perte sur le marché pour racheter les actions Vivendi vont cruellement manquer au groupe, tout au long de l'année 2001. Car la fusion à peine en marche, la passion des deals a recommencé. Au lieu de gérer, saisi par sa fièvre habituelle, Messier a acheté.

La première opération n'est pas la moins étrange. Vivendi Universal a deux mois à peine et se présente comme un groupe de communication. Son premier geste est de prendre une participation dans Maroc Telecom, une société de télécommunications qui n'a rien à voir avec la ligne qui vient d'être définie. « J'étais furieux. Cela avait été négocié sans m'avertir. Le rachat a juste été réalisé après la fusion. En termes de message que nous essayions d'envoyer aux investisseurs, l'effet était désastreux. J'avais passé six mois sur les routes à raconter notre histoire. Dans ce contexte, Maroc Telecom n'avait aucun sens », racontera plus tard Edgar Jr. Mais Messier veut montrer son nouveau pouvoir.

Puis, la holding retrouve son rythme de croisière : en moyenne, une opération par mois ! Il y a la société de divertissements Uproar, l'éditeur scolaire américain Houghton Mifflin, le site internet Emusic.com, les éditions HCCom et Juris Service, le site Scoot Europe, ou le label RMM Records Video, avant l'acquisition de MP3.com, sans parler d'un complément de participation dans la société de téléphone polonaise Elektrim[1], de la prise de contrôle de la société de télévision polonaise TKP, du premier versement de la licence UMTS en France, de différentes sociétés internet, de la prise de participation dans Echostar et, finalement, du rachat de USA Networks.

Et Vivendi Universal s'est presque restreint dans sa politique d'expansion ! Au printemps, il a en effet sérieusement étudié une fusion avec le Club Méditerranée, en grande difficulté, en vue de rapprocher le groupe de loisirs de ses parcs de jeux trouvés dans les actifs de Seagram. Il a aussi envisagé la reprise, pour 700 millions d'euros, d'Europ@web, le fonds d'investissement internet de Bernard Arnault. Le patron de LVMH, en contrepartie, aurait pris 2 à 3 % du capital de Vivendi. Messier souhaitait cette présence afin de rééquilibrer l'actionnariat du groupe après l'arrivée de la famille Bronfman. Le P-DG a aussi pensé à acheter Belgacom, la société de téléphone belge, et rêvé de Yahoo !, le portail internet international, deux dossiers qui l'ont régulièrement tenté. Enfin, il aurait aimé aussi intervenir dans le combat entre Comcast, la société américaine de satellite, et ATT Broadband.

---

1. En septembre 2001, le groupe, qui détient 49 % de la société de télécommunication polonaise depuis décembre 1999, rachète, avec l'aide de Lazard, à nouveau 2 % du capital pour 100 millions d'euros afin d'en avoir le contrôle. Pour ne pas consolider la dette de la société, ce qui aurait alourdi l'endettement de plus d'un milliard d'euros, ces 2 % sont replacés auprès de la Société générale et logés dans un *trustee*.

Pour se retrouver sous les lumières des projecteurs, il était prêt à engager 6 milliards de dollars dans l'opération.

La traduction financière de cette boulimie est impressionnante : pour sa première année d'existence, Vivendi Universal a engagé plus de 21 milliards d'euros dans ses acquisitions. La moitié est liée au rachat de la participation de USA Networks, payable en avril 2002. Mais tout le reste a été réglé en 2001. Une partie a pu être payée en titres mais l'essentiel l'a été en cash. Les banques conseils, elles, se sont gorgées de commissions. Sur chaque transaction, elles ont touché 2 à 3 % d'honoraires en moyenne, soit de 200 à 300 millions d'euros au total. Cela justifie de se montrer compréhensif avec un client si généreux.

« Nous sommes riches », ne cesse pourtant d'assurer Jean-Marie Messier. Avant la fusion, la compagnie a carrément reporté l'essentiel de son endettement sur sa filiale Vivendi Environnement. Dans son bilan de création, en janvier 2001, Vivendi Universal n'affiche donc que 10 milliards d'euros d'endettement brut, 3,5 milliards d'euros de dettes nettes, une fois soustraites les créances. Elle possède aussi deux importantes participations, l'une dans Vivendi Environnement, l'autre dans la société britannique de satellite BSkyB de Rupert Murdoch. Au début de l'année 2001, ces deux participations sont valorisées par le marché entre 8 et 10 milliards d'euros chacune.

« Il fallait les vendre. Mais Jean-Marie n'arrivait pas à s'y résoudre. Il a une âme de collectionneur », raconte aujourd'hui Hannezo. Étrange constat pour un patron qui a réussi à vendre plus de 20 milliards d'euros d'actifs de la Générale des eaux sans grand état d'âme. Qu'est-ce qui retient Messier ? Pour

Vivendi Environnement, le constat est connu. J6M n'a pas les mains libres sur cette société, tant vis-à-vis de son conseil que pour ses comptes : le groupe a besoin de l'argent de sa filiale pour assurer ses propres résultats. Pour BSkyB, la situation est plus confuse. La Commission européenne lui a imposé la vente de ses 24 % dans la société de satellite, au moment de la fusion avec Seagram. À l'époque, le cours est haut. Pourtant Messier ne s'y résout pas. Cherche-t-il à faire pression sur Murdoch, le propriétaire de BSkyB, ou à obtenir des contreparties à cette cession ?

Le magnat britannique sait qu'il a le temps et la loi pour lui. Il n'a aucune raison de tendre la main au Français qui a tenté un coup de force contre lui et a échoué. J6M attend. Mais ce n'est jamais le bon moment pour vendre. En février 2001, l'action BSkyB est à 1 250 pence. Mais Messier hésite. Quand il accepte enfin, il est trop tard. BSkyB ne retrouvera jamais ses niveaux de début 2001. Sous la pression de l'ultimatum de Bruxelles, le groupe est obligé en octobre de se séparer juridiquement de sa participation de 24 % dans la société satellite britannique. Au lieu de vendre, Vivendi Universal organise une prise en pension de ses titres auprès de la Deutsche Bank sur la base de 616 pence par action. Guillaume Hannezo se félicitera, malgré tout, de l'opération : grâce à un montage hypercompliqué s'appuyant sur la loi britannique, il a réussi à économiser 800 millions d'euros d'impôts sur les plus-values ! La belle affaire !

L'année 2001 sera constellée de ces occasions ratées. Messier est aussi toujours pris à contre-pied. Pour faire face à l'acquisition de Houghton Mifflin pour 2,2 milliards de dollars, il annonce, au printemps, la cession de la presse professionnelle. « Tout doit aller très vite, assure-t-il à la presse. Des fonds d'investissement sont intéressés. La vente rapportera au moins 2 milliards d'euros. » Une fois de plus, le P-DG de Vivendi Universal a parlé avant d'avoir conclu. Cette précipitation se retourne contre lui. Les acheteurs jouent la montre. Tout au long de l'année, le groupe attendra l'argent de cette cession. Il ne vendra qu'en mars 2002, et avec une grosse ristourne. Au lieu des 2 milliards d'euros espérés, il en obtiendra 1,3 milliard, et encore, après avoir consenti un crédit de 170 millions aux acheteurs et gardé une participation de 25 % dans l'activité. L'opération sera payée le 28 juin, au milieu de la folie du départ de Messier. Cinven se verra rappeler le 1er juillet pour relancer les discussions et acceptera, mi-juillet, de reprendre les 25 % restants pour 180 millions d'euros.

La vente des alcools de Seagram ne se passe pas mieux. Un accord de reprise a été conclu pour 8 milliards de dollars. Mais là aussi, l'affaire s'éternise. Les autorités antitrust épluchent le dossier. La vente ne sera réalisée que le 21 décembre. Et le dossier ne sera clos juridiquement et financièrement que début août 2002. Il y a quelques cessions qui se passent bien, comme celles de la participation dans Eurosport, la chaîne sportive européenne, dans France Loisirs ou d'AOL France. Mais tout cela est loin de répondre aux besoins financiers du groupe.

Alors, Vivendi Universal jongle avec les crédits à court terme, les financements en tout genre pour se payer ses actions. Il sollicite sa filiale Cegetel, malgré les accords entre les actionnaires qui interdisent toute utilisation de l'argent en dehors de la société. Celle-ci lui avance 720 millions d'euros. On reporte les positions de mois en mois. Personne ne s'inquiète car personne ne surveille véritablement les comptes. S'il y a 80 salariés dans le groupe pour le service communication, il y en a à peine une petite dizaine à la trésorerie pour suivre l'activité d'un groupe qui compte plus de 3 000 filiales ! On ne s'occupe pas des petites opérations. « À moins de 500 millions de dollars, cela ne m'intéresse pas », a plusieurs fois affirmé, sur un ton définitif, Dominique Gibert, le directeur financier adjoint.

Le groupe est riche, continue-t-on de penser. Alors, on vit sur un grand pied : voyages en Concorde, avions privés, déplacements incessants, réunions multiples, honoraires croissants de consultants et de banquiers installés en permanence dans le groupe. En 2001, les frais du siège dépassent les 300 millions d'euros, soit plus d'un million d'euros par personne. Les banques affichent la même insouciance. Elles se battent entre elles pour prêter à Vivendi Universal. Le groupe a une si solide réputation et négocie si fermement qu'il réussit à obtenir des conditions financières exceptionnelles : ses prêts se signent à 40, 50 points de base au-dessus des emprunts d'État[1]. Mais, en regard, les commissions sont très généreuses. En octobre 2001, la Barclay's accepte même de lui débloquer un emprunt de 1,5 milliard d'euros en moins de quarante-huit heures.

À la fin de l'année, la situation financière de Vivendi Universal s'est désintégrée. Alors que ce

---

1. Les taux obligataires des emprunts d'État, censés être l'investissement le plus sûr, servent de référence pour le financement des entreprises. Les taux qui sont demandés à ces dernières sont calculés en points de base par rapport au taux des emprunts d'État : 100 points de base équivalent à 1 %.

groupe déclarait avoir « zéro dette » en janvier, il affiche, pour sa seule activité médias et communication, un endettement de 14,7 milliards d'euros à long terme et de 8,5 milliards d'euros à court terme, sans parler des engagements contractuels ni du hors-bilan. Pour sa première année d'existence, le numéro un mondial de la communication n'a évité aucune erreur.

Vivendi Universal n'est plus en état de faire face à de telles charges. Le groupe imaginé par Jean-Marie Messier est impressionnant sur le papier mais n'a aucune cohérence industrielle ou financière. Plus familier des départements M&A[1] que de la gestion quotidienne et un peu routinière d'un groupe de services, il n'a jamais mis en place une organisation opérationnelle des métiers. « Dans une fusion, la création de valeur est dans l'exécution et non dans la stratégie. Regardez General Electric : ils n'ont pas de stratégie mais ils ont la religion de la mise en œuvre managériale. Messier n'avait aucun sens de la façon dont il fallait diriger un groupe. Alors que c'était une fusion qui requérait un réel savoir-faire opérationnel[2] », dira plus tard Edgar Jr.

Chaque responsable reste en réalité dans son coin, gérant sa division, sa société, sa branche. Les comités exécutifs, où se retrouvent tous les grands patrons du groupe[3], se révèlent sans objet. « On se demande tous

---

1. Les établissements financiers ont tous repris l'appellation anglaise de *mergers and acquisitions* (M&A) pour leurs services de fusions-acquisitions, devenus un des piliers de leur activité à la fin des années quatre-vingt-dix.

2. Entretien avec l'un des auteurs.

3. Philippe Germond (Cegetel), Guillaume Hannezo (finances), Andrew J. Kaslow (direction des ressources humaines), Pierre Lescure (Canal+ et Universal Studios), Éric Licoys

pourquoi on se retrouve ensemble autour de la table. Personne autour de la table ne connaît le métier de l'autre. Alors, on écoute sagement. On s'ennuie. Aucune coopération possible n'apparaît entre les métiers. Par défaut, on ne parle que d'acquisitions », raconte, un jour, Henri Proglio, lassé de ces simulacres. « C'est Vivendi Frères ici », s'emporte une autre fois Denis Olivennes, à la sortie d'un de ces comités. « On ne sait parler que de deal, donner la liste des prochaines acquisitions possibles, souhaitables. Et on est tous à se demander quelle opération choisir et comment la réaliser au plus vite. » Aucune synergie n'apparaît. Les seules affichées sont liées au *purchase accounting*[1]. Dans une note interne, les équipes financières ont évalué, au moment de la fusion, les effets de cette méthode comptable : « Pour la première année, le *purchase accounting* permettra une hausse de 700 millions d'euros sur notre editba et de 200 millions en 2002. » Les effets bénéficiaires et tangibles de la fusion n'iront jamais au-delà. La *World Company* restera au niveau de l'esquisse.

La situation est devenue intenable. Les bénéfices apportés par le cinéma, la musique, l'édition ne suffisent pas face aux pertes d'internet (2 milliards d'euros au total) et de Canal+ (374 millions d'euros). Ensemble, les activités contrôlées totalement par le

(Vivendi Universal), Jean-Marie Messier, Doug Morris (Universal Music), Henri Proglio (Vivendi Environnement), Agnès Touraine (Vivendi Universal Publishing).
1. Cette méthode comptable, largement utilisée aux États-Unis, permet, en résumé, de déduire deux fois, dans l'établissement des comptes après une acquisition, des frais normaux en charges exceptionnelles. Ce système fait mécaniquement progresser les résultats l'année suivante.

groupe ne rapportent pas plus de 250 millions d'euros de cash-flow libre par an. Une somme dérisoire pour un groupe qui a investi 60 milliards d'euros de capitaux en un an pour se créer. Seules les deux activités annexes de Vivendi Universal, le téléphone et les services à l'environnement, sont largement bénéficiaires. Mais le groupe ne contrôle totalement ni Cegetel ni Vivendi Environnement et n'a pas accès à leur trésorerie bien qu'il affiche le contraire dans ses comptes. Il est condamné à attendre leurs dividendes.

Dès septembre 2001, Ariane de Lamaze, chargée des relations avec les investisseurs, a tiré la sonnette d'alarme. « Je ne me sens pas capable d'expliquer cela aux investisseurs », déclare-t-elle lors d'une réunion interne. Cet accès de franchise déplaît au plus haut point à Jean-Marie Messier. Deux jours plus tard, elle quitte le groupe. En décembre, les agences de notation Standard & Poor's et Moody's s'inquiètent à leur tour de la situation financière du groupe. Bousculées par la banqueroute d'Enron puis du groupe d'équipements électriques Tyco et de l'opérateur de télécommunications Worldcom, ces institutions, qui sont parmi les gardiens du marché, ont considérablement durci leurs critères. Lorsqu'elles apprennent, début décembre, que Vivendi Universal a l'intention de racheter USA Networks, elles s'inquiètent. C'est l'acquisition de trop dans un groupe qui n'a pas lésiné sur les dépenses en 2001. L'une comme l'autre mettent le groupe sous surveillance « avec perspective négative ». Un cauchemar.

Alors que Vivendi Universal a plus que jamais besoin de financements extérieurs, elles menacent de lui en rendre l'accès plus difficile. La direction financière se mobilise pour trouver un compromis. Tandis que Jean-Marie Messier présente le rachat de USA Networks au marché et à la presse, Guillaume Hannezo, lui, négocie avec les agences de notation. Un programme précis est établi. Vivendi Universal s'engage à limiter les dépenses, ne pas faire d'acquisitions supplémentaires. Il promet de restructurer l'endettement et de vendre des actifs. Déjà, sans en avertir son président Henri Proglio, le groupe a cédé, dans la précipitation, 9 % de sa filiale Vivendi Environnement, ramenant sa participation de 72 % à 63 %. Mais il faut trouver vite d'autres fonds. L'argent manque. De nouvelles échéances arrivent. Un seul actif peut être rapidement vendu : les titres du groupe acquis tout au long de l'année.

Au bord de l'asphyxie, l'empire pense à une opération d'ampleur : vendre en une seule fois l'ensemble de l'autocontrôle, en dehors des titres promis pour payer USA Networks et les plans de stock-options. Sans en parler à son conseil – toujours faute de temps sans doute ! – Messier décide de ne plus annuler les 3 % de capital comme il l'avait annoncé. Ce sont 55 millions de titres, 5,5 % du capital, qui sont à céder en cette fin décembre.

Toutes les grandes banques internationales sont contactées. Comme d'habitude, le groupe se montre sûr de lui, pose ses exigences. La reprise de ses titres doit se faire sur la base de 60 euros par action, comme l'y oblige une des résolutions votées par ses actionnaires en assemblée générale. La plupart des banquiers hésitent : l'action vaut à peine 57 euros. Beaucoup proposent d'attendre, d'étudier une émission obligataire remboursable en actions, ou d'étaler le tout dans le temps. « Trop long », tranche la direction financière. Des discussions acharnées s'engagent. Le groupe veut cette vente. Chance ? Le titre se reprend dans les derniers jours de l'année et revient à 60 euros. Un des banquiers qui a réalisé l'opération de placement s'interroge aujourd'hui sur cette hausse bienvenue du cours. Il espère que la COB enquête.

La Deutsche Bank et Goldman Sachs, qui se disputent les faveurs du groupe, finissent par franchir le pas. Rognant sur sa commission, la Deutsche Bank l'emporte et propose de reprendre tous ces titres pour 3,3 milliards d'euros. « Vous nous sauvez de la cessation de paiement », s'écrit Dominique Gibert, devant témoins, au siège, au moment de la signature avec la banque allemande. Dépitée d'avoir perdu, Goldman Sachs revient à la charge et finit par obtenir une partie du placement.

Dans l'avion Paris-Londres, plusieurs banquiers se retrouvent le mardi 8 janvier 2002 au matin. Les vacances de Noël viennent juste de s'achever. Mais personne n'en parle. La discussion ne porte que sur l'opération Vivendi Universal. Le matin, la Deutsche Bank et Goldman Sachs se sont présentées sur le marché pour vendre les 55 millions de titres. Pourquoi une telle précipitation ? L'opération est très risquée : alors que le titre vient à peine de retrouver le seuil des 60 euros, les banques risquent de se faire coincer par les arbitragistes qui vont jouer le titre à la baisse. Les craintes de ces banquiers se révèlent fondées : la vente tourne à la catastrophe. À la fin de la journée, les deux banques restent « collées » avec plus du tiers des titres Vivendi Universal. L'échec leur coûtera, selon les estimations du marché, entre 300 et 400 millions d'euros chacune.

Plus tard, la direction de Vivendi Universal parlera

241

de malchance. L'opération, soulignera-t-elle, a été lancée juste le jour où AOL-Time Warner, son principal concurrent, a annoncé un *profit warning* et déclaré que ses pertes pourraient atteindre entre 50 et 60 milliards de dollars. La nouvelle des difficultés du groupe qui a servi de modèle à Jean-Marie Messier a effrayé le marché, explique-t-on. Mais cette coïncidence ne peut masquer l'essentiel : en vendant massivement ses titres, Vivendi Universal a donné lui-même le signal de la débâcle. Le groupe commence sa saison en enfer.

Dans les couloirs du siège, on minimise l'accident. Chacun répète, comme explication, le nouvel adage de J6M : « Le marché a toujours raison mais il n'a pas tous les jours raison. » La direction financière est plus inquiète. Les 3,3 milliards obtenus de la cession ont tout de suite été absorbés dans des remboursements de crédits. À nouveau, le groupe risque de manquer rapidement de liquidités. La catastrophe semble se rapprocher. « Il faut envisager très vite une émission obligataire de 2,5 à 3 milliards pour consolider la structure financière du groupe », insiste une note interne de la direction de la trésorerie, dès la fin janvier. Mais après l'échec du placement, le groupe hésite à solliciter à nouveau les investisseurs. Il commence à être mal vu. Trop souvent entendu, trop souvent vu, annonçant des opérations avant qu'elles ne soient réalisées, le président de Vivendi Universal s'est démonétisé. Dans le groupe, on le presse de s'expliquer sur sa politique. Mais le président ne veut pas. Lui qui aimait auparavant rencontrer les analystes et les investisseurs, qui savait les convaincre et les séduire, ne veut plus, en ce début d'année, les voir. Le marché ne l'aime plus. Il n'aime plus le marché.

L'abandon de cette émission obligataire est un nouveau handicap pour le groupe. D'autres engagements courent. Il y a le rachat de Stream, la chaîne italienne de Rupert Murdoch. Ayant imposé le rachat à un prix bien supérieur à celui prévu par Canal+, la maison mère est obligée de s'y associer et devra au moins apporter 300 millions d'euros. Il faut aussi payer le rachat de USA Networks, celui d'Echostar, les crédits accordés à DreamWorks, la structure de production de Steven Spielberg, ceux pour les parcs de loisirs d'Orlando. L'addition s'élève au bas mot à plus de 4 milliards d'euros. Il faut trouver l'argent d'ici avril 2002. Mais il y a plus pressé : le rachat de 15 % de Maroc Telecom pour 1,1 milliard d'euros, prévu en février. « Il faut d'urgence *discloser* [rendre publique] cette obligation au marché », s'inquiète en janvier, dans une note interne, Guillaume Hannezo, le directeur financier. Mais comment expliquer cette drôle d'affaire au marché ?

Fin 2000, Jean-Marie Messier s'est entiché de ce baroque projet de rachat. Le gouvernement marocain a décidé, à l'époque, d'ouvrir le capital de son opérateur national de télécommunication. Depuis l'annonce de la fusion, cette activité ne fait plus partie du cœur du nouveau groupe. Mais qu'importe. Le P-DG de Vivendi Universal veut montrer sa nouvelle force de frappe financière et sa liberté de manœuvre. Il se lance dans la bataille, avec l'appui de Thierry de Beaucé, ancien diplomate. En face, des groupes concurrents comme France Telecom sont sur les rangs. Les uns après les autres, à l'étude du dossier, se retirent : Maroc Telecom est une société saine et qui fait des bénéfices mais le gouvernement demande beaucoup trop d'argent pour une participation appelée à rester minoritaire. Selon le schéma retenu, 35 % des titres doivent être cédés à un opérateur et 15 % à des partenaires financiers, tandis que l'État conserverait les 50 % du capital restants.

Vivendi Universal se retrouve seul sur le dossier. Une position de force. À l'étonnement général, il ne l'utilise pas. Alors que la commission de privatisation marocaine avait parlé d'un prix idéal de 2 milliards d'euros pour les 35 % de capital, il propose – stratégie originale ! – 2,4 milliards. La contrepartie de cette surenchère ne sera jamais expliquée. Officiellement, le groupe a obtenu, contre cette offre, la gestion opérationnelle du groupe [1]. À ses côtés, un groupe financier saoudien, Dallah Al Baraka, s'est engagé à racheter la participation de 15 % pour 1,1 milliard d'euros.

Mais après le 11 septembre, tout le montage capote. Le groupe français propose alors de racheter la participation pour le même montant en février 2002. Une équipe financière a fait les calculs. Majoritaire dans Maroc Telecom, le groupe va pouvoir faire remonter les cash-flows, les bénéfices, et endetter, au profit du groupe, la compagnie marocaine, ce qui lui permettra de rentabiliser la mise. Par anticipation, les bons résultats de la société sont consolidés dans les comptes du groupe, sans qu'aucun auditeur ne s'en émeuve. Mais, en janvier 2002, Vivendi se rend compte qu'il ne peut pas payer : il n'a pas les moyens d'engager plus d'un milliard dans une opération surévaluée et présentant un intérêt marginal pour le

---

1. Dans la foulée, Vivendi Environnement remportera quelques semaines plus tard l'appel d'offres sur la gestion de l'eau et de l'électricité à Tanger et à Tétouan.

groupe. Sans le dire, il renégocie avec le gouvernement marocain et obtient de repousser son engagement de rachat jusqu'en 2005 sans prix imposé, contrairement à l'accord antérieur. Quelles contreparties a-t-il acceptées en échange ? Seul signe de changement manifeste : Vivendi Universal perdra la gestion opérationnelle de Maroc Telecom et se verra reléguer au simple rang d'actionnaire minoritaire, toujours sans l'afficher.

Sans connaître les détails, le marché pressent les difficultés. Depuis longtemps, certains observateurs se sont inquiétés du changement incessant des normes comptables, du périmètre mouvant des activités de cet énorme conglomérat, de la complexité de plus en plus grande de ses opérations, de ses comptes incompréhensibles. Mais jusqu'alors, les autorités boursières n'avaient jamais opposé la moindre remarque et encore moins d'objection. Tout change avec l'affaire Enron, qui soulève d'importantes questions sur toutes les instances de contrôle et de régulation. La Commission des opérations de Bourse, responsable de la surveillance des marchés boursiers en France, se sent mise en cause à son tour. Un dirigeant l'incite particulièrement à conduire de façon plus active sa mission de surveillance : Philippe Danjou, chef du service des affaires comptables de la COB. Ancien auditeur chez Andersen, il a quitté le prestigieux cabinet d'audit bien avant que celui-ci ne soit acculé à la faillite. Mais il connaît tous les travers et les ficelles du métier. Aussi, lorsqu'en février les auditeurs de Vivendi Universal – les uns représentant le cabinet d'audit indépendant Salustro Reydel, les autres Andersen – viennent discuter avec les autorités boursières des comptes de Vivendi Universal, il se montre on ne peut plus attentif.

Une opération retient particulièrement l'attention de tous : l'opération sur les titres BSkyB. Dans les faits, l'opération est un prêt avec les actions déposées en garantie. Mais le montage juridique et fiscal est si complexe que personne ne sait comment le qualifier. S'agit-il d'une cession ou d'un prêt garanti ? « Une cession », affirment les représentants des deux cabinets d'audit en février à la COB. « Un prêt », soutient Xavier Paper, responsable de la doctrine économique chez Salustro Reydel, qui a envoyé, le 21 février, ses conclusions à la COB.

L'affaire semble s'apparenter à une simple question de normes comptables. Mais derrière, les conséquences sont lourdes. Si le montage est qualifié de prêt, le groupe est obligé d'inscrire 2 milliards d'euros de plus d'endettement. Mais il y a pire : il doit afficher un résultat net en perte de 1,5 milliard d'euros[1]. Tout le discours de Jean-Marie Messier sur Vivendi Universal – groupe prospère préservé, à l'inverse de ses concurrents, de la crise de la publicité et des médias – s'écroule. Tendu, le P-DG ne veut pas montrer que l'enjeu est si crucial pour lui. « Soyons clairs, le choix [de la norme] m'importe peu. (...) Par contre, deux choses m'importent : que l'analyse soit conduite avec rigueur et discernement, et, d'autre part, que la décision soit connue en temps utile pour pouvoir être intégrée et commentée dans les comptes du groupe », écrit-il dans une lettre de trois pages adressée à Michel Prada, président de la COB, le 11 février 2002, une semaine avant la réunion des auditeurs avec les autorités boursières. Dans le monde feutré des affaires, une telle missive échangée entre deux hauts fonc-

---

1. *Le Monde*, 3 juillet et 11 septembre 2002.

tionnaires, amis de longue date de surcroît, équivaut à une vraie mise en garde : Messier entend qu'on lui laisse toute liberté de choix pour arrêter ses comptes. Celui-ci nie cependant avoir voulu faire la moindre tentative de pression sur la COB.

Aussi, lorsque le groupe apprend, le 1er mars, la décision de l'organisme de contrôle de se ranger à l'avis de M. Paper, le style change radicalement : « Je suis furieux d'apprendre en relisant le mémo de la COB que ces derniers ont reçu un avis de Xavier Paper [chef de la doctrine chez Salustro]. (...) Je souhaite donc que tu m'adresses une copie du mémo de Paper et que tu m'indiques la suite que le cabinet entend prendre pour éviter à l'avenir ce type de problèmes qui peuvent être grandement préjudiciables à VU », s'indigne Dominique Gibert, dans un e-mail envoyé tout de suite après à Bernard Cattenoz, l'un des auditeurs de Salustro Reydel chargé des comptes Vivendi Universal. Deux heures plus tard, Guillaume Hannezo réagit à son tour : « Il y a un vrai problème de fonctionnement du cabinet Salustro et j'espère qu'il y sera remédié au plus tôt d'une manière ou d'une autre », écrit-il dans un autre courrier électronique. À 21 heures, Jean-Marie Messier lui-même proteste : « Je suis extrêmement choqué d'apprendre tout cela, et cela me pose un vrai problème d'éthique dans le professionnalisme du cabinet Salustro ; cela, ajouté aux ragots des démarches auprès du président de la République, me rappelle des heures que je croyais révolues[1] ! »

---

1. En parlant de ragots, Jean-Marie Messier pense qu'Édouard Salustro, président du cabinet d'audit, est allé à l'Élysée, où il a ses entrées, colporter de fausses rumeurs sur le P-DG de Vivendi Universal. Son allusion aux temps révolus semble faire référence

Quand un client de l'importance de Vivendi Universal, représentant plus de 20 % des revenus du cabinet, proteste, difficile de ne pas l'entendre. Le cabinet Salustro Reydel ira même plus loin : « Nous tenons à vous exprimer nos regrets sur les incidents provoqués par l'un de nos associés. (...) À réception de votre courrier, nous avons avancé la réunion du directoire à aujourd'hui dimanche 3 mars. Au cours de cette réunion, le directoire a décidé, à l'unanimité, de suspendre Xavier Paper de sa fonction de directeur de la doctrine, avec effet immédiat », répondent Jean-Claude Reydel, président du directoire du cabinet, et Bernard Cattenoz, le 3 mars. La COB s'en mêlera et la société d'audit renoncera finalement à cette sanction.

La colère de Jean-Marie Messier ne s'éteindra pas pour autant. Comme le groupe ne peut rompre son contrat avec le cabinet Salustro[1], il prendra prétexte qu'il n'a plus de grand cabinet international pour auditer ses comptes depuis la faillite d'Andersen, pour pousser son deuxième auditeur à être absorbé par KPMG. L'affaire échouera au dernier moment, à cause de l'opposition du quart des associés de Salustro. Mais elle laissera le cabinet à feu et à sang. Pour « préserver » la réputation de la place de Paris, les autorités boursières ne parleront jamais de la tentative de pression de Vivendi Universal sur ses auditeurs. Elles rappelleront encore moins le groupe à l'ordre. Pour elles, le seul fait d'avoir réussi à imposer un changement de normes comptables relève déjà de

à l'agitation qui avait entouré sa nomination à la présidence de la Générale des eaux.

1. La loi française prévoit que tout groupe doit nommer deux cabinets d'audit pour établir ses comptes. Pour assurer leur indépendance, ils sont irrévocables pendant six ans.

l'exploit. La direction de Vivendi Universal niera toujours la moindre tentative de pression sur ses auditeurs : le dossier, selon elle, n'avait aucune importance.

Au siège, pourtant, Messier ne décolère pas. Puisqu'il faut afficher des pertes, autant le faire massivement. Le groupe recèle d'énormes survaleurs[1] dans son bilan qu'il a tues jusque-là. Il faudra les provisionner au premier semestre 2002 pour se conformer aux nouvelles dispositions comptables aux États-Unis. Pourquoi ne pas anticiper ? Il faut profiter de la période de baisse, de l'arrivée de l'euro, qui perturbe les petits actionnaires pas encore très familiarisés avec les nouvelles parités, pour nettoyer les comptes de toutes les erreurs. En quelques jours, les auditeurs et la direction financière, qui avaient préparé cette alternative, reprennent tout. Les effets comptables masqueront la situation financière réelle.

Lorsque, le 5 mars, le conseil d'administration découvre les résultats du groupe, il ne peut s'empêcher d'être surpris. Des informations sur d'importantes provisions chez Vivendi Universal étaient sorties dans la presse depuis deux jours pour préparer le marché à la nouvelle. Pourtant, l'ampleur du déficit dépasse toutes les prévisions. Pour 2001, première année de son existence, Vivendi Universal affiche 13,6 milliards d'euros de pertes. C'est le déficit le plus élevé pour un groupe français. Plus que l'ardoise totale laissée par le Crédit lyonnais.

Le groupe a provisionné 15 milliards d'euros de

---

1. Pour acquérir un bien dit stratégique, les entreprises acceptent souvent de le payer plus cher que sa valeur économique intrinsèque. La différence entre le prix payé et le prix déterminé par la situation nette comptable est appelée survaleur, écart d'acquisition (ou *goodwill*) et doit être amortie dans le bilan.

survaleurs. Mais avant même ces écritures comptables exceptionnelles, il enregistre un déficit de plus d'un milliard. Stupéfaits, les administrateurs commencent à regarder les chiffres. Tout va très vite. On jongle une fois de plus entre les normes comptables françaises et les normes américaines, les montages et les calculs fiscaux. Tous les administrateurs s'y perdent un peu.

« Jean-Marie, *what is our debt position* ? » ânonne Jacques Friedmann dans un anglais plus que scolaire. L'ancien président du groupe d'assurances UAP s'est lancé. Depuis la fusion, toutes les réunions se tiennent en anglais et nombre d'administrateurs français de même que les auditeurs du groupe ont du mal à suivre les explications et sont encore plus hésitants à parler. Mais cette fois, Jacques Friedmann se sent obligé de poser des questions. Comme la plupart des administrateurs, un chiffre le frappe dans le bilan : celui de l'endettement. Beaucoup se souviennent des assurances qui leur avaient été données tout au long de l'année : zéro dette en janvier, 8,5 milliards en décembre, leur avait assuré Jean-Marie. Et là, ils découvrent plus de 24 milliards d'euros de dettes à long et court termes, avant même les acquisitions d'Echostar et de USA Networks !

Le comité d'audit n'a pas non plus donné l'alerte. Marc Viénot, ancien P-DG de la Société générale, auteur de deux rapports sur le gouvernement d'entreprise, qui sont censés être la référence dans le monde des affaires, en est le président. C'est lui qui est chargé par l'ensemble de la place de surveiller Vivendi, d'examiner les comptes et de rappeler à l'ordre, si nécessaire, le président. Mais cette figure tutélaire du capitalisme français est tombée depuis longtemps sous le charme de Messier.

2001, l'année de toutes les erreurs

Ce conseil provoque un électrochoc sur plusieurs administrateurs. « Messier nous ment », pensent-ils. Cela fait déjà longtemps que certains doutent de sa parole. Très souvent, les dossiers présentés ont été embellis, on a oublié de leur parler de certains engagements. Mais cette fois, le climat est différent. Autour de la table, la confiance a disparu.

Dans le conseil, aucun ne se sent suffisamment téméraire pour s'attaquer à la langue de bois qui domine ces discussions. Mais ils pressentent que les mois à venir seront compliqués.

Déjà, début janvier, Samuel Minzberg, représentant Charles Bronfman, a pris contact avec Jean-Louis Beffa, doyen du conseil, pour tâter le terrain. Il lui a demandé s'il n'y aurait pas quelques mesures à prendre pour mieux contrôler l'action du président. Plutôt que de se retrouver dans une situation délicate, le P-DG de Saint-Gobain choisit une solution plus facile : partir. Il y pensait depuis longtemps mais il se dit qu'il est plus que temps. À l'issue du conseil des comptes, il annoncera son intention de démissionner, comme René Thomas, ancien président de la BNP, et Bernard Arnault, président de LVMH. Messier réussira à retenir ce dernier, l'implorant de rester au nom de leur amitié. Mais il ne pourra pas faire changer d'avis les deux premiers, qui entendent partir après l'assemblée générale du groupe le 24 avril. Pressenti pour devenir administrateur, Michel Pébereau, P-DG de BNP-Paribas, décline l'invitation. On lui a conseillé, dès janvier, de ne pas entrer dans le conseil de ce groupe de plus en plus difficile à suivre. Une seule parole suffira.

Même si les apparences sont sauves, Messier a compris que son conseil ne s'était pas bien passé.

Lorsqu'il enchaîne la conférence de presse pour présenter ses résultats, il est nerveux. Pour la première fois, lui qui aime tant les projecteurs, il donne le sentiment de ne pas avoir envie d'être là. Ces résultats lui pèsent. Il a beau s'en défendre : les 13,6 milliards d'euros de déficit à annoncer dressent le bilan de ses sept années de gestion et de la première année de Vivendi Universal. « Il ne s'agit que d'un simple jeu d'écritures comptables, tente-t-il d'expliquer. Le groupe va mieux que bien, poursuit-il, avant d'affirmer : il n'y a aucune destruction de valeur », à la grande fureur des actionnaires qui ont vu leur capital fondre de moitié en un an.

« Mais pourquoi le titre baisse-t-il ? » Dans les couloirs de la direction générale au siège parisien, c'est l'incompréhension. Durant les premiers jours suivant l'annonce des résultats catastrophiques du groupe, l'action a tenu bon, a même retrouvé le seuil de 50 euros. Toute l'équipe pensait que la période noire était achevée. Certes, il y a eu l'impair autour de Vivendi Environnement, déclaré intouchable le 5 mars devant la presse, et présenté aux analystes, le 6, comme un actif rapidement vendable. Il y a eu aussi l'erreur commise avec la direction de Canal+, qui s'est vu intimer, via un entretien dans *La Tribune,* de renouer avec les bénéfices. Mais rien de définitif. « Nous sommes victimes d'un complot », commence à expliquer Messier autour de lui et à certains de ses administrateurs. Selon lui, Rupert Murdoch est à la manœuvre. Il veut lui faire payer sa tentative de prise de contrôle de BSkyB et empêcher Vivendi Universal de devenir le rival de News Corp. Des fonds spéculatifs, accuse-t-il encore, apportent leur concours à cette entreprise de déstabilisation.

Pour le marché, l'analyse est plus crue. Après la publication des comptes, le P-DG a refusé les traditionnels *road-shows* pour rencontrer analystes et investisseurs. Une série de conférences téléphoniques ont été données. La plupart des participants en sont ressortis avec le sentiment d'un manque de clarté dans les chiffres et dans les méthodes comptables. Le groupe jongle sans cesse entre les normes comptables françaises et américaines – les *French Gaap* et les *US Gaap*. Tout cela donne une image des plus troubles qui s'ajoute à une confusion dans la stratégie. « Ils ont surpayé des actifs qui maintenant valent moins voire rien », accusent les uns. « Ils ne cessent de détruire de la valeur », soulignent les autres. En trois mois, le groupe a perdu plus du quart de sa capitalisation boursière. Plus de 20 milliards d'euros se sont évanouis.

« Scénario numéro deux, le débarquement. » Édouard Tétreau et Éric Ravary, les deux analystes du Crédit lyonnais, savent qu'ils sont en train de briser un tabou. Pour la première fois, dans une longue étude sur Vivendi Universal intitulée « La fin d'une exception », ils osent envisager le scénario du renvoi de Messier. La probabilité de le voir se réaliser est de 10 %, estiment-ils. Mais l'avertissement n'en est pas moins sévère. En France, on n'évoque pas la destitution d'un P-DG : cela n'arrive jamais. Au pire, quand tout va mal, une sorte de conseil informel, composé de membres influents de la place de Paris, décide de négocier en douceur la sortie du président. Mais là, parler ouvertement de l'éviction de celui qui était présenté comme le patron le plus puissant de France traduit la dégradation, en quelques mois, de l'image de Messier dans la communauté financière.

Il ne pardonnera pas cette offense. Après la parution de l'étude, prétextant la publication d'un nouveau courrier d'un des analystes, début mai, dans lequel celui-ci évoque auprès de quelques investisseurs un scénario de banqueroute, il demandera la tête d'Édouard Tétreau et tentera par divers moyens de le déstabiliser. La rumeur colportera bientôt le souvenir d'une soirée trop arrosée lorsqu'il était encore conseiller au CSA, l'autorité de régulation de l'audiovisuel, en opposition ouverte avec son président, Hervé Bourges. La direction de la banque est prête à suivre la demande de Vivendi Universal. Il faudra l'autorité personnelle de Jean Peyrelevade, président du Crédit lyonnais, pour protéger l'analyste. Celui-ci, cependant, sera éloigné du dossier. La sanction ne change rien. Messier n'arrive pas à stopper l'idée qu'il pourrait être renvoyé. Peu à peu, elle fait son chemin sur les marchés, chez les investisseurs, dans les cercles de pouvoir. Elle ne s'arrêtera plus.

CHAPITRE XVI

Vol Paris-Édimbourg

Le rituel est immuable. Chaque année, Claude Bébéar, président du conseil de surveillance d'Axa, Jean-René Fourtou, alors président du conseil de surveillance d'Aventis, Henri Lachmann, P-DG de Schneider, Serge Kampf, président de Cap Gemini, Thierry Breton, président de Thomson Multimedia, Christian Blanc, ancien P-DG d'Air France reconverti en banquier chez Merrill Lynch (devenu aujourd'hui député UDF) et Jean-Pierre Rives, ex-capitaine de l'équipe de France de rugby, se retrouvent pour suivre ensemble les matchs de l'équipe de France pendant le tournoi des Six Nations. Ces patrons, natifs du Sud-Ouest, aimant le ballon ovale, la cuisine, les vins et même les plaisanteries un peu lourdes, adorent ces sorties en bande où ils entraînent d'autres patrons. Ce samedi 23 mars 2002, ils ont rendez-vous au Bourget pour aller assister au match France-Écosse au stade de Murrayfield à Édimbourg[1]. Ils ont loué un

---

1. Sur la foi de deux témoignages. *Le Monde* parlera non pas du match France-Écosse mais France-Pays de Galles à Cardiff. Jean-Marie Messier, dans son livre *Mon vrai journal,* fera la même erreur.

petit Airbus capable de transporter une trentaine de personnes.

Moquette beige, larges fauteuils en cuir assortis, boiseries claires, chambre à coucher, vaisselle en porcelaine et verrerie en cristal... Ils ont beau être patrons et être habitués à un certain style de vie, ils sont stupéfaits. Ils ont rarement vu un tel avion. L'étonnement grandit quand ils découvrent le nom du propriétaire : c'est l'Airbus A319 de Vivendi. Celui dont Messier a toujours nié l'existence. Au moment de la fusion avec Seagram, en 2000, Vivendi Universal avait décidé d'acheter un avion afin de permettre à la direction générale et aux équipes du groupe de voyager facilement entre Paris et New York ou relier la Côte ouest des États-Unis. Le contrat avait été signé par Messier lui-même et Noël Forgeard, le patron de la société aéronautique. L'avion avait été aménagé à grands frais. Douche ou pas douche ? s'était-on alors demandé. La question n'était pas totalement anodine. Avec une douche et les hectolitres d'eau nécessaires, l'avion ne pouvait plus relier sans escale Paris à Los Angeles. On opta finalement pour la douche, raconte Pierre Briançon[1].

Tout finit par se savoir à l'extérieur. Pour couper court à toute polémique, J6M décida de ne jamais prendre cet avion. L'Airbus, toujours en partie propriété du groupe, fut confié à une société de location. Mais Messier ne réussira jamais à se débarrasser du sujet. L'affaire fit tant de bruit dans le monde parisien que Jacques Chirac lui-même en sera informé. Au salon du Bourget de 2001, il demandera à visiter cet Airbus mieux aménagé que l'avion présidentiel.

1. Pierre Briançon, *Messier story*, Grasset, 2002.

Tous les patrons de ce vol Paris-Édimbourg connaissent l'histoire. Ils ne peuvent s'empêcher d'en rajouter. « Claude, tu ne sais pas y faire. Regarde ce que c'est d'être milliardaire », lance Jean-Pierre Rives au patron d'Axa en trônant dans un fauteuil. La conversation déborde vite sur Messier, sur son train de vie. Chacun a ses souvenirs : les invitations à Méry-sur-Oise, le château de l'empire en banlieue parisienne, les allers et retours en avion privé pour aller écouter un soir un opéra à Aix, les dîners au siège avec les plus grands crus. Tous en sont ressortis impressionnés par la démonstration de pouvoir et de luxe. « Il a perdu le sens des réalités », tranche, unanime, l'amicale.

Dans la critique, Claude Bébéar est un des plus virulents. Le patron d'Axa n'a jamais beaucoup apprécié Messier. À l'époque où le monde patronal ne tarissait pas d'éloges sur le jeune dirigeant, lui nuançait déjà : « Il a montré qu'il était financier. Il doit faire la démonstration qu'il est industriel [1] », expliquait-il dès 1997. À l'origine de cette méfiance : un mauvais souvenir. Il n'a jamais oublié qu'en 1994 le jeune banquier avait fait volte-face. Après avoir promis de venir à la direction de Schneider [2], il avait préféré aller à la Générale des eaux, sans même l'avertir. Depuis, le contentieux entre les deux hommes s'est alourdi. L'homme d'assurances, secret et prudent, a été plus d'une fois agacé de voir Jean-Marie se précipiter sous

---

1. Entretien avec l'un des auteurs.
2. La société d'équipements électriques, dernier vestige de l'empire Empain, est alors dans l'orbite du groupe d'assurances par le biais d'un pacte d'actionnaire qui lie notamment Axa, Paribas et les AGF.

les flashs pour donner ses leçons sur la mondialisation heureuse à la terre entière. Mais cet adepte d'un libéralisme proche du thatchérisme s'est définitivement énervé quand il l'a vu, du haut de ses quarante-cinq ans, commencer à vouloir jouer les Ambroise Roux, parrain du capitalisme français, et appeler tout Paris pour donner le sentiment de peser dans la bataille entre la Société générale et la BNP autour de Paribas en vue de former un grand groupe bancaire. Un domaine où Vivendi n'avait rien à faire, alors que l'issue de la bataille était cruciale pour Axa, actionnaire de Paribas et de la BNP. Un dîner, en septembre 2001, a confirmé son jugement : le P-DG de Vivendi Universal est devenu totalement mégalomane.

Jalousie entre deux hommes qui ambitionnent d'avoir le même rôle dans les affaires françaises ? Jean-Marie Messier soutiendra cette thèse à de multiples reprises. « M. Bébéar veut sans doute être le seul Français qui réussisse aux États-Unis », ajoutera-t-il sur le ton du défi. Le président d'Axa jure avec la même opiniâtreté qu'il n'en est rien. D'emblée, il récuse le mot de parrain. Il lui évoque trop les pratiques florentines d'un Ambroise Roux, qu'il n'aimait guère. Mais il reconnaît apprécier être un homme d'influence, dont l'avis pèse dans les affaires de la cité. Quand le patron d'Axa parle, on l'écoute. Derrière lui, il a toute la puissance du premier groupe mondial d'assurances avec ses 900 milliards de dollars d'actifs gérés. Il a tout le pouvoir d'un président qui a lourdement pesé sur la consolidation bancaire et financière de la France, en permettant ou non certains rapprochements.

Dans les premiers à l'entrée de Polytechnique, dans les derniers à la sortie pour avoir préféré s'occuper de sa promotion, organiser des fêtes et jouer au rugby, ce fils d'instituteur choisit tout de suite un destin inattendu. Plutôt que d'aller dans une grande entreprise prestigieuse comme tous ses camarades, il opte pour les Mutuelles unies, une obscure société d'assurances normande, à Belbeuf, dans la banlieue de Rouen, dirigée par un patron ultra-catholique et monarchiste. Il y apprend le métier d'assureur, passe même le diplôme d'actuaire, qui semble être le titre dont il est le plus fier, et découvre avec fascination, lors d'un séjour de deux ans au Canada, le monde des affaires nord-américain. Il savourera très vite, cependant, l'intérêt d'être à la tête d'une société mutuelle, qui permet de financer tous les rêves de grandeur, sans avoir de comptes à rendre à des actionnaires. L'amateur de battues africaines se lance dans une chasse effrénée pour grandir : rachat de la Mutuelle Saint-Christophe, de la Mutuelle parisienne de garantie, puis acquisition de Drouot, OPA sur la Providence, OPA sur la Compagnie du midi, rachat d'Equitable Life, puis l'inimaginable : OPA sur l'UAP, le premier assureur français. En quinze ans, la mutuelle est devenue Axa, premier groupe mondial d'assurances. « C'était dur de passer pour un con, alors qu'on sait qu'on ne fait pas un métier d'imbécile », confiera-t-il, une fois au sommet, dans un entretien au *Nouvel Observateur*.

Homme de droite, mais violemment antigaulliste depuis la guerre d'Algérie, il fréquente d'abord les milieux catholiques et aristocratiques, y rencontre notamment le comte Jean de Beaumont, propriétaire de l'empire Rivaud, avec lequel il apprend à chasser, avant d'aller vers les giscardiens, la force de droite non gaulliste et moderne de l'époque. En 1978, alors que Valéry Giscard d'Estaing est à l'Élysée et que l'UDF, le parti politique des giscardiens, est au bord de la faillite, on l'appelle à la rescousse. Il devient trésorier national de l'UDF. Il le restera jusqu'en 1982 où il passe le relais à Jean-René Fourtou, rencontré quatre ans plus tôt et devenu l'ami le plus proche. À l'époque, pas de lois sur le financement des partis politiques, pas de règles claires. On porte des valises. Il reconnaîtra plus tard « avoir vu le côté pas glorieux de la politique ». Ces à-côtés obscurs, la lenteur de l'action, la difficulté à rendre des comptes à ses concitoyens, une vie bien moins aisée et un mandat municipal d'un an à Rouen le dissuaderont définitivement de se lancer dans la vie politique. Il préfère les groupes, les réseaux, les institutions, où il retrouve ses amis et fait avancer ses idées. Avec une certaine propension à penser, comme le dit un de ses proches, que ce qui est bon pour Axa est bon pour l'assurance et pour l'ensemble de la société. Il a créé son club, Entreprise et cité, en 1982, où se retrouvent une trentaine de patrons, la plupart présidents de grands groupes français.

S'ennuie-t-il depuis qu'il a abandonné la direction opérationnelle d'Axa ? Veut-il une revanche après l'échec de la candidature de Paris aux jeux Olympiques de 2008 dont il présidait le comité ? A-t-il besoin d'un nouveau rôle patronal ? Ou épaule-t-il seulement ses amis administrateurs qui ont conscience qu'ils ne peuvent se dérober à leurs responsabilités ? Tout cela à la fois. Mais il reste, malgré tout, une part de mystère non résolu dans le rôle qu'il va jouer dans le dénouement de l'affaire Vivendi Universal. Si ce n'est qu'il est réellement convaincu que les frasques, réelles ou supposées, de Messier vont finir par porter un tort considérable à la place de Paris. L'épisode de l'Airbus est pour lui un signe supplémentaire. Désormais, Claude Bébéar a J6M dans sa ligne de mire. Il ne le lâchera plus.

« Il te faut retrouver du crédit. Ne plus parler sans cesse à la presse, moins t'exposer. Mais aussi montrer que tu as une équipe, donner une image à Vivendi Universal. Tu dois prouver aux marchés que tu gères ton groupe. » Pendant ce temps, tour à tour, ses proches se succèdent dans le bureau de Messier. Tous lui donnent les mêmes conseils. À force d'entendre les mêmes reproches, il finit par l'admettre : oui, il a fait des erreurs. Mais rien n'est irréparable. Il va réussir à changer l'opinion. Il en est sûr. Et pour commencer, il lance une vaste campagne de déjeuners et de réunions avec toutes les rédactions de Paris pour expliquer sa nouvelle stratégie ! On ne se réforme pas en un jour.

Dans cette volonté de reconquête, un sujet s'impose à lui : reprendre la main sur Canal+. Depuis décembre, les relations avec la chaîne cryptée ont encore empiré. Pierre Lescure et Denis Olivennes lui reprochent ouvertement son double langage, de leur imposer des objectifs irréalistes, de nier la réalité. Leur colère a encore grandi quand ils ont découvert que Messier faisait tout pour les diviser, parlant un jour avec Denis Olivennes sur le ton de la confidence : « Pierre est fatigué. Il n'a plus d'envie », confiant le lendemain à Pierre Lescure : « Il te faudrait quelqu'un de plus créatif à tes côtés. Un vrai professionnel des médias. » Les deux hommes ont connu des tensions assez fortes entre eux à l'automne. Mais cette tentative de division les ressoude complètement. Ils se sauveront ou échoueront ensemble.

Face à ce bloc constitué, le P-DG de Vivendi Universal a décidé de mener la charge. Dès l'annonce des résultats catastrophiques du groupe, il lance l'attaque. Les survaleurs ? La moitié est due au rachat de Canal+ payé beaucoup trop cher. Les mauvais résultats opérationnels ? Tout est de la faute de la chaîne qui perd, pour la première fois de son histoire, des abonnés et accumule les déficits en Italie. Avant de rendre son ultimatum : « Le management de Canal+ a la nécessité de redonner à la chaîne son rôle de contributeur au résultat dans les deux ans qui viennent. » Le message est repris deux jours plus tard dans un entretien à *La Tribune*.

Lescure et Olivennes sont furieux. L'objectif fixé par Messier est intenable : il le sait lui-même. Compte tenu des engagements passés, les résultats de Canal+ seront pires en 2002 qu'en 2001. Il faudrait préparer le marché à cette réalité au lieu de déclencher une guérilla interne. « En 1996, avec le soutien actif de notre actionnaire de référence Vivendi, nous avons choisi d'acquérir l'Italie », rappellent les deux dirigeants. Six ans plus tard, pour couper le principal foyer de pertes du groupe, « il était possible de vendre l'Italie. Cela n'a pas été le choix stratégique fait avec Vivendi Universal », répliquent-ils en guise de défi dans un courrier électronique envoyé à tous les salariés de la chaîne. Et comme dernière provocation, ils signent : « Notre personnalité, notre identité, notre style (...) constituent la richesse de Canal+, son exception. » Le lendemain, la réponse est dans tous les journaux.

Un affront ! Un camouflet ! Une gifle ! Jean-Marie Messier n'a pas assez de termes pour qualifier le comportement des patrons de Canal+. Il est dans une de ses colères froides que ses proches collaborateurs redoutent. Lescure et Olivennes l'ont ridiculisé. Ils le lui payeront. Dès lors, Messier a tranché. Il va se débarrasser de la direction de Canal+. Mais il le fera à son heure, à ses conditions. Pour l'instant, il ne montre rien. Ses interlocuteurs s'étonneront les jours suivants de son attitude souriante et décontractée, même quand on lui parle de Canal+.

Pour l'instant, il s'agit de sauver la face, au moins le temps de Deauville. Les trois cents premiers dirigeants du groupe doivent en effet s'y retrouver entre les 19 et 21 mars 2002. Ces rencontres sont censées permettre aux cadres des différentes branches de se rencontrer, de parler ensemble, de créer des synergies, de voir qu'ils sont dans un seul et même groupe, selon le dogme officiel. Le grand patron adore. Il est parti un peu à l'avance dans la station balnéaire pour se préparer. Il travaille seul, micro à la main, sur la scène, sous les spots rouges et bleus, la chanson *Imagine* une nouvelle fois en fond sonore. Il s'entraîne à préparer ses enchaînements, reprend ses discours. Il aime ces moments où il est comme une star.

Mais l'ambiance n'y est pas. Il pleut sur Deauville. Américains et Français sont moroses. La chute continue du cours de Bourse, les critiques à peine feutrées contre le groupe, tout cela finit par peser. Le soir, lorsqu'ils poussent la porte de Chez Miocque, la brasserie la plus célèbre de la ville, certains membres de Canal+ comprennent vite qu'il vaut mieux ne pas s'approcher. Pierre Lescure et Denis Olivennes sont sur la banquette du fond, et celui-ci a sa tête des mauvais jours. De dos, ils devinent la silhouette de Jean-Marie Messier.

Entre les trois hommes, l'heure des comptes a

sonné. Les dirigeants de Canal+ attaquent et parlent de l'ultimatum qu'il leur a fixé. « Tu sais très bien que le calendrier que tu nous as donné est intenable. Il faut dire que nos résultats, cette année, seront pires qu'en 2001, à cause de Telepiù. Si tu veux que Canal+ soit en situation de cash positif, il faut vendre l'Italie », assure le directeur général. Messier contre-attaque, mentionne tout de suite le courrier électronique, parle de la mauvaise ou de la non-gestion, de la complaisance à l'égard des copains, de leur manque d'esprit d'équipe, de leur absence de loyauté, « sans parler des *Guignols* qui ne cessent de faire de la provocation à l'égard du groupe ». On s'échange des noms d'oiseau. « Vivendi Universal présente toutes les dérives d'un système totalitaire : le culte de la personnalité, la communication de propagande, la vision conspiratrice de l'histoire et maintenant l'élimination physique des opposants », accuse Olivennes, qui n'a pas oublié sa jeunesse de militant trotskiste. Le P-DG de Vivendi encaisse. « L'incident est clos », conclut-il, cependant, en fin de soirée.

En se retrouvant à leur hôtel, Pierre Lescure et Denis Olivennes repassent toute la discussion et tombent d'accord. S'ils ne connaissent pas la date, ils savent l'issue : ils sont condamnés. Plus besoin de sauver les apparences. Ils n'iront pas le lendemain avec les autres au cimetière américain d'Omaha Beach, en ciré jaune, une rose rouge à la main, jouer à *Il faut sauver le soldat Ryan*, comme l'a prévu J6M.

Combien de temps avant l'épreuve de force ? S'ils partent, ils sont décidés à ne rien concéder à Messier. Celui-ci, de son côté, s'active. Il doit trouver un remplaçant à Lescure. Le P-DG de Vivendi Universal ne connaît pas les professionnels de la télévision, ni à

Canal+ ni ailleurs. Alors il commence à prospecter. Il prend contact avec Nicolas de Tavernost, le dirigeant opérationnel de M6, et Jean Drucker, qui préside la même chaîne. Il propose le poste à son amie Valérie Bernis, qui, outre ses fonctions à Suez, préside la chaîne Paris Première. Même Karl Zéro, l'animateur responsable de l'émission *Le vrai-faux journal* sur Canal+ et dont le groupe subventionne aussi le journal, a été contacté ! Tous déclinent plus ou moins vite la proposition. Seul Xavier Couture, directeur d'antenne de TF1, semble intéressé. Trois mois plus tôt, il avait déjà été appelé par Lescure pour prendre la direction d'Expand, une des filiales de production audiovisuelle du groupe. Et aujourd'hui, Messier en personne lui propose la direction de tout le groupe. Inespéré.

Est-ce sous la pression de Moody's qui menace à nouveau, en cette fin du mois de mars, d'abaisser la notation du groupe ? Messier décide d'ouvrir en même temps un autre front. Contre Henri Proglio, le président du directoire de Vivendi Environnement, cette fois. Face aux menaces de l'agence de notation, le P-DG de Vivendi Universal a dû consentir de nouvelles concessions. Il a promis de ne pas acquérir Stream, la chaîne italienne de Rupert Murdoch, en dépit des engagements pris. Il sait déjà quels arguments utiliser pour ne pas honorer son contrat : il lui suffira de dire que les conditions imposées par le conseil de la concurrence italien sont insupportables. Mais il s'est engagé aussi auprès de Moody's à vendre très rapidement tout ou du moins une grande partie de la participation que le groupe détient dans Vivendi Environnement. Mais pour réussir rapidement cette opération, il a besoin d'avoir les mains libres.

« Cher Henri... » Dans son bureau, Henri Proglio est abattu. Il lit et relit la lettre que lui a envoyée Jean-Marie. Ce dernier lui explique qu'il serait bon pour Vivendi Environnement de changer de statut pour devenir une société avec un simple conseil d'administration. Profitant de cette modification, il suggère qu'Éric Licoys, le si fidèle allié, prenne la présidence, tandis que lui, Henri, serait nommé directeur général. « Mais cela ne changerait rien pour toi. Tu garderais toutes les responsabilités opérationnelles. J'ai besoin de toi », tente de le rassurer Messier au téléphone. Proglio est furieux, dépité, mortifié. Ces dernières années, il s'est battu à tout instant pour préserver un peu de Vivendi Environnement. Il a dû accepter de payer pour tout le monde, de voir toutes les richesses de la société préemptées par la maison mère avant de les voir disparaître dans diverses opérations internet et, finalement, de prendre à sa charge toutes les dettes du groupe avant la fusion. Même s'il le masque, Vivendi Environnement est exsangue. Il a même du mal à financer sa propre croissance. S'il a contesté fréquemment les décisions du P-DG de Vivendi Universal, il a toujours été légitimiste, s'inclinant lorsqu'il avait perdu. Mais cette fois-ci, non. Accepter la nomination de Licoys, c'est l'assurance d'une cession rapide, plus ou moins bien ficelée, à n'importe qui. Il ne laissera pas mettre en pièces tous les efforts de reconstruction de la compagnie. Il ne se laissera pas voler le pouvoir.

Ses proches noteront le changement. En quelques jours, il n'est plus simple président d'une filiale. Pour la première fois, il s'est glissé dans les vêtements d'un président indépendant, de l'héritier de la Générale des eaux. Un poste qu'il ambitionnait depuis des années sans jamais oser le briguer.

266

Très vite, il organise la résistance. Autour de lui, tout le monde est sur le pied de guerre. Les anciens de la compagnie sont rappelés pour reprendre du service, apporter leurs lumières et leur carnet d'adresses. Tous les réseaux politiques, économiques ou philosophiques sont sollicités. Dans la compagnie depuis 1972, Proglio a eu le temps de rencontrer tous les élus politiques locaux et nationaux, et de se forger des soutiens à droite comme à gauche. Il est proche de Jacques Chirac mais aussi ami intime de Dominique Strauss-Kahn, ancien ministre socialiste des Finances avec qui il a fait HEC. Il connaît très bien Laurent Fabius, le ministre des Finances, mais est aussi en étroites relations avec Jean-Pierre Raffarin, alors président de l'Association des conseils régionaux. Henri Proglio jure qu'il n'est pas franc-maçon, mais il y en a beaucoup et depuis très longtemps à la compagnie. Ces réseaux-là aussi s'activent fiévreusement.

André Santini, maire d'Issy-les-Moulineaux mais surtout président de la société qui porte le plus gros contrat de Vivendi Environnement[1], est le premier à donner de la voix publiquement. « Le retrait de Vivendi Universal, qui serait contraire aux engagement répétés pris personnellement par Jean-Marie Messier, ne pourrait être sans conséquence pour les 8 000 maires de France » qui ont signé des concessions avec Vivendi Environnement, assure-t-il. Après

---

1. Le syndicat des eaux d'Île-de-France est un groupement de collectivités locales qui comptent les 154 premières communes de la banlieue parisienne. Vivendi Environnement a signé un énorme contrat avec lui au début des années quatre-vingt-dix. Le groupe assure, par ce contrat, l'approvisionnement en eau de plus de 10 millions d'habitants.

lui, c'est le déchaînement politique. On demande des comptes à Messier sur la gestion des services publics, on menace de rompre les contrats si l'acquéreur de Vivendi Environnement ne convient pas. Dans l'émotion, on parle même de nationalisation. Messier ne le dit pas publiquement mais il est obligé de faire marche arrière : il gardera Proglio comme président de Vivendi Environnement. Cette tentative de débarquement et de jouer sans réfléchir le sort de la société de services lui aliène un allié de poids. Guy Dejouany, qui avait jusque-là soutenu Messier dans toutes ses entreprises, le lâche et le fait savoir.

Pourquoi s'attaque-t-il en même temps à Lescure et Proglio, ses deux principaux dirigeants opérationnels ? Est-ce pour en finir avec le côté français du groupe qui lui pèse tant ? Est-ce pour montrer qu'il reprend la gestion de son groupe en main ? Loin de rassurer, ces décisions, prises à la hâte, inquiètent un peu plus les investisseurs. Vivendi est pris dans la tourmente et Messier, à sa tête, ne leur paraît pas capable d'y faire face.

« Il faut demander des comptes, exiger des explications. » Colette Neuville, présidente de l'association des actionnaires minoritaires (Adam), est prête à repartir à l'attaque. Entre elle et Messier, le combat dure depuis longtemps. Elle a été l'une des toutes premières à dénoncer, dès 1997, les tours de passe-passe comptables, l'endettement sous-estimé, les changements de statuts pour renforcer les pouvoirs du président au détriment des actionnaires, la création inflationniste de nouvelles actions, les opérations de rachat menées dans l'intérêt exclusif de Vivendi. Elle a inlassablement frappé à toutes les portes, alerté toutes les autorités compétentes, le Conseil des marchés, la Commission des opérations de Bourse, les experts-comptables, entamé plusieurs procès auprès des tribunaux. Chaque fois, elle s'est heurtée à l'indifférence et au silence. Chaque fois, elle a été déboutée par la justice. Le P-DG de Vivendi Universal marchait peut-être sur la ligne jaune, mais de là à le sanctionner...

Sans trop d'illusions sur le succès de sa démarche mais refusant de renoncer pour autant, la présidente de l'Adam entend faire de la prochaine assemblée générale de Vivendi Universal, fixée le 24 avril, une grande séance d'explications. On ne peut pas perdre 13,6 milliards d'euros, voir sa capitalisation boursière diminuer de moitié depuis la fusion et déclarer que « tout va mieux que bien ». Les actionnaires doivent avoir des chiffres, des faits, savoir aussi comment le conseil d'administration a travaillé. Elle est d'autant plus énervée qu'elle a découvert, parmi celles qui ont été présentées à l'assemblée, une résolution permettant de réserver 5 % du capital aux stock-options attribuées aux dirigeants du groupe. La mesure avait été repoussée par l'ensemble du comité exécutif. Mais Messier s'était entêté. Il devait respecter les engagements pris en décembre au moment du rachat de USA Networks. Pour Colette Neuville, c'est la mesure de trop. « Faut-il vraiment augmenter les dirigeants au moment où ils poussent la société à la ruine ? » répète-t-elle, fermement décidée à faire campagne contre cette résolution.

Pour une fois, elle n'est pas seule. Un peu partout, des fonds, des investisseurs, un moment séduits par le secteur et le discours du président et qui ont investi des millions dans Vivendi Universal, demandent des comptes. Les déboires du groupe, selon eux, ne s'expliquent pas seulement par l'effondrement des valeurs internet. Il y a une responsabilité personnelle de la direction, qui doit en tirer les conséquences. Peu à peu, l'idée de l'éviction de Messier, ou du moins d'une mise sous tutelle ou d'un pouvoir partagé, fait son chemin.

« On ne renvoie pas un patron parce que son cours de Bourse descend. » Marc Viénot est parti en campagne. L'assemblée générale s'annonce des plus mouvementées. Le risque de voir les actionnaires voter contre le président ne peut être totalement écarté. Il faut battre le rappel du monde patronal, en agitant le danger d'un coup d'État. Messier, de son côté, cherche à rallier ses administrateurs et ses grands actionnaires. Vivendi Universal, explique-t-il, est victime d'une odieuse campagne d'opinion. Derrière, on ne peut exclure, poursuit-il, qu'il y ait des Américains. On ne lui a pas pardonné, là-bas, le rachat de Seagram et on cherche à le récupérer, susurre-t-il aux oreilles des uns et des autres. Par esprit nationaliste, la plupart des administrateurs français finissent par faire corps derrière lui. Au même moment, il se répand dans la presse américaine et chez les administrateurs outre-Atlantique pour déplorer la petitesse et le chauvinisme des Français qui n'acceptent pas les changements et les évolutions inévitables d'un groupe de communication.

Sachant qu'il ne dispose plus d'une majorité dans son conseil, le P-DG de Vivendi Universal jouera jusqu'à la fin ce jeu de bascule, tentant de monter les Français contre les Américains, tout en se présentant comme le chantre de la mondialisation et des croisements culturels. Se connaissant peu, pleins de préjugés sur le camp d'en face, ayant peur les uns des autres, administrateurs américains et français mettront longtemps avant de comprendre qu'ils ont des intérêts communs et même parfois des visions communes sur l'évolution du groupe. Mais en attendant, tout est paralysé.

L'étrange apathie du conseil de Vivendi Universal n'est pas faite pour rassurer les grands actionnaires en dehors du groupe. Amir Jahanchahi est de ceux-là. Fils d'un ancien ministre des Finances du shah, toujours impliqué dans la vie politique de son pays et contre le régime des mollahs, cet Iranien est aussi très introduit dans les milieux financiers internationaux. Vivant à Londres, il fédère des groupements d'investisseurs privés européens, selon les dossiers. Ensemble, ils prennent des participations dans des groupes, et lui se charge de les suivre. Comme de nombreux autres, il s'est laissé séduire par Messier. Avec ses partenaires, il a engagé des sommes importantes. Ensemble, ils figurent parmi les tout premiers investisseurs privés avec un peu moins de 2 % du capital. Pour eux, l'évolution du groupe est une vraie déception. La chute du cours et les engagements jamais tenus les inquiètent encore plus. Ne nourrissant guère d'illusions sur le pouvoir des administrateurs, Jahanchahi cherche une personne d'influence qui pourrait intervenir auprès du P-DG et le rappeler un peu à l'ordre. Il faut un Français, à l'autorité incontestable. Il connaît de longue date Claude Bébéar. C'est naturellement à lui qu'il pense pour les aider. Le patron d'Axa a de l'influence, il est écouté sur la place de Paris. Fin mars, le financier lui fait donc passer un message, le prévient de ses inquiétudes sur le groupe. Celui-ci prend note mais n'a encore rien décidé. L'avertissement, cependant, fait son chemin.

Ce 10 avril, Claude Bébéar, Henri Lachmann, Thierry Breton et Philippe Villin, banquier chez Lehman Brothers, se retrouvent au foyer de l'Opéra-Bastille, à l'entracte du *Barbier de Séville*. La conversation s'engage sur les sujets du moment. Vivendi s'impose très vite. « Henri, la situation devient dangereuse pour le groupe. Votre responsabilité, ta responsabilité d'administrateur est engagée. Si vous ne faites rien, un préjudice grave risque d'être porté à la place de Paris », attaque le patron d'Axa, qui a toujours eu son franc-parler. Ces propos n'ont été tenus que devant trois personnes. Le lendemain, tout Paris sait que Claude Bébéar met en garde contre Vivendi. Messier est le premier informé.

Avec une certaine lâcheté, le milieu des affaires est presque soulagé de cette prise de position. Maintenant, il a enfin l'homme suffisamment puissant pour affronter le P-DG de Vivendi Universal, suffisamment courageux pour le contrer et porter le fer s'il le faut, mais aussi suffisamment dégagé des affaires pour être sacrifié si tout tourne mal. À moitié volontaire, à moitié contraint, Claude Bébéar se retrouve ainsi à la tête de ce qui sera désigné bientôt comme le complot des « papys flingueurs ». Le nom de Thierry Breton est même avancé pour succéder à un J6M qui s'accroche maintenant avec l'énergie du désespoir.

CHAPITRE XVII

Un groupe au zénith

Depuis Deauville, Messier a arrêté sa tactique. Juste avant l'assemblée générale, il va renvoyer Lescure. Il en a parlé, dans la semaine du 8 avril, avec quelques administrateurs et quelques proches. Cette décision, c'est un peu son incendie de Moscou. C'est spectaculaire, cela permet de faire oublier tous les faux pas autour des résultats du groupe, et de rallier à nouveau les suffrages derrière soi. Tous les Américains, il en est sûr, vont soutenir cette mesure. Et il faudra peu d'arguments persuasifs pour amener les petits actionnaires à approuver, à leur tour, la sanction : les chiffres parleront d'eux-mêmes, la gestion Lescure-Olivennes est calamiteuse et pendant qu'on parlera de la chaîne payante, on ne parlera pas du reste.

Dès le comité exécutif du 11 avril, le compte à rebours est enclenché. Messier fait comme si le président de Canal+ n'était pas là ou plutôt déjà plus là. Pas un mot, pas un geste, pas un regard. À la sortie, Lescure et Olivennes ont compris : ils vont être virés très vite. Mais ils sont décidés à contre-attaquer. Le lendemain, Denis Olivennes rédige sa démission. Les deux hommes croient-ils vraiment que ce geste suffira à protéger Lescure ? Adoptent-ils cette pose pour sortir avec pana-

273

che ? La manœuvre ennuie Messier mais ne l'arrête pas. Pendant le week-end, il règle les derniers détails avec Xavier Couture. Comme à son habitude, il s'est montré très généreux pour attirer le directeur d'antenne de TF1. Il lui aurait accordé, selon plusieurs sources, une prime de bienvenue de 3 millions d'euros – mais ce dernier affirme y avoir renoncé – accompagnée de plusieurs centaines de milliers de stock-options. « Il en a plus que moi », ne pourra s'empêcher de s'écrier Éric Licoys, vert de jalousie, au conseil, lorsqu'il prendra connaissance du contrat de Couture, comme le rapportent des administrateurs.

Messier a donné rendez-vous à Lescure le mardi 16 avril. Lorsque ce dernier entre dans le bureau du P-DG, il a *Le Monde* sous le bras. J6M pensera toujours qu'il s'agissait d'un coup monté. Le président de Canal+ jurera que c'était un simple hasard. Un titre barre la Une de l'édition de l'après-midi : « Qui veut la chute de Jean-Marie Messier ? » Le journal parle des différentes tractations dans le monde patronal, des conciliabules organisés par Claude Bébéar, de son offensive pour pousser le conseil à le mettre sous tutelle, des noms d'éventuels successeurs comme Thierry Breton ou Christian Blanc. À compter de cette date, le P-DG de Vivendi Universal n'appellera plus le journal que *Lescure-Soir*. Cette entrée en matière glace l'atmosphère.

Avec cette manière très personnelle, qui déconcerte tant ses interlocuteurs, de mélanger dans le même temps l'intime et le public, l'amical et les affaires, Messier attaque la conversation en demandant des nouvelles d'Anna, la petite fille vietnamienne de trois ans qu'a adoptée Lescure. « Tu ne m'appelles pas pour me parler d'Anna ? » lui rétorque ce dernier. « Pierre, je te propose de prendre la présidence du conseil de surveillance de Canal. – Qui serait président du directoire ? – Xavier Couture. Tu as trois minutes pour accepter. C'est oui ou c'est non. – C'est non », tranche Lescure. Il pouvait encore accepter d'avoir un second, un financier, pour le compléter. Mais Xavier Couture ? ! Il envisageait il y a trois mois de le prendre comme dirigeant d'une petite filiale. De fait, Couture a fait un bref passage – dix-mois – à la tête de la chaîne. « Alors, tu en tires les conséquences, rétorque son interlocuteur. – C'est à toi d'en tirer les conséquences. Je ne démissionnerai pas », conclut Lescure. L'entretien n'a pas duré dix minutes. Les deux hommes, qui s'étaient longtemps séduits mutuellement, se quittent sans un mot, dans la haine.

« Tout s'est bien passé », souffle Guillaume Hannezo, en remontant dans ses services. Tous les membres de l'état-major pensent que le plus dur est maintenant derrière, que l'éviction de Pierre Lescure va permettre de mettre un terme à la tourmente du groupe. Une fois de plus, erreur ! La réaction au départ du président de Canal+ dépasse toutes les prévisions. Grève de l'ensemble des salariés de la chaîne dès qu'ils apprennent le renvoi de leur patron historique, prise d'assaut de l'antenne, interruption des programmes habituels pour retransmettre les débats internes. Jamais la France, pourtant experte en représentations gestuelles et symboliques des conflits sociaux, ne s'est offert une telle mise en scène sociale audiovisuelle. Déchaînés, *Les Guignols* brocardent toute la soirée le « maître du monde ».

« Mais à quoi pense la presse ? » Le lendemain, comme les jours suivants, la classe politique de droite comme de gauche ne cache pas son agacement. En pleine campagne présidentielle, tout débat semble avoir été gommé. Il n'y en a que pour Messier, Lescure, Vivendi Universal, Canal+, la Bourse et les actionnaires. Après les stupéfiants résultats du premier tour de l'élection le 22 avril, marqué par l'élimination du Premier ministre Lionel Jospin par le candidat du Front national Jean-Marie Le Pen, la presse – la rédaction du *Monde* notamment, bien qu'elle ait mis en garde sur les dangers de la montée en puissance de l'extrême droite – se demandera si à ce moment-là elle ne s'est pas trompée de Jean-Marie.

Mais la vague d'indignation autour de Canal+ est si forte, avant ce premier tour, qu'elle emporte tout sur son passage, y compris chez les politiques. À Bercy, les membres du cabinet de Laurent Fabius se demandent s'ils ne devraient pas prévoir des déclarations sur la chaîne cryptée pour la campagne du second tour de Lionel Jospin. Énervé, le Premier ministre a demandé que l'on vérifie la conformité du capital de Canal+ et de Vivendi Universal avec la loi audiovisuelle qui interdit que toute chaîne soit détenue par un groupe dont le capital appartiendrait à plus de 20 % d'actionnaires non européens. La menace avait déjà été agitée en décembre au moment de la crise sur l'exception culturelle. Mais cette fois, elle est mise à exécution. Le groupe se voit en même temps sommé de s'expliquer auprès du Conseil supérieur de l'audiovisuel.

À l'Élysée, à Matignon, au Sénat, à Bercy, on s'énerve. Messier en fait trop. Pis, il est devenu dangereux, car imprévisible. Après Lescure, il peut s'en prendre à n'importe qui et porter préjudice à des intérêts bien plus importants, ceux de Vivendi Environnement en particulier. Le ministre des Finances,

Laurent Fabius, est le premier à le lui faire savoir. Le 18 avril, les deux hommes ont été invités, avec une trentaine d'autres convives, à la remise de la cravate d'officier de la Légion d'honneur de Maurice Lévy, le patron de Publicis. À la fin du repas, le ministre entraîne le P-DG de Vivendi Universal à l'écart. Le message est bref et clair : « On ne vend pas un numéro un français », dit le ministre des Finances, signifiant ainsi le veto du gouvernement sur tout changement concernant Vivendi Environnement. À l'incitation de Jean-Pierre Raffarin, le président de la République termine sa campagne du premier tour de l'élection présidentielle en soulignant : « Vivendi Environnement doit rester français. »

S'il y a une situation qui n'a jamais effrayé Jean-Marie Messier, c'est l'adversité. Il aime combattre, convaincre pour l'emporter. C'est dans ces moments forts qu'il se sent vivre, qu'il a l'impression de se surpasser, de prouver qu'il est le meilleur. Toute la semaine qui suit le renvoi du président de Canal+, il est présent partout et organise la riposte. Le gouvernement s'inquiète de l'avenir de la chaîne payante ? Il se rend, sous les huées des salariés, au CSA pour faire amende honorable. « J'ai participé involontairement et maladroitement à la polémique sur l'exception culturelle. J'enterre cette polémique artificielle », explique-t-il aux membres de l'autorité de régulation, un peu agacés par le jeu de ce grand patron. On avance le nom de Thierry Breton, le P-DG de Thomson Multimedia, pour le remplacer chez Vivendi ? Opportunément, des membres de son équipe se souviennent d'un vieux projet d'accord en discussion avec la société d'électronique sur les décodeurs numériques. Les négociations sont précipitées, l'accord est conclu à la vitesse de la lumière et Thierry Breton est invité, dès sa descente d'avion à son retour de Tokyo, à signer l'alliance. Messier peut ainsi annoncer qu'il est au mieux avec le patron présenté comme son successeur. La presse a parlé d'un complot mené contre lui par Claude Bébéar ? Il l'invite à en discuter ensemble. Rendez-vous a été fixé le 17 avril avec le patron d'Axa. Ce dernier attaque fort et lui reproche sa surexposition médiatique, ses dérapages, ses mensonges et la mise en danger de son groupe, avant de lui recommander de clarifier la situation au sein de son conseil de plus en plus divisé sur la ligne à suivre. « Soit tu obtiens la majorité et tu te débarrasses de tous les administrateurs qui ont voté contre ton projet, soit tu es mis en minorité et tu pars. » Messier tente de répondre et de justifier son attitude : « J'étais très introverti quand j'avais vingt ans. Aujourd'hui, j'ai l'impression de vivre l'adolescence que je n'ai pas vécue. – À quarante-cinq ans, quand on est responsable d'un groupe comme Vivendi Universal, il n'est plus temps de faire sa crise d'adolescence, rétorque Bébéar. Plus personne n'a confiance en toi. » En sortant, Jean-Marie Messier s'empresse de téléphoner à ses proches : « Tout s'est bien passé. Claude Bébéar est d'accord avec moi. Je l'ai convaincu[1] ! »

---

1. Dans son livre *Mon vrai journal,* J.-M. Messier nie totalement avoir tenu ces propos sur sa jeunesse. « Comme cette conversation du 17 avril que j'aurais eue avec Claude Bébéar. Les guillemets laissent entendre que ce sont mes mots. Ils sont faux. Et personne, au *Monde,* n'a cherché à les vérifier avant publication. Sans commentaire. » Ces propos nous ont été rapportés par plusieurs sources. Ils nous ont été confirmés par deux fois par Claude Bébéar et officieusement par l'entourage de J.-M. Messier, celui-ci refusant depuis longtemps de répondre à nos questions.

En dépit des multiples signaux envoyés à l'Élysée, Messier, toutefois, ne parvient pas à amadouer Jacques Chirac. Il n'arrive pas à obtenir d'être reçu par le Président ni même par un de ses conseillers. « Ce mec m'emm... Je ne veux plus le voir », s'est énervé Chirac. Dans le langage présidentiel, cela s'appelle une condamnation. Tenu à la porte du pouvoir, Messier se voit réduit à passer des messages de conciliation. Même s'il diminue sa participation, il s'engage à rester le premier actionnaire de Vivendi Environnement. En tout état de cause, rien ne sera fait avant les élections législatives afin de ne pas perturber le calendrier politique. Le résultat du premier tour de l'élection présidentielle, cependant, n'est pas pour réjouir le P-DG de Vivendi Universal. Il ne peut plus tabler sur un équilibre des forces entre la droite et la gauche, qui lui a si bien réussi jusqu'à présent. L'issue du second tour est sans équivoque : il va devoir compter avec un Chirac qui ne peut pas le supporter. L'accroc est de taille.

Un autre exercice, encore plus dur, l'attend. La rencontre avec ses actionnaires. Avec un cours de Bourse qui a perdu la moitié de sa valeur depuis le début de l'année, le président sait que l'assemblée générale ne va pas être une partie de plaisir. Pas question de réitérer les erreurs sur les pertes qualifiées de simple jeu comptable, ou de déclarer qu'il n'y a pas de destruction de valeur. C'est repentant, reconnaissant « une communication personnelle excessive et maladroite » qu'il se présente devant les 5 000 personnes dans la salle du Zénith surchauffée. Cette fois, il ne joue plus les stars. Il parle chiffres, promet une gestion drastique, des mesures rapides de redressement. La direction y croit tellement, souligne-t-il, qu'elle va réinvestir tous ses bonus dans des actions Vivendi. Cette promesse faite aux actionnaires ne sera jamais tenue.

Ultime signe de bonne volonté : il rappelle que le groupe va leur verser un milliard d'euros de dividendes, cette année encore. « Avons-nous vraiment les moyens de payer une telle somme ? » s'est interrogé, quelques heures avant au conseil, Bernard Arnault, en suivant du doigt la ligne des disponibilités du groupe. « Si on ne paie pas le dividende, pour les actionnaires ce sera la cerise sur le gâteau », a rétorqué Jean-Louis Beffa, grand actionnaire et fervent partisan d'un dividende.

Mais la question avait déjà été tranchée avec Edgar Jr, en février, après d'âpres discussions. À l'époque, Hannezo avait suggéré à Messier qu'il serait sage de ne pas payer de dividende compte tenu de la situation financière du groupe. Ce dernier avait sauté sur la proposition. Mais quand il avait évoqué le sujet avec l'héritier des Bronfman, l'idée n'avait pas du tout plu. La famille, qui avait déjà perdu plus de 2,5 milliards d'euros avec la chute du cours, n'avait pas du tout envie d'être privée de cette ressource financière. « Si le dividende est supprimé, alors que le sentiment persiste que tes très coûteuses mises en scène personnelles ne prennent pas fin, tu te mets potentiellement dans une situation très dangereuse », le prévient Edgar Jr dans un courrier électronique daté du 24 février. La discussion n'ira pas plus loin. En dépit de la mauvaise santé financière du groupe, de ses pertes, Vivendi paiera un dividende.

Mais ces questions n'ont pas le temps d'être évoquées à l'assemblée générale. Comme Messier l'avait sans doute espéré, la tornade Canal+ balaie tout. Les salariés de la chaîne monopolisent la parole, prennent à partie le P-DG, lui demandent des comptes sur la gestion de la chaîne et le renvoi de Lescure. « J'avais 8 000 actions Canal+ qui valaient 260 euros chacune. Au moment de la fusion avec Vivendi, j'ai doublé leur nombre mais elles valent six fois moins », constate Bruno Gaccio, l'auteur des *Guignols*. « Je trouve que vous parlez beaucoup d'argent, monsieur Gaccio », réplique Messier, avant de céder la parole à un petit actionnaire. « J'en ai marre qu'on crache à longueur d'antenne sur le groupe dans lequel j'ai investi », s'emporte cet intervenant proche des bancs techniques et des caméras installées dans la salle. L'auditoire, composé d'une majorité de petits actionnaires, applaudit à tout rompre. Des salariés du groupe, des syndicalistes eux, n'en croient pas leurs yeux. Ils sont plusieurs à raconter à peu près dans les mêmes termes, quelques mois plus tard, l'épisode : « En fait d'actionnaire, il s'agissait de la personne qui est chargée des prompteurs de Messier. Il a été poussé à intervenir par la direction de la communication. » Tout n'aurait donc été que manipulation ! La mise en scène faite à partir d'une anticipation parfaite des réactions de la salle fonctionne à merveille. Les actionnaires basculent et applaudissent. « Jetant un bref coup d'œil perçant sur la première rangée de la salle, là où sont assis ses proches et ses administrateurs, M. Messier ne bronche pas, n'esquisse même pas un sourire. Il sait qu'il a gagné », raconte *Le Monde*, le lendemain, dans le compte rendu de l'assemblée générale. Comme J6M l'espérait, le renvoi calculé de Lescure a été payant pour lui : il l'a sauvé.

Conscient de sa victoire, le P-DG se garde bien de la gâcher. Il accorde toute son attention aux petits actionnaires anonymes. « Êtes-vous sous tutelle ? » ose enfin demander l'un d'entre eux, reflétant l'interrogation de l'assemblée. Messier ne répond pas mais demande à un des administrateurs de le faire à sa place. Au hasard, Marc Viénot ! « Nous aurions pris la décision de réduire le rôle du président si nous étions mécontents. Or ses choix stratégiques bénéficient du soutien, à mon avis unanime, du conseil », explique sans se démonter le président du comité d'audit. Au premier rang, les administrateurs présents sont soufflés. L'ex-président de la Société générale vient clairement de choisir son camp. Au conseil, les membres ont pourtant refusé de voter le texte de confiance que le banquier avait préparé. Pas question, avaient-ils déclaré alors, emmenés par Samuel Minzberg, l'avocat représentant la famille Bronfman, d'accorder un vote de confiance à Messier. Et voilà qu'on prête au conseil un soutien qu'il lui avait refusé. Aucun administrateur, cependant, ne se lève pour contredire Marc Viénot.

Ce n'est pas la dernière surprise de cette assemblée générale pas du tout ordinaire. Au moment des votes, les actionnaires repoussent la résolution permettant la création de stock-options pour 5 % du capital. Jamais un président d'un grand groupe français n'a connu un tel camouflet : les assemblées votent toujours les mesures prévues par la direction. Le refus qu'il essuie tombe en plus sur la disposition dont Messier a le plus besoin. Le lendemain, il doit conclure l'accord avec Barry Diller ; il faut qu'il puisse accorder les stock-options promises à l'époque. Défait, marmonnant entre ses dents, J6M maugrée devant ses actionnaires : « Il faudra revoter. Il faut bien rémunérer les talents. »

Le soir même, Jean-François Dubos, le secrétaire général de Vivendi Universal, rencontre Jean-Louis

Beffa à un dîner du Siècle. Il l'apostrophe durement : « Nous n'avons pas eu la majorité sur la résolution sur les stock-options. Nous avons vérifié. C'est vous qui avez fait échouer la mesure. Vous avez voté contre. » Rarement propos ont été si menaçants. Mais Jean-François Dubos n'est pas homme à mettre les formes. Ancien professeur de droit, ancien conseiller d'État, ancien conseiller au cabinet du ministre de la Défense Charles Hernu, à l'époque du *Rainbow Warrior,* ami de Jack Lang, il a vu les grands et les petits secrets du pouvoir mitterrandien, ce qui lui a donné une vision très particulière des affaires. Secrétaire général de la Générale des eaux depuis 1994, il est devenu un personnage redouté, souvent haï même, par tous les salariés de la compagnie. Il incarne la part d'ombre du groupe, se retrouvant au confluent de réseaux d'informations très divers. Son ascendant n'est jamais aussi fort que lorsque la situation est difficile. Et aucune direction n'a osé toucher à cet homme puissant, qui connaît si bien les arcanes secrètes du pouvoir et du monde politique et en informe les présidents successifs...

Cette fois-ci, cependant, le P-DG de Saint-Gobain est décidé à ne pas se laisser intimider. Devant Dubos, il appelle le responsable juridique du groupe pour lui demander s'il a bien respecté les consignes de vote. Ce dernier confirme. Il a voté pour toutes les résolutions. Le lendemain, la scène se reproduit presque à l'identique, avenue de Friedland. Une réunion a été organisée au siège de Vivendi Universal en faveur d'Antoine Zacharias, le patron de Vinci, l'ex-filiale de BTP du groupe, pour fêter son entrée au Club des 100, le club de patrons amateurs de cuisine et de vins. À l'issue de la fête, Messier et Beffa se retrouvent au côté de Zacharias. J6M n'a toujours pas digéré le vote de la veille. Il prend à nouveau à partie le P-DG de Saint-Gobain, l'accusant d'avoir fait échouer sa résolution et d'avoir voulu lui faire perdre la face lors de l'assemblée générale. Une nouvelle fois, ce dernier se défend, rappelle que ses seules voix n'auraient pas suffi à bloquer sa mesure et demande une vérification de tous les votes. Dans l'après-midi, Colette Neuville a eu droit au même genre d'ultimatum. « Ou vous êtes avec moi, ou vous êtes contre moi », l'a averti le P-DG de Vivendi Universal.

Mais après vérification, le groupe se rend vite compte que Saint-Gobain ou des petits actionnaires n'ont pas été seuls à avoir voté contre. Tous les grands institutionnels ont fait de même. Tous assurent, cependant, avoir voté en faveur de toutes les résolutions. « Il y a eu piratage », déclare alors le P-DG menacé. C'est un nouveau complot ! Canal+ ? Attac, le groupe anti-mondialisation ? Tous les scénarios sont envisagés, ne manque que Ben Laden. L'idée d'un piratage organisé par les salariés de Canal+ – ils sont si savants en cryptage et encodage de messages – pour venger Pierre Lescure et détrôner le patron détesté fait son chemin. Le groupe demande l'annulation de son assemblée et de toutes les résolutions, y compris et surtout le paiement du dividende. Vivendi entretient un moment la flamme sur le sujet. Une fois que le tribunal de commerce aura confirmé le paiement du dividende, l'issue de l'enquête intéressera moins le groupe. Après des mois de travaux, l'expert désigné par le tribunal aboutira à la conclusion qu'il n'y a eu aucun piratage. Les votes négatifs sont juste la conséquence d'une mauvaise maîtrise d'un nouveau système de vote électronique par la société prestataire de services. Mais de tout cela, rien ne sera dit. Dans l'opinion, il y a eu un piratage de votes, peut-être organisé par Canal+.

Sans ce vote négatif, Jean-Marie Messier aurait eu tout lieu d'être satisfait. À la sortie de son assemblée générale, il a vraiment le sentiment d'avoir gagné la partie. Les actionnaires lui ont finalement accordé un quitus sur sa gestion, ses résultats, l'évolution du cours de Bourse. On ne reparlera pas de sitôt de son éviction, se félicite son état-major.

Dès le lendemain de l'assemblée générale, le 25 avril, il mesure cependant la précarité de sa victoire. À sept heures du matin, il reçoit pour un petit déjeuner le financier belge Albert Frère et Bernard Arnault, le patron de LVMH. Les deux hommes sont de ses amis. L'homme d'affaires de Charleroi a longtemps apprécié ce jeune homme bien sous tous rapports qui lui a ouvert de nombreuses portes à Paris. Quant au patron du groupe de luxe, ils ont fait tellement d'affaires ensemble, ils connaissent tellement leurs secrets qu'ils semblent inséparables. Ce matin-là, pourtant, le ton n'est pas à l'amitié. « Tu es un gamin de m... Tu fous tout en l'air, tu n'es plus crédible. Cesse de t'exhiber comme un singe de foire », entame Albert Frère. Tout ce qui se dit dans le monde des affaires sur sa mégalomanie, son goût des médias, ses manipulations, ses mensonges, sa paranoïa, le financier belge le lui assène sans ménagement. Dans les cordes, Messier encaisse. Bernard Arnault, si froid, si distant, écoute, médusé, les reproches. Jamais il n'aurait pensé que l'on puisse tenir un langage si cru. À son tour, le patron de LVMH se laisse aller au jeu des quatre vérités et menace de démissionner du conseil. « La maison brûle. Ne retourne pas à New York. Reste à Paris. C'est ici que les choses se passent », conclut Albert Frère. L'avertissement est clair. Par la bouche du financier, Paris lui signifie qu'il est désormais sous surveillance. Le monde des affaires n'a pas encore basculé mais il ne le soutient plus que du bout des lèvres.

Un autre appui essentiel est aussi en train de lui faire défaut : celui d'Edgar Bronfman Jr. Jusqu'alors, en dépit de la chute des cours, des résultats, des dernières acquisitions, l'héritier de la maison Seagram n'a jamais manqué à Messier. Malgré les mises en garde de son oncle, il n'a jamais douté de sa parole ni de ses actes. Mais l'assemblée générale a tout brouillé. En le voyant sur scène, l'homme d'affaires américain a compris que J6M mentait : à lui, à son conseil, à tout le monde, à lui-même. Le déclic ? Ce n'est pas l'intervention de Marc Viénot, même si elle le choque beaucoup. Mais une simple réponse sur l'Airbus du groupe, comme il le racontera plus tard : « Cela a été le tournant définitif pour moi. Il était sous une énorme pression, en face de nombreux actionnaires et de la presse aussi. Quelqu'un lui a posé une question sur nos dépenses opérationnelles. Il a répondu qu'il avait vendu deux Gulfstream. Mais contrairement aux rumeurs qu'il avait lues dans la presse, a-t-il ajouté, le groupe ne possédait pas d'Airbus. Pour moi, cela a été terminé à partir de ce moment-là. Parce que Vivendi Universal détient une participation de plus de 50 % dans une société de location aéronautique, chargée de masquer le fait que le groupe possède un Airbus. Alors qu'il avait vraiment besoin d'être sincère et de jouer franc-jeu, il était là à mentir, en répondant à une question que personne ne lui avait posée. » C'est une de ces ironies inattendues de l'histoire. Qui aurait pu imaginer que le destin du deuxième groupe mondial de communication se nouerait en partie autour de l'anodine question d'un Airbus A319, si luxueux soit-il ?

CHAPITRE XVIII

Vivendi contre Universal

Jean-Marie Messier est seul. Il a rarement été si seul. Depuis qu'il est pris dans la tourmente, il s'enferme des journées entières dans son bureau, à réfléchir, à tenter de trouver les bonnes solutions pour sortir de l'impasse. Il passe des heures au téléphone à demander conseil au dernier cercle des amis : Maurice Lévy, le patron de Publicis, Valérie Bernis, l'amie de toujours, Patricia Barbizet, la principale conseillère de François Pinault, ce patron qu'il admire tant. Quelques fidèles de la *Dream Team* – Éric Licoys, Guillaume Hannezo, Agnès Touraine, Philippe Germond, Catherine Gros – forment la garde prétorienne, contribuant à l'isolement face au monde extérieur. Les salariés ne le voient plus. Il y a longtemps qu'il ne se déplace plus dans les filiales ou les services en France pour se rendre compte du travail ou des attentes sur le terrain. Même au siège, il a fini par succomber au « syndrome de la limousine[1] », comme il le décrivait dans

---

1. « L'argent rend la vie si fluide (...). Peu à peu, on risque de s'isoler comme dans ces limousines à rallonge, ces sortes de mille-pattes tout blancs ou tout noirs, que l'on voit glisser silencieusement dans les rues de New York, protégées par des fenêtres teintées et des portes blindées. (...) Pourquoi ai-je donc si peur d'attraper le syndrome de la limousine ? Parce que je sais

son autobiographie *J6M.com.* : désormais, on bloque les ascenseurs, avenue de Friedland, quand il arrive.

Souriant, affable, l'homme ne laisse rien paraître de son désarroi à l'extérieur. Les patrons ou les financiers qui le côtoient s'étonnent de la résistance, de la maîtrise de soi dont il fait preuve, alors qu'il est, chaque jour, attaqué plus vivement. Mais rares sont les personnes qui viennent lui apporter leur soutien. Imperceptiblement, un mur de verre est en train de s'ériger entre lui et le monde des affaires. On l'accueille, on fait comme si de rien n'était. Mais il y a ces petits gestes qui disent tout. Les mains plus molles, les yeux qui deviennent vagues et qui ne le voient plus, ces appels téléphoniques qui restent sans réponse. Incertain de la suite, le monde parisien ménage les apparences. Mais, déjà, J6M ne fait plus peur.

Au siège d'Axa, Claude Bébéar lui aussi se sent seul. Depuis que ses critiques sont devenues publiques, il est pris dans un tourbillon. Alors que certains le pressent d'agir, Paris lui fait la tête. Les banquiers, largement sollicités par Marc Viénot, l'inspection des Finances qui déteste voir un des siens remis en cause, certains grands patrons se montrent critiques sur les interventions du président d'Axa. Les uns se demandent au nom de quoi il se permet d'intervenir, lui qui n'est ni actionnaire ni administrateur de Vivendi Universal. D'autres soulignent que s'il s'ennuie, il peut toujours s'intéresser de plus près à Axa qui n'affiche pas des performances si superbes que cela. Derrière ces remarques peu amènes, il y a aussi toute la

---

qu'à terme il est mortel. Il vous anesthésie contre le réel. » Jean-Marie Messier, *J6M.com., op. cit.*

peur, dans le milieu patronal, de voir resurgir un nouveau parrain dans le capitalisme français. Ils ne veulent surtout pas d'un nouvel Ambroise Roux à qui il faudrait rendre des comptes. Devant ce flot d'accusations, le patron d'Axa hésite. Pourquoi continuer ? Que lui importe, après tout, le sort de Vivendi Universal et s'il fait faillite demain matin ! A-t-il vraiment envie d'accroître son influence sur le monde des affaires ? Hésitant, il se dit que pour l'instant il veut bien servir de messager entre, d'une part, certains administrateurs inquiets, Henri Lachmann et Jean-Marc Espalioux en particulier, et les actionnaires mécontents de l'autre. Mais il n'ira pas au-delà.

L'intervention de Moody's va bousculer tous les plans. Fin avril, l'agence de notation est à nouveau dans les murs du groupe. Excès de zèle d'acteurs qui, pour ne pas avoir vu les scandales Enron et World-Com, sont passés « de la précaution à l'hyperprécaution » et ont adopté « un comportement dévoyé[1] », comme accuse aujourd'hui Messier ? En regardant les chiffres, l'agence de notation juge en tout cas, en cette fin du mois d'avril, qu'un certain nombre de risques dans le groupe ont été sous-estimés.

Jean-Marie Messier et Guillaume Hannezo passent des heures entières avec les représentants de l'agence pour les convaincre. Tous les jours, le président téléphone en Italie pour savoir quand les autorités de la concurrence se prononceront sur la fusion entre Stream et Telepiù. Il attend le verdict pour renoncer à l'opération, comme il l'a promis à Moody's. Il annonce de nouvelles cessions comme la participation dans les télécommunications... au Kenya ou en

---

1. Jean-Marie Messier, *Mon vrai journal, op. cit.*

Pologne. Ce sera une question de semaines, assure-t-il[1]. Il s'engage à vendre très rapidement sa participation dans BSkyB. Mais rien n'y fait. L'agence de notation maintient son jugement et décide d'abaisser la note de qualité de risque du groupe à Baa3, juste avant les *junk bonds*. D'un seul coup, Vivendi Universal voit se fermer le marché des billets de trésorerie, qui permet à un groupe d'emprunter directement sur le marché sans passer par une banque, et donc d'obtenir des crédits moins chers.

Tout au long de la journée du 3 mai, Guillaume Hannezo essaie au moins d'amender le communiqué très critique de l'agence de notation sur le groupe. En vain. À la fermeture des marchés, un long texte annonce la dégradation de Vivendi Universal. « En dépit des résultats du premier trimestre au cours duquel Vivendi a enregistré une exceptionnelle croissance de son cash-flow, le groupe, selon l'opinion de Moody's, ne pourra vraisemblablement pas dégager un autofinancement significatif durant l'année, une fois payé le dividende », écrit l'agence.

« Nous n'avons plus d'argent, nous n'avons plus d'argent. » Une nouvelle fois, Dominique Gibert, le directeur financier adjoint, sonne l'alarme dans les couloirs, ce lundi 13 mai. Le groupe a dû verser, il y a une semaine, 1,7 milliard d'euros en cash pour conclure la transaction de USA Networks. Il vient de payer ce jour plus d'un milliard de dividendes aux actionnaires et n'a plus grand-chose en caisse. Pour retrouver vite quelques liquidités, la vente de la participation de BSkyB a été décidée. Pressé, le groupe n'a pas pu négocier le moindre avantage. La Deutsche

---

1. Fin 2002, aucune de ces cessions n'avait été réalisée.

Bank, chargée de la cession, n'est d'ailleurs pas très chaude pour lui consentir de bonnes conditions : elle garde un souvenir cuisant de la vente de l'autocontrôle en janvier. Elle reprend les titres de la chaîne satellite britannique au prix de 632 pence, alors que l'action cote 750.

Les échéances immédiates sont assurées. Mais il faut penser à celles à venir. Les crédits deviennent plus durs à trouver. Il faut céder autre chose. Vivendi Environnement, murmurent depuis plusieurs semaines les banquiers comme les actionnaires américains. La Deutsche Bank, en dédommagement de la vente de janvier, a même obtenu, dès mars, un mandat de cession. La Société générale a aussi été mise sur les rangs. Puis Messier s'est ravisé, après la mise en garde des politiques. À l'assemblée générale, fin avril, il a promis de conserver la société de services collectifs dans le groupe. Mais les chiffres dictent leur loi : Vivendi Environnement doit être vendu.

Le 13 mai au soir, Jean-Marie Messier retrouve Henri Proglio au siège. Il sait que le rapport de force n'est plus en sa faveur : les marchés le boudent et le nouveau pouvoir politique, depuis la réélection de Jacques Chirac, lui est très hostile. Il lui faut enterrer la hache de guerre. Ce soir-là, il confirme au président de Vivendi Environnement qu'il n'est plus du tout question de le remplacer par Éric Licoys. Ce dernier va être nommé, en compensation, président du conseil de surveillance de Canal+. En contrepartie, Messier demande à Proglio de l'aider à vendre dans les meilleures conditions la filiale de services collectifs. Rien ne sera fait avant la fin des élections législatives pour ne pas bouleverser le calendrier politique, comme il l'a promis. Mais tout doit être prêt à cette date-là. Il faut trouver la bonne méthode pour apporter au pouvoir politique les garanties qu'il demande sur l'indépendance de la société.

Cession totale, cession partielle, mise en pension des titres auprès de banques... Plusieurs schémas sont déjà à l'étude. François Pinault a fait une proposition pour reprendre 20 à 30 %. Mais l'offre a été jugée trop basse : le milliardaire voulait acheter les actions de Vivendi Environnement sur la base de 30 euros par action. Suez, le concurrent de Vivendi Environnement, a même été approché pour regarder s'il n'existait pas une solution de reprise. La proposition a rencontré un vif intérêt. Quelle revanche pour un groupe qui a toujours été regardé de haut par la « grande » Générale des eaux. Il se trouve en position de la racheter ! Mais il y a les autorités de la concurrence. Jamais elles n'autoriseront un rapprochement entre les deux premiers groupes mondiaux dans les services collectifs.

À défaut, on imagine de scinder Vivendi Environnement. D'un côté, les activités françaises – le groupe détient 53 % du marché de l'eau et à peu près autant du marché de la propreté – pourraient être confiées à un groupe ami. Vinci, l'ancienne société de BTP du groupe, par exemple, qui, à côté de ses métiers dans la construction, se développe dans les concessions autoroutières ou de parkings. De l'autre, les contrats à l'étranger pourraient être repris par Suez. Lorsque Henri Proglio a eu connaissance du projet, il s'est mis vent debout : jamais il n'autorisera le démantèlement de son groupe et son absorption par son rival. Lui a une autre idée en tête. Il veut amener à son tour de table de grands investisseurs institutionnels français, souvent assez proches de l'État, pour l'aider à stabiliser son capital. Il souhaite même faire entrer EDF dans son capital. Il est déjà allié avec l'entreprise publique dans Dalkia, société de services énergétiques. « Si EDF rentre au capital de Vivendi Environnement, ce sera la guerre nucléaire », fait savoir Gérard Mestrallet, le P-DG de Suez, qui redoute la constitution d'un géant né de l'alliance de ses deux principaux concurrents, l'un dans les services collectifs, l'autre dans l'énergie. « Je ne ferai rien qui déplaise à Gérard Mestrallet », fait répondre, aigre-doux, François Roussely, le président d'EDF. Perdu dans ses problèmes, Messier a laissé se développer la querelle entre les deux grands groupes, ce qu'il n'aurait jamais fait auparavant. Après ces manœuvres d'intimidation, Suez et EDF décident momentanément de renoncer à leur projet, l'un de scission, l'autre d'entrée dans le capital[1]. Mais l'épisode laissera des traces.

Messier écoute toutes les propositions. Une seule chose lui importe maintenant : vendre au plus vite sa participation ! Il pourra alors montrer au marché que son endettement a considérablement baissé et rassurer les agences de notation. L'étau des critiques et des contraintes sera enfin desserré.

Le rapport de Moody's n'a pas seulement des répercussions internes. À l'extérieur aussi, on a lu avec une extrême attention les jugements très critiques sur la conduite de Vivendi Universal. Beaucoup ont le sentiment que la situation du numéro deux mondial de la communication est plus détériorée qu'on ne le dit. Du côté des banques, c'est officiellement le mutisme.

---

1. En novembre 2002, EDF deviendra cependant actionnaire de Vivendi Environnement, en prenant 4 % du capital. Il a une option pour monter jusqu'à 8 %.

Très rude sur les conditions de prêts, mais très généreux sur les honoraires, le groupe s'est depuis longtemps acquis les faveurs de la place. À l'écoute d'un client généreux, soutenu par Viénot et la banque Lazard en toute circonstance, qui leur garantit un chiffre d'affaires substantiel, la plupart des établissements ne se posent pas de questions, même après les alertes des agences de notation ou certaines études d'analystes. Elles se battent toujours pour obtenir des mandats. Un petit nombre, cependant, s'interroge. Elles commencent à chercher des informations, parlent entre elles et diminuent discrètement, au fil de l'eau, leurs engagements à l'égard du groupe. Mais tout cela reste entre soi.

« Les mystères de Vivendi Universal » s'étalent à la Une du *Monde* ce mardi 14 mai. Messier est outré. Plusieurs articles y parlent des difficultés financières du groupe, des achats incontrôlés de ses propres actions au point que le groupe « a frôlé, fin décembre, la cessation de paiement ». La situation, ajoute le quotidien, ne s'est guère améliorée depuis. Pas de doute, il est victime d'une basse vengeance, d'un complot grossier. *Le Monde* l'a toujours détesté, il le répète à tous. Il ne cesse de rappeler, y compris dans *Mon vrai journal,* que Jean-Marie Colombani, le directeur du journal, lui aurait déclaré qu'« il aurait le journal vingt ans contre lui » pour ne pas lui avoir vendu l'hebdomadaire *L'Express.* La réalité est plus simple. La direction du journal n'a pas été ravie à l'époque de se voir refuser l'hebdomadaire. Mais l'épisode est passé. Depuis, le journal a continué à grandir par d'autres voies. Et la querelle n'a plus de sens.

Mais Messier n'en démord pas. Il y a une machination du *Monde* contre lui. Le renvoi de Pierre Lescure, ancien journaliste, administrateur du quotidien du soir, très introduit dans tous les milieux intellectuels, a encore incité le journal à surenchérir « dans la mauvaise foi », assure l'ex-P-DG de Vivendi Universal. La preuve que le journal lui en veut : « Dix Une du *Monde* en deux ans ; dont sept en trois mois, en quatre-vingts jours pour être précis, entre le 17 avril et le 3 juillet, avec, cerise sur le gâteau, six dessins de Plantu[1]. »

Mais cette fois-ci, Messier veut frapper beaucoup plus fort. L'atteinte est insupportable. Il doit faire taire ce journal qui ne cesse de lui porter tort « pour assouvir une vengeance personnelle ou servir uniquement des réseaux "politico-affairistes" proches et autres "amis" », écrit-il dans *Mon vrai journal*. Rappelant à tous qu'« indépendance va avec responsabilité », il décide de déposer une plainte en diffamation contre *Le Monde* et de demander un million d'euros de dommages et intérêts, une somme jamais atteinte dans les procès de presse[2]. Dans le même temps, le groupe bloque son budget publicitaire avec *Le Monde*. Vivendi Universal est un annonceur important et

---

1. Entre le 1er janvier et le 2 juillet, *Le Monde* a réalisé onze Unes sur Vivendi, *Les Échos* dix, *Le Figaro* douze, *Le Figaro économie* cinquante-six.

2. Messier voudra déposer une deuxième plainte en diffamation une semaine plus tard, lorsque *Le Monde,* en avant-première, dévoilera l'intention du groupe de vendre Vivendi Environnement. Il en sera dissuadé par des proches qui souligneront la difficulté de déposer plainte pour une information qui doit être discutée lors du prochain conseil d'administration du groupe.

l'équilibre financier du journal peut s'en trouver compromis.

Mais l'information circule. Le monde des affaires est interloqué. Ceux qui savaient déjà se demandent comment tout cela va tourner. Ceux qui découvrent la situation s'affolent. Les banquiers commencent à demander des comptes, et des garanties partout dans le monde. Même en Chine, des sous-filiales du groupe sont sommées de prouver leur solidité.

Dès le lendemain, Guillaume Hannezo et Dominique Gibert vont à la Commission des opérations de Bourse pour tenter d'obtenir un communiqué des autorités boursières condamnant les informations du *Monde*. Jean-Marie Messier appuie fortement la démarche. La COB hésite, est prête à céder puis renonce à suivre le groupe. Marc Viénot, président du comité d'audit du groupe, joue son rôle de sage : tout cela n'est que balivernes, ragots et sornettes de journalistes, assure-t-il aux dirigeants et aux banquiers qui l'interrogent. Dans le *Journal des finances* du 18 mai, trois jours plus tard, il raconte qu'il s'est rendu dès le lendemain chez Vivendi Universal pour « se faire expliquer la situation réelle » – il était temps –, avant de conclure que « l'information est fausse. Vivendi Universal disposait à la fin de l'année de billets de trésorerie pour 1,5 milliard d'euros, par exemple, et le cash-flow était largement positif ». On connaît la suite.

Les représailles ne s'arrêtent pas là. Jean-Marie Messier cherche à comprendre, veut des coupables. Dans son entourage proche, personne ne le contredit. Au contraire. Chacun y va de son anecdote, racontant l'existence de faux dossiers remis à la presse, d'une campagne orchestrée, de manœuvres de déstabilisa-

tion. C'est « la traque à la française. Avec sa spécialité :
les réseaux souterrains, celle des petits rabatteurs agissant pour votre compte, celle aussi des mensonges et
des faux-semblants[1] », racontera-t-il plus tard. À
guerre souterraine, moyens souterrains. Il veut des
responsables, tous les coupables, tous ceux qui de
près ou de loin parlent. D'abord dans le groupe. Une
semaine plus tard, une salariée, cadre de la direction
financière, est licenciée pour avoir répondu aux questions du *Monde*. La conversation avait eu lieu sur des
téléphones portables personnels ! Beaucoup de
cadres du groupe sont d'ailleurs convaincus d'être sur
écoute et soupçonnent leurs mails d'être sous surveillance. Un climat de peur s'installe. Y compris chez les
syndicats. Ils ont l'impression de jouer leur place en
répondant aux journalistes et préfèrent se taire.

« Nous sommes sur écoute », assure Claude Bébéar
à plusieurs de ses homologues. Il est persuadé que la
direction de Vivendi Universal a renoué avec les usages de la Générale des eaux, adepte des cabinets
occultes et des renseignements parallèles. D'autres
pensent être suivis. La présidente de l'Association des
actionnaires minoritaires, Colette Neuville, reçoit
l'étrange visite d'un journaliste censé travailler à
Radio France. « Je reviens de Colombie. Là-bas, on
tue les gens pour moins que cela », dit-il d'emblée.
Un homme se présentant sous la même identité tiendra les mêmes propos menaçants quelques jours plus
tard au *Monde*. Tout Paris joue à se faire peur. Les
rendez-vous sont fixés dans des lieux de plus en plus
insolites afin de brouiller les pistes. Certains envoient
même leur secrétaire avec des téléphones portables

---

1. Jean-Marie Messier, *Mon vrai journal, op. cit.*

neufs pour être sûrs que les conversations ne seront pas interceptées.

Mais les conciliabules tournent court. Vers la mi-mai, au nom d'actionnaires importants, Amir Jahan-chahi a rencontré, par l'intermédiaire de Claude Bébéar, Henri Lachmann. Le financier iranien veut des mesures énergiques. Pour lui, aucune des règles du gouvernement d'entreprise ne fonctionne chez Vivendi Universal. Il n'y a ni transparence, ni collégia-lité, ni responsabilité dans le conseil. Et Messier, à ses yeux, est devenu incontrôlable. Il souhaite son évic-tion. Mais il pense que cette décision ne peut être prise que par les Français. Administrateur du groupe depuis plus de cinq ans, ami jadis très proche de J6M, le patron de Schneider écoute, accablé, le réquisi-toire, mais y souscrit. Pour lui aussi, il est plus que temps d'arrêter le dérapage du groupe sous peine de courir à une catastrophe majeure. Plusieurs fois, il a tenté de le mettre en garde. « Je sais que la situation de Vivendi et la tienne ne sont pas faciles, mais l'exer-cice de nos responsabilités d'administrateurs ne l'est pas non plus actuellement », lui a-t-il écrit le 3 mai par courrier électronique pour tenter l'impossible. Mais cela n'a servi à rien. Messier a ignoré le conseil. Il faudrait le forcer à entendre. Henri Lachmann demande, toutefois, vingt-quatre heures de réflexion avant d'agir. « Non, je ne peux pas. Jean-Marie est un ami », déclare-t-il, une fois passé le délai. Il ne s'ima-gine pas se lever en plein conseil et demander la démission du président de Vivendi Universal. Il n'a pas ce courage. Il le reconnaît. Mais personne d'autre ne l'a.

Les administrateurs français se retrouvent dans une

situation inédite. Ils se sentent livrés à eux-mêmes, se sachant sous la surveillance de tous. L'ensemble des investisseurs internationaux guette leur réaction. Pour eux, la gestion du dossier du deuxième groupe mondial de communication est un test majeur de la capacité de l'économie française à appliquer les règles d'un capitalisme ouvert.

« Démissionne maintenant. Tu peux revenir dans deux ou trois ans. Tout sera alors oublié. Tu pourras recommencer une nouvelle carrière de dirigeant », lui a conseillé Alain Minc, se faisant, en quelque sorte, le porte-parole du monde patronal. Jean-Marie Messier a rejeté d'emblée l'avis. Il n'est pas prêt à faire ce cadeau à ces patrons français « lâches ». Il se battra jusqu'au bout, s'il le faut. Il se sent d'autant plus déterminé qu'il est persuadé qu'aucun conseil français n'osera avoir la rudesse des pratiques américaines et le renvoyer. D'ailleurs, comment justifierait-on son renvoi ? La situation est bien moins grave qu'on ne le dit, assure-t-il. « Il y a deux années difficiles à passer, a-t-il confié à ses proches. Mais je suis là pour quinze ans. » Décidé à contre-attaquer, il appelle à nouveau Maurice Lévy à la rescousse. Yves de Chaisemartin, patron du *Figaro,* prend très fraternellement lui-même la plume pour aller au secours du patron de Vivendi. « Il faut sauver le soldat Messier », explique-t-il dans un long argumentaire.

L'entêtement de J6M complique le rôle des administrateurs. Ils espéraient bien régler le problème en douceur. Ils se retrouvent placés devant leurs responsabilités. Ils ont pris conscience du dysfonctionnement du conseil, en dépit du respect affiché des règles du gouvernement d'entreprise. Chaque jour ils découvrent des mesures, des informations, des engagements dont ils n'ont pas eu connaissance, dont on ne leur a jamais parlé. Ils réalisent qu'ils n'ont jamais eu un tableau de financement, un état de la trésorerie, une estimation des cash-flows opérationnels. Depuis, ils ont exigé d'avoir au moins ces informations pour le prochain conseil. Mais est-ce suffisant ? Certains ont peur et n'ont pas envie de prendre position. Et puis, avec la nouvelle législation française qui vient juste d'entrer en vigueur début 2002, les conséquences deviennent lourdes. Désormais, les administrateurs sont responsables personnellement si la marche de l'entreprise où ils siègent tourne mal. Ce simple argument, repris à maintes reprises par Claude Bébéar, refroidit les ardeurs. Brusquement, le milliardaire Philippe Foriel-Destezet, fondateur du groupe de travail intérimaire Adecco, qui siège au conseil depuis 1997, réalise qu'il risque de se trouver en situation de conflit d'intérêts, étant prestataire de services de Vivendi Universal. Une situation qui ne l'avait jamais gêné depuis 1997. Il donne sa démission.

Ces démissions en chaîne, après celles de Jean-Louis Beffa et René Thomas, font mauvais effet. Messier s'en moque un peu. Ces départs peuvent être l'occasion de refaire le conseil à sa main avec des personnalités favorables à sa stratégie. Car à ses yeux, ce n'est pas l'endettement, l'effondrement du cours, la trésorerie, l'impasse stratégique qui posent problème. C'est la division des administrateurs qui ne sont pas d'accord sur les orientations prises et qui contestent désormais ses décisions. Pour remplacer les partants, il a plusieurs noms en tête. Au conseil de mars, il a proposé la nomination d'Agnès Touraine et Philippe Germond. Les administrateurs ont refusé. « Il faudra tout de même leur donner une place », a-t-il conclu, furieux de ce refus. Il aimerait aussi que deux amis sûrs le rejoignent : Maurice Lévy, son ami de Publicis, et Georges Ralli, son plus proche conseiller chez Lazard. Il faudra l'intervention personnelle d'Élisabeth Badinter, actionnaire de référence de l'agence de publicité, pour dissuader le patron de Publicis d'accepter le poste. La candidature du second, ravi de la proposition, sera rejetée par le conseil.

CHAPITRE XIX

La bombe d'Esther

C'est dans ce climat de défiance que le conseil d'administration se retrouve le 29 mai à New York. À l'extérieur, les investisseurs attendent un signal fort. Trop d'argent s'est évanoui. Le cours est massacré, la Bourse bruit de rumeurs, et personne ne croit plus la direction en place. Beaucoup espèrent la démission de Jean-Marie Messier. Lui a compté et recompté ses forces : il peut tabler sur cinq voix[1] sûres, dont la sienne, sur un total de quinze. Mais il peut essayer de faire basculer les indécis. Une fois encore, la chance lui sourit. Les représentants de la branche de Charles Bronfman sont très remontés, et attaquent frontalement. L'agressivité, le formalisme juridique l'emportent sur toute autre considération. Samuel Minzberg est le plus en pointe dans ce combat mené selon les règles américaines. Pendant trois-quatre heures, les interruptions de séance, les prises de parole, les rappels à l'ordre sur le règlement se multiplient à tout propos. On en oublie la situation du groupe, l'analyse

---

1. Outre sa voix, il sait disposer au conseil du soutien d'Éric Licoys, Simon Murray, Serge Tchuruk et Marc Viénot. Bernard Arnault, autrefois très proche, n'assiste plus à aucun conseil.

de la trésorerie et des cash-flows exigée par les administrateurs, les comptes et les perspectives de résultats établis par Goldman Sachs à la demande de la famille Bronfman, et aussi la présentation de Vivendi Environnement qui doit être cédée. Lassés de cette violence verbale très inhabituelle dans les conseils, les Français finissent par basculer et apportent leur soutien à Messier.

Au bout de huit heures d'arguties, épuisés, les administrateurs se séparent. Il est plus d'une heure du matin. Guy Dejouany, l'ancien président du groupe qui avait tenu à assister, par vidéoconférence à Paris, à ce conseil présenté comme crucial, est parti depuis longtemps se coucher. Il ne s'est rien décidé. Pour donner le change, un comité chargé de veiller au respect des règles les plus en pointe du gouvernement d'entreprise est créé. Il doit être animé par Marc Viénot et Edgar Jr. Est-ce une mise sous tutelle de Jean-Marie Messier ? s'interrogent les marchés et la presse. « Je ne suis en aucun cas mis sous surveillance », ne peut-il s'empêcher de répondre tout de suite, sous-entendant que ce comité est une pure décision cosmétique. Après cette intervention, l'action repart à la baisse et franchit le seuil de 30 euros.

Le spectacle calamiteux du conseil a balayé les dernières réticences. De part et d'autre de l'Atlantique, actionnaires, investisseurs et certains administrateurs sont convaincus que le conseil n'osera jamais agir. Messier a phagocyté le pouvoir. Et les usages français de protection mutuelle entre les dirigeants sont trop forts pour être brisés. Il faut trouver une autre méthode. Claude Bébéar est à nouveau au centre de toutes les sollicitations. Lui seul semble avoir la stature et le poids suffisants sur la place de Paris pour porter le fer. Samuel Minzberg, reconnaissant son erreur de tactique, a pris contact avec lui pour lui proposer de prendre la présidence. Par dérision, il signe ses fax : S1M.

À Paris, le cercle aussi s'élargit : investisseurs, banquiers européens commencent à rejoindre la force de réflexion. Début juin, un scénario de reprise s'esquisse. Il passe par le démaillage total du conglomérat : les principaux actifs sont tous appelés à être vendus ou mis en Bourse. Qui peut le mettre en œuvre ? Tous pensent à Claude Bébéar. Mais le patron d'Axa ne veut pas. Il a été vexé par un petit article paru dans *Le Nouvel Observateur* l'accusant de fomenter un complot contre J6M pour le remplacer. En solution de remplacement, un tandem associant Jean-René Fourtou à Claude Bébéar est imaginé. Tout cela peut être mis en œuvre sans le soutien du conseil. Des actionnaires ont trouvé un article de la loi sur les sociétés qui permet à des actionnaires représentant 5 % du capital de convoquer une assemblée générale d'un groupe, s'ils en font la demande.

Aucun de ces préparatifs n'a échappé à J6M. Il se sent prêt à rendre coup pour coup. Mais la situation financière du groupe le rattrape. De nouvelles échéances tombent. Avec la chute du cours, les mécanismes de garantie commencent à être mis en œuvre. Il faut verser aux anciens propriétaires de Rondor Music, payés en actions Vivendi, 230 millions d'euros. Il y a tous les produits dérivés souscrits à 68 euros. Le mécanisme va finir par coûter 900 millions d'euros. Les partenaires de Cegetel, British Telecom notamment, alertés par les informations sur Vivendi Universal, ont commencé à regarder la gestion de la filiale. Ils se sont aperçus que la société, contrairement aux accords passés dans le pacte d'actionnaire, prêtait de l'argent à sa maison mère. Ils ont exigé le rapatriement immédiat des fonds. Il faut, là encore, trouver 720 millions d'euros. Sans parler des dépenses courantes normales dans un groupe de quelque 380 000 salariés et plus de 3 000 filiales.

C'est une fuite en avant éperdue. Acculée, la direction financière racle les fonds de tiroirs. Elle a vendu en vitesse le peu d'actifs que le groupe a conservés dans l'immobilier pour 27 millions d'euros. Elle cherche auprès d'une banque allemande à négocier les engagements qu'elle détient dans AOL Europe. Mais les compteurs tournent. C'est alors que la direction financière de Vivendi Universal envisage de céder les options d'achats sur USA Networks. Un acte tout à fait contraire au contrat passé, qui ne peut déboucher que sur un contentieux. Edgar Bronfman Sr l'apprend. Il est furieux et le dit avec la dernière véhémence à Guillaume Hannezo, dans un courrier électronique daté du 31 mai : « Je m'inquiète lorsque vous dites à Edgar Jr qu'il faut soit vous virer, soit vous laisser faire votre travail, car cela me laisse penser que vous ne comprenez pas quelle est votre première responsabilité. Votre job, c'est de restaurer la crédibilité qui a été perdue en disant une chose et en faisant son contraire. Pour restaurer notre crédibilité, nous devons être aussi irréprochables que la femme de César. Des transactions délicates qui nous conduiront devant les tribunaux et nous assureront des titres de journaux peu flatteurs ne restaureront pas notre crédibilité. Au contraire, elles l'abimeront encore davantage. C'est pourquoi le conseil ne vous laissera pas vendre ces options d'achats sur USA Networks. Vous

ne devriez même pas avoir suggéré une telle vente. »
Désarçonné, le directeur financier répond le même
jour : « Je comprends et j'ai reçu le message. J'essaie
de faire en sorte que les choses soient directes et surtout qu'elles soient simples. Sur l'affaire des options
d'achats USA Networks, nous pensions que le risque
d'être poursuivi devait être mis en regard du risque
de perdre toute la valeur, très volatile, de cet outil
financier. (...) Cela dit, merci de nous protéger davantage que nous ne le faisons nous-mêmes. » Une argu-
mentation extraordinaire qui traduit l'ambiance
régnant au siège.

Privé de cet argent, le groupe doit trouver d'autres
expédients. Il ne peut plus attendre. La cession d'une
partie de sa participation dans Vivendi Environnement devient impérative. Le groupe imagine tout un
montage avec la Deutsche Bank, à nouveau. Celle-ci
accepte, le 12 juin, d'accorder un prêt de 1,4 milliard
d'euros contre la prise en pension de 12,7 % des
actions de la société de services. À échéance, Vivendi
doit rembourser le prêt et retrouvera ses titres mais,
entre-temps, il n'en aura plus la propriété. Ce mécanisme permet au groupe de toucher son argent sans
attendre et de contourner un lourd obstacle fiscal. En
2000, lors de la fusion avec Seagram, l'entreprise
s'était engagée à conserver toute sa participation dans
Vivendi Environnement jusqu'à fin 2002 contre une
exonération de tout impôt sur les plus-values.

Rien n'aurait dû filtrer de cette opération si tout
s'était passé comme prévu. Dès le lendemain des élections législatives, le lundi 17 juin au matin, avant
même l'ouverture des marchés, la Deutsche Bank
commence à lancer la vente. Mais brusquement, l'offre de titres disparaît des écrans. Ordre lui a été

donné par Vivendi Universal de tout arrêter. Car rien n'est réglé sur le plan juridique. Le groupe vend alors que le conseil d'administration, qui doit entériner cette cession, se réunit seulement dans l'après-midi ! Ce qui donne une nouvelle illustration du gouvernement d'entreprise tel que le pratique Messier. Avant même ce vote, un énorme préalable n'a pas été levé. Personne n'a pris le temps de demander l'avis d'Esther Koplowitz. Associée à son partenaire français depuis 1998, la milliardaire espagnole a le droit de faire racheter ses parts dans la société commune aux deux groupes, si Vivendi Universal perd la majorité dans Vivendi Environnement. L'enjeu se monte à près de 900 millions d'euros, de quoi faire sauter tout le groupe, vu son état financier. Avocats, banquiers, amis, tous lui conseillent de faire jouer cette clause, d'empocher l'argent et de retrouver sa liberté. Messier n'a pas entrepris une seule démarche pour la convaincre de rester.

Ce lundi à onze heures, Henri Proglio, plus déterminé que tout autre à trouver une issue, a pris sur lui de négocier avec Esther. Ils se connaissent de longue date et s'estiment. Mais est-ce suffisant pour contrebalancer l'attrait de centaines de millions d'euros ? « Esther, réfléchis. Tu as une bombe entre les mains. Tu peux exercer ton option de vente. Mais es-tu sûre que Vivendi a les moyens de te payer ? Tu risques de tout faire exploser sans avoir l'assurance de retrouver ta mise. Si tu restes, la cession de Vivendi Environnement peut être lancée. Cela nous sauverait. J'ai besoin de m'éloigner très vite de Vivendi Universal. Je n'ai pas grand-chose, pour l'instant, à t'offrir en échange, sauf le renforcement d'accords commerciaux. » L'argument porte. La belle milliardaire espagnole se laisse convaincre et accepte de continuer l'aventure, à condition de ne plus rien avoir à faire avec Vivendi Universal. À quinze heures, le conseil d'administration peut entériner la cession partielle de Vivendi Environnement, la participation du groupe tombant de 63 à 40 %. L'opération doit se doubler d'une augmentation de capital de 1,5 milliard d'euros que la maison mère ne suivra pas. Dans la salle, pas un mot ni de Messier ni d'Hannezo pour avertir le conseil du montage élaboré avec la Deutsche Bank.

Mais tout est découvert le jeudi soir. Coincée par le report de l'opération, la Deutsche Bank a dû conserver les titres. Aux termes de la loi française, elle est obligée de se déclarer cinq jours après tout franchissement de seuil au-delà de 5 % du capital. Lorsque le marché découvre que la banque allemande possède plus de 12 % de Vivendi Environnement, il s'interroge. Pour répondre, Vivendi Universal explique à moitié sa mise en pension, la qualifiant d'« opération de financement classique ». Une telle précipitation donne, à nouveau, l'alarme aux investisseurs. Pour eux, plus de doute. Les problèmes financiers, évoqués partout mais niés par le groupe, sont bien réels. Le titre commence à décrocher et perd plus de 7 % en une séance pour tomber à moins de 25 euros. « Il n'y a aucun problème de financement. Le groupe a juste eu recours à ce mécanisme parce qu'il permet un financement à un coût avantageux », tente d'expliquer le groupe. Version que maintiendra Jean-Marie Messier quelques mois plus tard. « Au lieu d'y voir un prêt à taux réduit et une optimisation fiscale, le marché n'y a vu que précipitation et risques de trésorerie à court terme », avant d'ajouter plus loin : « D'une certaine manière, on pourrait dire que la gestion financière de Vivendi Universal a, par rapport aux marchés extrêmement difficiles et dépressifs actuels, été trop "maligne"[1]. » L'homme ose tout !

Connaisseur du monde financier et bancaire, Marc Viénot mesure, un peu tardivement, le danger. Le groupe est entré dans une zone critique. La parole de Messier ne vaut plus rien. Il doit voler lui-même au secours de Vivendi Universal. « Jean-Marie Messier a perdu une partie de sa crédibilité face aux marchés. Est-ce irréparable ? (...) Je ne pense pas qu'un seul membre du conseil d'administration demande son départ. Il n'y a pas de manque de liquidités », déclare-t-il avec aplomb dès le samedi dans le *Financial Times*. Ces paroles peuvent-elles calmer les marchés, alors que la vente officielle de Vivendi Environnement est prévue le 24 juin ?

« Je ne vendrai pas en dessous de 30 euros », martèle, péremptoire, Messier. « Si tu fixes un plancher, les arbitragistes feront tout pour que le cours descende en dessous. Il faut coûte que coûte lancer l'opération », soutient Henri Proglio. Mais J6M n'ose pas appeler ses administrateurs pour leur expliquer la situation, sa défaite. Le président de la société de services prend sur lui de le faire, et commence par Jean-Marc Espalioux, un ami dont il sait qu'il a le poids suffisant pour emporter l'adhésion de tous. « Nous sommes sur le *Titanic*. Nous coulons. Laissez-moi m'éloigner pour ne pas être emporté par les remous. » Il obtient leur accord. Toute la place financière parisienne est mobilisée pour organiser le sauvetage du placement du groupe de services collectifs. La Caisse des dépôts, un des derniers bras financiers de

---

1. Jean-Marie Messier, *Mon vrai journal, op. cit.*

l'État, les caisses d'épargne, les banques, les assurances, les mutuelles, tous sont sollicités. Les négociations entre les partenaires bancaires s'achèvent le lundi à six heures du matin après tout un week-end de travail. Les négociateurs soufflent : le tour de table est bouclé. Quoi qu'il arrive sur les marchés, la vente des titres Vivendi Environnement et son augmentation de capital sont assurées. Le groupe de services collectifs est sauvé, comme le souhaitaient les politiques. Pendant tout ce long week-end où le bateau semble faire eau de toutes parts, Jean-Marie Messier aura été étrangement absent. Comme si le destin lui avait déjà échappé.

Cette vente, le P-DG l'a souhaitée plus que tout. Avec le départ de Vivendi Environnement, tout va se résoudre. Il en est certain. Il n'aura plus de difficultés financières ; son endettement va fondre de 40 % d'un coup ; le marché ne verra plus Vivendi Universal comme un conglomérat mais comme un groupe réellement de médias et de communication. « Un pur *player* », comme il aime à dire. Les actions vont enfin remonter.

Étrange paradoxe. Alors qu'il touche au but qu'il s'est fixé depuis plus de trois ans, qu'il a enfin la compagnie qu'il souhaite, il ne résistera pas une semaine à la cession de Vivendi Environnement, cette société qui l'avait hissé au sommet du monde des affaires mais qu'il voyait comme un boulet dans sa conquête du monde.

CONCLUSION

« Qu'avons-nous fait ? Nous avons évité la faillite.
C'est tout. » Au terme des cent cinquante premiers
jours à Vivendi Universal, la nouvelle équipe dirigée
par Jean-René Fourtou affichait un profil des plus
modestes. Elle qui pensait arriver dans un groupe mal
géré mais riche s'était retrouvée dans un scénario de
banqueroute. Dès les premières heures, les banquiers
avaient investi le siège. Anxieux de recouvrir les crédits qu'ils avaient très généreusement accordés auparavant, ils ouvraient les dossiers, cherchaient les biens
à vendre, se comportaient en syndics de faillite. Tous
avaient leurs solutions, tous voulaient être associés
aux cessions qu'ils entendaient imposer. À la recherche de financements pour assurer au moins la survie
à court terme, les nouveaux dirigeants du deuxième
groupe mondial de communication n'avaient pu que
se plier aux exigences des banquiers.

Vivendi Universal tel que l'avait rêvé et conçu Jean-
Marie Messier est mort. L'empire est en voie de
démantèlement et les morceaux ont commencé à être
dispersés aux quatre vents. Le groupe a renoncé à
être présent dans l'édition et a vendu par appartement Vivendi Universal Publishing. Houghton Mifflin

311

a été repris par des fonds d'investissements tandis que le groupe Lagardère a acquis la partie française. Canal+ a renoncé à ses ambitions de télévision payante européenne et cédé sa chaîne italienne Telepiù à Rupert Murdoch. L'expérience internet a été arrêtée avec la vente du portail Vizzavi à Vodafone. Vivendi Environnement a définitivement retrouvé son indépendance. La participation dans le bouquet satellite Echostar a été vendue, comme le groupe de presse Express-Expansion.

En six mois, les ventes du groupe ont atteint 8,2 milliards d'euros. À chaque cession, la compagnie a enregistré des pertes importantes par rapport au prix d'acquisition ou même aux valorisations de juin 2002. Ces moins-values représentent environ 2,7 milliards d'euros sur le total des cessions. Une somme considérable. Une partie de ce manque à gagner s'explique par des acquisitions réalisées systématiquement à des prix trop élevés. Mais les acheteurs ont su aussi exploiter les difficultés financières du groupe et l'urgence dans laquelle l'avaient placée les banques. Ils ont négocié au plus bas, remis en cause même des contrats signés auparavant. Rupert Murdoch a ainsi repris Telepiù pour 893 millions d'euros après avoir promis 1,5 milliard en juin. Enfin, les pressions politiques n'ont pas manqué sur la gestion du dossier. Si l'Élysée et Matignon se sont tenus à l'écart de l'éviction de Jean-Marie Messier, ils sont beaucoup intervenus par la suite. C'est sous la forte recommandation de l'Élysée que la partie française de l'édition regroupant Larousse, Robert, Nathan, Bordas a été confiée à Lagardère, parce qu'il importait, selon les termes des pouvoirs publics, de sauver ce « patrimoine français », quitte à tordre les règles de la concurrence :

aujourd'hui, le groupe Lagardère, propriétaire d'Hachette, est en passe de contrôler 80 % de l'édition et de la distribution françaises, si la Commission européenne l'y autorise. Le groupe Express-Expansion a été repris, comme cela se négociait depuis le printemps, au groupe Dassault, propriétaire du *Figaro,* sous l'œil bienveillant du pouvoir. Quant à Vivendi Environnement, son retour à l'indépendance s'est fait sous la surveillance rapprochée du gouvernement. C'est sur l'intervention expresse de l'Élysée qu'EDF est entré, contre son gré, dans le tour de table et a pris 4 % du capital, pour assurer la réussite d'une séparation avec Vivendi Universal qui avait du mal à se conclure avec les seuls institutionnels français.

Ce dénouement ne peut que créer un sentiment de malaise. Alors que la révocation de Jean-Marie Messier semblait annoncer une modernisation du capitalisme français avec l'instauration d'une prise en compte des actionnaires, d'un mode plus transparent de gestion, de la fin de l'impunité des dirigeants face à l'intérêt supérieur de l'entreprise, elle débouche pour l'instant sur une situation trouble où les banquiers se disputent les morceaux, tandis que les pouvoirs publics tentent de reprendre la main, agitant comme d'habitude l'étendard de la défense des intérêts français, le tout face à une direction muette. Quant aux administrateurs, ils sont presque tous partis. Marc Viénot, Serge Tchuruk, Jean-Marc Espalioux, Simon Murray, Richard Brown, Samuel Minzberg, Esther Koplowitz, tous acteurs de cette histoire hors norme, ont tous démissionné sans être remplacés pour l'instant.

Jean-Marie Messier, lui, tente de repartir. Loin, aux États-Unis forcément. « Mon succès sera ma seule revanche », a-t-il déclaré à l'automne dans un entretien au *Los Angeles Times*. Il aimerait créer une banque ou un fonds d'investissement à son nom. Le nom de « Messier Partners » a été déposé. Il cherche à constituer le tour de table. À l'automne, il est allé voir plusieurs de ses amis, même certains avec lesquels il s'était fâché au printemps 2002, pour leur demander s'ils étaient prêts à investir dans son projet. Tous ou presque ont décliné la proposition. Ils ne veulent plus entendre parler de Jean-Marie Messier. S'ils pouvaient encore admettre les erreurs de gestion de l'ancien P-DG, son livre et sa façon de courir les médias depuis lui ont aliéné ses derniers soutiens. Aux États-Unis, le sentiment est à peu près identique. Quand on l'interroge sur l'avenir réservé à l'ancien dirigeant français, Edgar Bronfman Jr s'exclame, vengeur : « Messier, ce n'est plus qu'un nom sur une porte. »

Que restera-t-il, à la fin, de Vivendi Universal ? « Une simple compagnie de téléphone mobile », répondent les observateurs les plus optimistes, après la montée en puissance, en décembre 2002, du groupe dans le capital de Cegetel et sa filiale SFR. Ce qui lui a permis d'acquérir enfin la majorité. Pour le reste, le démantèlement va se poursuivre. La fameuse collection de peintures de la famille Bronfman, qui accueille des Picasso, des Rothko, des Henry Moore, a été mise en vente, tout comme les bureaux du groupe dans la tour Seagram à New York ou le château de Méry-sur-Oise. Universal Studios va être scindé, mis en Bourse, et retrouvera vraisemblablement un contrôle américain, dès que la nouvelle direction sera parvenue à un accord avec l'incontournable Barry Diller. Le même sort semble être réservé à Universal Music. La transformation de Canal+, elle, est en cours. Toute l'ancienne équipe de la chaîne est partie, des plans sociaux sont lancés. La vente d'un certain nombre de filiales comme StudioCanal est programmée. La refonte est annoncée. Canal+, telle qu'elle a existé pendant quinze ans comme chaîne innovante s'appuyant sur le sport et le cinéma, est appelée à disparaître, et avec elle l'ambition saccagée de créer une major européenne dans le cinéma et l'audiovisuel, capable non de tenir tête à Hollywood mais de tenir un autre discours. Canal+ va être remplacée par une chaîne moins coûteuse mais plus commune, sans ses émissions propres et en clair, et beaucoup de séries. Selon des schémas étudiés dès septembre 2002, le groupe Lagardère, actionnaire de CanalSatellite, pourrait être associé de plus en plus près à la direction de la chaîne.

L'histoire de Vivendi Universal est donc en passe d'être close. Elle risque cependant de rester une référence dans l'histoire économique française et même internationale. Par sa taille, ses ambitions, les moyens mis en œuvre, elle est une aventure extraordinaire, dans le sens premier du terme, menée par un homme hors norme, dans une époque oublieuse de toutes les réalités et de tous les principes. L'échec de l'une a accéléré la chute de l'autre. Mais imputer la faillite de Vivendi Universal à son seul président, comme tente de le faire accroire désormais le monde parisien des affaires, serait un raccourci aussi rapide que faux. L'effondrement de Vivendi Universal est aussi celui de tout un système dont les défauts ont été maintes fois dénoncés : trop d'administrateurs ayant des intérêts croisés, un président d'entreprise érigé en monarque absolu, aucune transparence dans l'information et aucun contrôle, des actionnaires institutionnels refusant d'exercer un contre-pouvoir, des

315

intérêts inavoués qui n'ont cessé de peser sur la marche de l'entreprise. Pour ne pas avoir voulu avertir puis arrêter à temps Jean-Marie Messier, les acteurs de ce système ont précipité sa perte et celle du deuxième groupe mondial de communication. La responsabilité est collective et personne ne peut s'en dédouaner.

TABLE

Cet ouvrage composé
par Nord Compo
a été achevé d'imprimer sur Roto-Page
par l'Imprimerie Floch à Mayenne,
pour les Éditions Albin Michel
en avril 2003

N° d'édition : 21343.
N° d'impression : 57062.
Dépôt légal : avril 2003.
Imprimé en France.